# 高等职业教育
## 人才培养研究

周蓓　杨扬　王妍　著

中国商业出版社

**图书在版编目（CIP）数据**

高等职业教育人才培养研究 / 周蓓，杨扬，王妍著. 北京 : 中国商业出版社，2025. 5. -- ISBN 978-7-5208-3438-4

Ⅰ. G718.5

中国国家版本馆CIP数据核字第2025KC7188号

责任编辑：吴　倩

中国商业出版社出版发行

（www.zgsycb.com　100053　北京广安门内报国寺 1号）

总编室：010-63180647　　编辑室：010-83128926

发行部：010-83120835/8286

新华书店经销

北京七彩京通数码快印有限公司印刷

*

710毫米 ×1000毫米　16开　11.75印张 230千字

2025年5月第1版　　2025年5月第1次印刷

定价：50.00 元

* * * *

# 前　言

高等职业教育是我国高等教育的重要组成部分，也是我国职业教育体系中的高层次教育，肩负着为经济社会建设与发展培养人才的使命，成为国家社会经济持续进步的关键基石。它孕育了成千上万的专业精英，在落实科教兴国与人才强国宏伟蓝图中成为不可或缺的角色。自改革开放以来，我国在高等职业教育领域取得了举世瞩目的辉煌成就。历经数十载春秋，高等职业教育质量实现了稳步提升，为社会培育了大量杰出的技术型人才，为我国的经济繁荣与现代化建设书写了浓墨重彩的一笔。随着社会经济发展步伐的迅猛加快和产业结构的升级，我国对人才数量的需求日益攀升，尤其是高级技术人才的匮乏形势愈发严峻，这使社会对高等职业教育的期望变得更为殷切。

高等职业教育的蓬勃发展有力地推动了我国高等教育普及化的历史进程，使接受高等教育的机会不再局限于少数群体，而是成为广大民众共享的权益，这一变革对于促进社会公平正义具有深远的意义。通过高等职业教育的广泛普及，我们朝着构建更加平等、包容的教育体系迈出了坚实的步伐，为国家的长远发展奠定了坚实的基础。

国家将职业教育的大力推进视为社会经济稳健发展的坚固基石及教育工作的核心战略，从政策扶持与资金投入两方面为高等职业教育提供了强有力的保障。这对于高等职业教育领域的从业者而言，既是极大的鼓舞，也带来了严峻的挑战。面对这一形势，从事高等职业教育工作者必须持之以恒地学习新知、强化个人素养、吸纳最前沿的教育理念，并将其与高等职业教育的教学实践深度融合，科学合理地探索并创新教学方法。在实践探索中，应勇于革新，不断完善教学方法，提高教学质量，以期更有效地推动高等职业教育的蓬勃发展。

作者在广泛涉猎并深入研究大量相关学术著作与文献资料的基础上，倾注心血撰写了本书，旨在为高等职业教育的实践工作者提供坚实的理论指导，同时，对于在高等职业教育领域开展相关研究工作的学者也具有一定的借鉴与参考价值，期望能为其研究的深化贡献力量。

本书结构严谨，共计六章内容。第一章是高等职业教育人才培养概述，主要介绍了高等职业教育的人才培养的内涵、信息化建设、我国高等职业教育人才培养的特色等内容。

第二章聚焦高等职业教育人才培养教学，涵盖了课堂教学、实践教学、学前教育等内容。第三章探讨了高等职业教育人才培养模式，包括高等职业教育人才培养模式的主要类型和发展对策等内容。第四章是高等职业教育人才培养质量评价，详细介绍了评价体系和评价制度。第五章对高等职业教育人才培养与产权融合进行了深入分析，结合“互联网+”时代背景，提出了相应的优化策略。第六章作为本书的收篇之作，着重探讨了高等职业教育人才培养与创业就业的紧密联系，内容覆盖了高等职业教育人才职业生涯规划、就业能力培养，以及创新创业能力的提升。

在本书的编写过程中，作者广泛涉猎并借鉴了众多学者的研究成果，部分观点得以假借融入，对此，作者深表诚挚的谢意。鉴于作者自身学识水平及时间所限，本书在编写过程中难免存在疏漏与不足，敬请各位专家学者及广大读者不吝赐教，您的宝贵意见将是本书日后修订与完善的重要参考。

# 目　录

# 第一章　高等职业教育人才培养概述

## 第一节　高等职业教育人才培养的内涵

### 一、高等职业教育

#### （一）高等职业教育概念界定

1. 职业教育

职业教育的概念可从宽泛与具体两个维度进行深入理解。从广义层面来讲，职业教育涵盖了我国的高等专科院校、中等职业学校、职业教育机构以及应用型本科高校等诸多教育实体，其范畴颇为广泛。而具体至狭义层面，职业教育则特指第三层级的教育形态，即第三阶段的技术与职业教育，同时也囊括了就业预备教育与在职继续教育，其范畴相对局限。

本书主张职业教育为特定的人才培养模式，旨在满足职业人才需求。职业教育过程中，应强调实践应用能力培养，紧密联系产业实际，注重一线生产与技术实践能力。旨在培养具备管理服务、职业素养、技术理论、职业适应及心理素质的专业技术型人才，满足社会多元化需求。

2. 高等职业教育

高等职业教育是我国高等教育体系的重要组成部分，是现代社会科技进步与高新技术蓬勃发展的直接产物。

审视我国高等职业教育的发展历程，不难发现，其在不同的历史时期承载着不同的教育使命，有着多样的称谓。高等专科学校、职业学院、职业技术学院及职业大学等，均为高等职业教育在不同发展阶段的具体表现形态。就教育层次而言，我国高等职业教育隶属于高等教育范畴，且定位于高等教育的初级阶段，即本科教育之下。从教育目标出发，高等职业教育致力于培育高等技术应用型人才，其核心在于强化学生的基础技能掌握、基本能力提升以及职业精神的涵养。

针对高等职业教育的概念界定，学界众说纷纭，却鲜有能精准捕捉其本质特征以区别于其他教育形态的定义。本书主张，对高等职业教育概念的厘定需紧扣其核心特质——职业导向性与专业深入性，并从五个核心维度进行深入剖析：首先为层级定位，高等职业教育位居初等及中等教育之上，隶属于高等教育范畴；其次为专业聚焦，其核心教学内容聚焦于技术知识，鲜明地体现了专业教育的属性；再次，强调应用性，高等职业教育旨在培育具备实战能力的技术人才；又次，实践性突出，其教学目的与方式深度融合实践，紧密围绕就业与创业的实际需求展开；最后，主体多元，高等职业教育的培养体系涵盖学历与非学历教育两大板块。据此，本书将高等职业教育界定如下：高等职业教育是在中等教育基础上，以培育高层次技术人才为宗旨，侧重于职业能力、职业道德及职业精神等职业素养的培育，以技术知识传授为核心的应用型专业教育。

3. 高职院校

高等职业院校（下文简称“高职院校”）涵盖专科与本科两大层次的学历教育，其所授予的、获得国家认可的学业凭证，即高职院校毕业生的毕业证书，赋予了毕业生享受相应待遇的权利。高职院校是由政府引领，经由国务院、教育部及各省级部门批准后陆续建立的，有力地促进了我国高等职业教育体系的逐步成型与深化发展。

高职院校在提升劳动者思想道德境界与文化素养方面扮演着至关重要的角色，对于推动社会经济进步具有深远的战略价值；它认真践行“以就业为导向”的教育理念。借助系统化教育与继续教育，高职院校致力于增强就业群体的综合素质，提升学生就业竞争力，拓宽他们的就业途径，进而实现其就业质量的整体跃升。

### （二）高职教育理论基础

1. 劳动价值理论

人类劳动深刻体现了人与自然的互动关联，它涵盖了物质交换、能量流转以及信息交互等多个维度的活动。人的劳动成果不仅实现了物质财富的积累，更丰富了精神财富，创造了人类文明。劳动价值理论是关于价值是一种凝结在商品中的无差别的人类劳动，即抽象劳动所创造的理论。以服务业（第三产业）为例，因其异军突起，后来者居上，超越了第一产业与第二产业，已成为全球经济蓬勃发展的新趋势。服务业所提供的劳动，尽管并非以实物形态呈现，却同样蕴含着价值与使用价值，能够进行价值的交换。

随着“知识经济”“信息经济”与“科技经济”的浪潮汹涌而至，对劳动者的综合素质提出了更高的要求。为了提高劳动生产率，并赋予其更高的价值内涵，劳动者在从事以自身劳动为基础的简化生产过程中，必须不断深化学习，广泛吸纳知识，熟练掌握各项技能，将知识转化为推动生产力发展的强大动力。

2. 教育经济学理论

经济活动作为人类存续与进步的基石，不仅奠定了物质层面的基础，还激发了人类文一转变催生了多元主体结构的形成，使得多个参与主体能够在更广阔的平台上实现资源的优化配置与信息的深度共享，为高等职业教育的可持续发展注入了新的活力。

2. 专业结构

高等职业教育专业布局指特定时期专业设置的总体构成，强调专业间的内在联系架构及其组合特点。该布局深刻影响着人才培养结构，反映了技术技能人才培养与产业发展需求的契合度，并决定高等职业教育功能实现的效果。

而评判专业布局合理性的核心标尺，在于其是否能与产业结构实现精准对接，因为这直接关系到所培养的技术技能人才能否与产业界的人才需求保持高度一致。换言之，只有当高等职业教育的专业布局与产业结构相辅相成时，才能确保技术技能人才的有效供给与产业需求的无缝对接。

优化高等职业教育专业结构的过程，其实质是对专业布局进行合理化改造，它构成了推动高等职业教育全面发展的基础性框架，同时也是确保教育与产业协同并进不可或缺的枢纽环节。其目的在于构建一个更为科学合理的专业结构体系，促使高等职业教育的专业构成能够灵活响应产业发展的最新需求。

3. 办学模式空间结构

我国高等职业教育的主导形态依然是以院校为中心的空间布局模式，其中，院校扮演着高职师生教育教学活动核心场所的角色。院校空间是一个为教育者与学习者精心设计的系统性环境，它预设了一套行为模式，期望个体能在其中遵循既定的空间逻辑进行日常生活与学习。这一空间布局将原本分散的教育实践整合为一个规范化、制度化的教育体系，使得教育活动能够在一个相对独立的环境中运行，内容更加体系化，教学手段也更为直接高效。因此，院校空间成为制度化教育得以实施的关键舞台，甚至在一定程度上，它几乎成为教育功能发挥的唯一公认领域，这在社会上引发了一种误解，即将“教育”等同于“学校教育”，或认为“学校教育”就是教育的全部。

高等职业教育的职业导向、技术特性和实践需求迫切要求革新办学模式与空间布局，以强化高职院校与产学研平台的联系，区别于普高教育空间。若沿袭普高模式，高等职业教育特色难以凸显。但高职院校办学模式与空间结构问题长期被社会忽视，变革认知浅显，互动机制研究不足，其主要原因在于外部经济驱动力的缺失，制约了高等职业教育突破传统的积极性。

产业集群作为区域经济发展核心动力，为高职院校办学模式与空间布局革新提供了支撑。它将促使高等职业教育超越旧有的模式，通过空间拓展重建新秩序，推动根本性变革，不仅颠覆传统，更将深刻重塑发展空间。

## 二、高等职业教育人才培养

### （一）高等职业教育人才培养的常见理念

教育理想的核心，恒久聚焦于“培养何种人才”这一根本议题。人类发展历史的长河深刻昭示，社会的急剧变迁无不呼唤教育的适时革新，此乃历史发展的必然规律，非人力所能左右。

1. 素质理念

（1）在职业教育的知识范畴内，“知识”的传授并不仅局限于科学技术知识（尽管它是知识体系中的核心构成），还广泛涵盖了人文社会科学知识、商业智慧、日常生活及职场中的实践性知识，以及关于知识获取、应用与创新的方法论知识，还有针对问题分析与解决方案设计的策略性知识。通过对这些知识进行系统性整合与分类，可以构建出职业教育的四大知识集群：系统性的学科知识、源自实践的经验性知识、旨在创新与探索的方法论知识，以及信息处理与利用的信息技术知识。

（2）在心理素养与思想道德领域，高职院校的学生正处于一个心理成熟与思想品德塑造的关键阶段。高等职业教育在培育学生心理品质的过程中，应当助力学生实现自我情绪的有效调控。借助多元化的训练手段，引导学生准确认知自我，保持积极热情的心态，确保人际交往的顺畅进行。

（3）在职业技能培育领域，高等职业教育承载着至关重要的培育高水平技术人才的使命，即将职业技术教育视为推行素质教育的核心目标，于高职院校中加以实施。构建一套科学合理的课程体系，以期全方位提高学生的职业技能水平，是此领域内的关键所在。

2. 创新理念

高等职业教育致力于塑造高级技术应用型人才，其应用性特质不仅体现在对既有知识、技术与方法的传承性运用上，更侧重创造性应用。这意味着，所培养的人才不应仅满足于对现有资源的简单应用，而应通过持续学习新知、掌握新技术与新方法，创造性地探索新情境、攻克新难题。因此，教育体系需革新为创新型教育，着重彰显个体特性，深挖潜能，全力培养创新能力。显然，传统教育模式下“标准化”的培养流程与“千篇一律”的人才产出模式，已难以满足现代教育发展的迫切需求。

为使教育机构成为新技术与新发明的摇篮，以及杰出人才的培育基地，必须树立“因材施教，不拘一格”的现代教育理念，将创新教育作为推动教学改革向纵深发展的关键突破口。

（1）构建创新教育理念的核心，首要在于观念的革新。创新，这一术语涵盖了在科学技术、文学创作等多个领域内，个体运用其创造能力，创造出新颖且具有个人价值和社会意义的产物的过程。

我国传统教育体系的核心主要表现在对前人智慧的承袭，其根基建立在教育内容的恒定性与纯粹性之上，把实现知识的记忆与再现作为基本教育诉求。此种将知识视作恒定不移真理的观念，促使传统教育将知识的习得本身视为终极目的，将教学历程诠释为知识累积的过程。在这一观念框架下，教学模式演化为教师讲授、学生聆听的单向传递；学生的学习策略则侧重于模仿、练习与记忆背诵。在这一教学过程中，教师的角色局限于对教材与教案的忠实执行，而学生则满足于应对考试、获取预设答案，创新能力的培育在此环境下几乎无从谈起，更遑论激发学生的创新潜能与探索精神。

（2）在推行创新教育的进程中，教师扮演着举足轻重的核心角色，其地位无可替代。

（3）探索创新能力培育的多维度路径。创新能力，这一潜能广泛存在于每个人心中，不受民族、性别或肤色的界限所限。然而，创新能力并非天生赋予，而是经由后天的悉心发掘与不懈努力方能获得。在培养学生创新能力的过程中，关键在于塑造其思维的流畅性、灵活性、精确性、敏锐度及独创性。具体而言，这一目标的实现可依托三大核心途径：首先，个体可凭借自身的认知与经验积累自然习得；其次，通过向富有经验者求教，得到有效的方法指导；最后，通过教育教学过程中的系统性训练加以强化。

### 3. 创业理念

创业教育为高职院校职业指导体系的关键构成，旨在增强个体职业发展能力。其核心在于激发创业意识，培育初步创业能力。高职院校肩负培养社会主义建设者与接班人的使命，推行创业教育成为推动改革发展的关键。当前学生群体多为独生子女，生活条件优渥，缺乏生活磨砺与意志锻炼。因此，强化生存能力培养成为教育紧迫的课题。

高职院校应加大创业教育力度，培养学生创业意识、精神及能力，提升学生社会适应能力。无论就业、创业或自谋职业，学生皆能自信、勇敢、施展才华，开创事业。创业精神、意识与能力体现了学生综合素养，是衡量教育质量的重要指标。故以创业教育为核心，贯穿高等职业教育全过程，开展多元创业活动至关重要。

（1）强化创业意识培育的重要性不容忽视。创业教育的首要任务，在于激发学生的自主创业意识，使他们具备洞察力、魄力、实力及强烈的社会责任感，从而在毕业之际，能够有充分的创业思想及心理准备。否则，即便拥有再丰富的知识与技能，也可能难以有效发挥，甚至在某种程度上失去其应有的价值。

（2）构建坚实的创业知识基石是创业教育的关键所在。在职业教育的每一门课程中，均应融入创业教育的内容，使之成为不可或缺的一部分。尤为重要的是，各专业课程教师在传授专业知识的同时，需巧妙地渗透创业教育元素，使学生在掌握专业技能的同时，也能接受到创业教育的熏陶。通过这种方式，学生在获取专业知识的过程中，能够自然而然地培养起创业意识与能力。

(3) 强化创业特质的培育至关重要。一个成功的创业者，必须具备企业家所特有的心理素质框架、思考模式以及行为模式等核心要素。因此，在创业教育的实施过程中，务必着重加强对学生创业特质的全面培育。

(4) 实施创业实践体验活动是培育创业品质与能力的关键环节。创业素质与技能的锤炼离不开实践活动的磨砺，只有在实践中才能坚定其创业决心，提升其创业实力。这些实践活动能够使学生在亲身操作中体会到劳动的艰辛，享受劳动成果的喜悦，并汲取书本之外的知识养分，从而为其未来的创业之路奠定坚实的基础。

创业教育为全方位、多维度的综合体系，需贯穿学校教育各阶段，融入德智体美劳各教育环节。其成功实施非单一课程所能及，需融入整体课程规划，并得到校内各部门的协同及社会各方面广泛的支持。政府应高度重视高职院校毕业生创业，劳动部门提供创业信息，市场监管、税务部门给予政策优惠，金融部门提供贷款支持，共筑有利创业环境，才能激发高职院校毕业生的创业激情。成功的创业案例将激励更多毕业生勇敢创业，为学校创业教育增添活力。

### （二）高等职业教育人才培养的价值取向

从教育的目的出发，教育的本质在于推进个体社会化，即从自然人向社会人转变。因此，教育应致力于人的全方位成长，包括身心健康、智力、情感、审美、责任感及精神追求。人才培养着重于人的全面发展，并促进其持续进步。高等职业教育旨在培养兼具工匠精神、创新能力、审美鉴赏、人文精神、强健体魄与完善人格的技术技能人才。所以，高等职业教育人才培养需理性与价值理性并重，技术技能锤炼与人文精神滋养并重。下文将从四个维度探讨高等职业教育人才培养应秉持的批判性思维、创造性思维培育，工匠精神与人文精神融合，及“以人为本”价值取向的理念。

#### 1. 批判性与创造性思维的培育

创新能力的源泉并非源自某些特定的天赋，而是植根于个体所展现的创造性思维之中。人类的创造力得益于两大核心驱动力：“无法抑制的好奇心”与“高度活跃的创造性思维”。在构建创新型国家的征程上，批判性与创造性思维将是最为关键的动力。批判性思维不再被视为精英阶层的专属特质，而是未来劳动者基本技能构成中不可或缺的一环。因此，在高等职业教育中要重点培育学生的批判性与创造性思维。

#### 2. 高等职业教育的本质属性及终极目标

高等职业教育的核心特质在于其“教育性”的本质，而非简单的“职业培训”，这一属性决定了其价值取向必须遵循教育的根本原理，不得逾越教育的理论范畴，并需要恪守教育的一般规律，致力于追求并实现人的全面发展这一崇高目标。在高等职业教育的人才培养模式中，教育性应当置于首位，职业性紧随其后，切不可轻视对个体道德情操、理想信念及综合素质的培育。教育的最终关切在于“以人为本”，视人的全面发展为至高无上的追求，这构成了高等职业教育不可动摇的核心理念。

教育是推动人类发展和进步的核心力量，不仅推进了社会经济的繁荣，更能促进个体成长与发展，而教育的原点及其最终愿景均聚焦于人的全面发展之上。社会经济的演进与人的成长之间存在着一种相互促进、相辅相成的动态关系；进一步而言，社会经济的进步以人的发展为基石，并最终服务于人的全面发展，与教育的最终追求在本质上是高度一致的。人类累积与创造知识的根本旨归，在于优化生活品质，使生活趋向更加美好、更加富有意义的状态。因此，教育不应仅仅局限于生存技能的传授，其更为深远的宗旨与使命，在于启迪并引领个体去追寻那种充盈着意义、美好和幸福的生活境界。

### 3. 人才培养价值取向的逻辑起点

高等职业教育的逻辑出发点并非社会本位视角，其根本旨归在于促进个体实现自由、全面、和谐、持久及幸福的生活状态，“以人为本”的理念构成了高等职业教育追求的终极价值。鉴于此，必须深刻认识并重视高等职业教育所蕴含的人文价值，致力于培养个体既具备科学精神，又兼有人文素养的综合素质。一个真正“全面的人”应当实现知识能力与健全人格的内在融合，技术理性与情感智慧的和谐统一。人文素养的匮乏将导致个体在后续发展中动力不足，难以维持持续进步的态势，甚至可能使高等职业教育仅仅成为缓解而非从根本上解决就业压力的一种手段。

在工业文明主导的社会背景下，技术理性主义盛行，职业教育被深度嵌入工业生产的各个链条之中，其教育属性逐渐淡化，人文精神的培育空间受到严重挤压，个体价值往往被其功能性作用掩盖。倘若高等职业教育仅局限于知识与技能的单向传授，这种培养模式无疑会深陷工具理性的泥淖，映射出浓厚的功利色彩。实际上，高等职业教育的核心使命在于“育人”而非“造物”，尽管其应用性显著，但培养目标绝非仅仅是技术熟练的“专业工匠”，而是旨在塑造全面发展、具备社会化职业行动能力的高素质技术人才。此外，高等职业教育并非着眼于应对短期、可能转瞬即逝的市场需求，而是着眼于长远，致力于为未来社会培养具备可持续发展能力的技术人才。因此，未来高等职业教育的人才培养模式应以培养更加积极向上、责任感强烈、内心充实安定、性格坚忍不拔、身心健康、自我价值感强烈的人才为逻辑起点，引导学生学会感恩、学会享受积极快乐的生活、学会追求并实现个人价值，从而真正践行“以人为本”的教育理念。

### 4. 人才培养的人文价值追求

人才培养的目标不应日益趋向功利化，以致偏离了个体的全面发展轨道，高等职业教育的核心旨趣在于促进“学习者或被教育者”实现其“精神向往”与“职业诉求”的完美融合。同时，赋予“学习者或被教育者”感悟生命深层意义的能力，构成了高等职业教育不可或缺的价值维度。倘若将学生仅仅视作技术操作的对象，这无疑会侵蚀人的尊严与价值。教育的目的远不止于知识的累积与技能的精进，更为关键的是，它应当助力学生实现自我超越、个性解放，并学会追求一种更加充实与美好的生活状态。长期以来，高等职业教育过多聚焦于学生知识掌握与技能提升层面，却在很大程度上忽视了对学生内在价值的挖掘与培养。鉴于此，未来在设定人才培养的价值导向时，必须重归学生个体成长的本质，将关注点放在促进学生全面发展与自我价值实现上。

高等职业教育不应仅限于技能的传授，而忽视对个体自由、尊严及生命价值的尊重，需关注人的生存状态与全面发展。浅层的“知识传授与技能训练”虽能谋生，却难给予真正的幸福。高等职业教育的本质是以人为本，既要解决生存问题，更要引领尊严、品质的生活，激励梦想的追求。因此，需强化人文关怀，塑造善良人性、科学理性，提升文化素养与情怀。

社会进步对高等职业教育提出新要求，不仅要培养能胜任工作者，更要培养懂得生活者。懂生活不仅指提升物质品质，更在于追求精神生活。职业自信与成长成就感是生活乐趣之源，故高职院校需教学生学会学习、在工作中寻乐、于生活中寻福，培养专业技能与享受生活能力兼具的全面发展人才。

### （三）高等职业教育人才培养的主要特点

职业教育的核心在于培养兼具工匠精神、贴合经济社会需求的应用技术人才与高素养劳动者。以此为出发点，我们借助人本主义、能力导向、实用主义及终身学习等理念，来探讨职业教育人才培养的特质。主要包括以下方面。

#### 1. 面向服务

职业教育人才应融入社会，为经济一线贡献力量。为此，需依据经济社会发展，特别是经济转型、产业升级及企业岗位需求，合理规划院校布局与专业设置。明确培养目标，构建培养模式框架，科学实施培养过程，确保职业教育精准对接社会需求，输送高质量技术人才。

#### 2. 培养目标

职业教育旨在培育高素质、高层次的技术技能型人才，即技术应用领域的专业人才，与学术、工程实践及一般技能型人才有别。此类人才集工匠精神、卓越素质、职业适应力与发展潜力于一体，主要活跃于经济社会一线，尤其在技术应用与管理岗位。他们能在生产、建设、管理及服务等维度胜任策划、设计、管理及实操等高级工作，是推动行业高质量发展的核心力量。

#### 3. 培养要求

职业教育旨在培养兼具高素质与卓越技术能力的复合型人才，要求学生在专业及职业中展现理论应用于实践的综合能力。人才培养需遵循：一是强化知识与能力素质并重，促进知识向能力素质转化；二是规划专业技能、方法论及社交技能，服务于经济社会一线；三是注重全面发展，培养道德情操、社会责任感及家国情怀，成为社会主义建设者与接班人；四是强调职业发展能力，培育工匠精神，提升职业核心能力，奠定长远职业基础。

#### 4. 培养过程

职业教育需从知识导向转向技能与能力导向，注重职业能力与资格需求，强调当前能力对未来发展的支撑。首先，深入探究职业流程，据此规划学习范畴、编排内容、构建体系。其次，与政府、行业、企业深度合作，共同制订培养计划、研发课程、指导学生实习实训。再次，课程教学应理论与实践并重，推行“在做中学”的模式。最后，优化教学手段，减少单纯口头讲授，多采用研讨、项目、现场教学、案例分析、小组讨论等策略，激发学生学习的主动性、创造性，提升思维、提问及解决问题的能力。

教学应侧重于向学生传授提升上述能力的方法，即“授人以渔”而非“授人以鱼”，因为单纯的知识累积并不等同于能力的形成。当学生掌握了有效的方法并具备了相应的能力后，他们便能根据实际需求积极主动地开展学习，从而有效提高学习效率，并进一步挖掘自身的内在发展潜力。在此过程中，不仅要关注学生的知识积累，更要重视其能力的培养，因为唯有通过实践与应用，知识才能真正转化为推动个人成长与社会进步的力量。

### （四）高等职业教育人才培养的现实意义

2019年，在国务院印发的《国家职业教育改革实施方案》中，明确提出“把职业教育摆在教育改革创新和经济社会发展中更加突出的位置”，并要求“一大批普通本科高等学校向应用型转变”，引领全国范围内的地方本科高校向应用技术型高职院校转型，将其作为职业教育改革的重要试验田。这一转型举措标志着大力发展职业教育已成为我国构建科学完善的现代职业教育体系的核心使命，旨在通过这一途径，为国家的经济社会发展注入新的活力与动力。①

#### 1. 符合我国职业教育发展的教育目的

树立与我国国情相契合的职业教育观念，不仅使职业教育成为激发教育体系革新的活力源泉，更将成为支撑当前新兴发展格局的核心动力要素，驱动社会经济迈向更高质量的发展阶段。

---

① 陈文财. 我国高职院校工学结合人才培养模式研究［D］. 福建：福建师范大学，2018.

2. 促进我国职业应用型人才全面发展

产教深度融合对制造强国与人才强国战略至关重要，高职院校要助力可持续发展，强化校企协作，共建特色集团化科研机构，促进职教人才全面发展。为此，必须构建以社会主义核心价值观为核心的职业本科学生素养体系，涵盖职业道德、专业技能、生活与职业精神、创新思维、信息技术等，促进职业应用型人才全面发展。

高职院校要敏锐洞察人才需求趋势，遵循人才成长与教育规律，全面审视培养模式。在推动高新技术与核心技术发展中，寻求共性突破，优化应用型人才培养路径，提高服务质量与效率，实现从追随到引领的转变。

3. 突出我国高职院校应用型人才的培养特色

创新园区与产业集聚区以创新驱动为核心，通过产教融合平台优化科技中介服务体系。高职院校与企业合作时要灵活调整发展重心，对接国家战略需求，破解高质量发展难题，倡导问题解决导向教育，推动人才供需转型，激发经济活力。

应用型人才需具备坚实的基础理论与学科知识，同时拥有跨学科知识体系。此模式下，创新意识与精神成为关键驱动，但更需拓展创新思维、提升创新能力，这是个人立足社会、胜任岗位、适应社会发展、推动事业前行的必备集合体。

4. 满足我国应用型人才对岗位的导向性需求

秉承产教融合、协同创新的新发展理念，以开放、共享、包容的姿态，携手共建产学研一体化平台，旨在推动科研与产业的深度融合。高职院校要致力于构建国际化的人才培育视野，通过专业集群发展、课程体系整合、教育资源的深度融合、人才的双向流动以及共建共管的深度合作机制，深化院校与企业的协同关系，充分释放产教融合的内生增长潜力，以更有效地支撑产业的转型升级进程。

对于高职院校而言，要实现高质量发展的战略目标，就必须革新发展理念，调整改革路径，主动拥抱产业变革的大潮。应将产教深度融合视为其发展的核心驱动力、关键平台与灵魂所在，积极探索开放式、一体化与差异化的发展战略。通过精准对接产业链的高端技术技能需求，激发多元主体的内在活力，同时聚焦于协同育人的新模式与新路径，不断推进教育模式的创新，以更加积极主动的姿态服务于国家的整体发展战略。

### （五）高等职业教育人才培养的发展动力

1. 构建符合国家资历框架的内在需要

我国职业教育的发展尚缺乏与之相匹配的政策体系支撑，其迅猛发展的步伐在一定程度上受到了政策的制约。在职业教育学生的培养定位上，无论是应用型还是学术型本科模式，均不经意间出现了“学术偏移”的现象。新兴的职业本科院校在确立人才培养规格时面临标准不明晰的困境，加之资源配置及政策导向的全面性不足，引发了对于人才培养质量保障体系及制度框架的深刻反思。

只有积极构建契合我国实际的人才资质认证体系，才能实现教育层次与职业等级资格的有效对接。

2. 深化职业教育改革的外在需要

产教深度融合改革下，高职院校作为人才需求与技术革新并进的综合体，其发展质量与文化底蕴紧密相连，形成了应用性、层次性、原创性、复杂性并存的动态生态系统。此系统兼容并蓄，对职教人才培养多样性至关重要。但当前，高等职业教育与普通高等教育存在明显重叠，人才培养同质化，造成了教育资源的浪费。

高职院校亟须革新育人生态环境观念，更加重视应用型人才的跨学科整合能力与专业深度，以新兴产业的实际需求为导向，通过增设或调整专业集群内的专业构成，进一步优化人才培养的目标定位。同时，应积极推动专业技术人才达到既定的学术基准，确保毕业生能够熟练掌握专业领域内的基础技能与核心知识，为未来的职业生涯奠定坚实基础。

在构建这一全新育人生态的过程中，外部保障机制的搭建同样不可或缺。高职院校应聚焦于应用型人才的价值增值效应，有效融合质性评估与量化评价，打破对传统育人模式的路径依赖，探索更加符合时代需求和顺应产业趋势的人才培养新路径。

3. 提供高端技能人才供给的必由之路

职业教育在助力社会进步的同时，亦致力于促进个体特性的全面发展，它不仅是个人职业生涯起航的基石，更是提升生产力的关键预备力量。面对技术革新带来的种种变迁，职业本科教育的人才培养模式日趋精细化，更加凸显其作为全民共享的开放式教育特质，以及贯穿个体生命全程的终身教育使命。职业本科旨在培育技术全面且人格完整的人才，这些人才亦是社会构成中不可或缺的完整个体。

完整的职业教育体系并非孤立存在，它旨在通过社会的全面革新，输送高端技术人才，以期推动社会的整体进步。这一过程中，职业教育不断丰富高水平技术技能人才的内涵，深入贯彻产教融合的人才培养理念，挖掘并实现人才培养深层次的价值与效益，为构建更加完善的社会生态贡献力量。

4. 优化现代职业教育体系的变革之路

新兴职业教育范式打破了学科壁垒，完善了职教体系，以社会经济多元化需求为导向，推动了职教的发展。在人才培养中，建立了选拔、考核、评价的高效机制，并通过优化资源配置，提高了培养质量。

将科研实践融入课程之中，教师结合产教融合项目进行授课，增强了教学针对性，加速了人才培养的现代化。优化职教结构，培育高素质应用型人才，适应社会经济动态变化，成为构建现代职教体系的关键挑战。此进程是输送高质量人才的核心路径，也是国家在全球治理中发挥作用的基石。

5. “互联网+”推进产教融合下职业教育变革

在“互联网+”时代背景下，高职院校要积极应对人才结构优化的需求，为农业、工业、服务业输送专业人才。随着信息技术的进步与产业结构的优化，重塑了社会企业对人才的需求。劳动密集型市场逐步萎缩，传统产业竞争加剧，而新兴技术服务产业崛起，使毕业生面临新挑战。因此，产教融合模式成为高职院校实现人才培养目标的关键。

“互联网+”模式能够有效激发企业内部的学习氛围。在学生的寒暑假期间以及临近毕业的最后学年，可有选择地派遣部分学生进入企业，参加实习实训活动，并深度融入企业的内部研讨与学习流程。这些学生将被赋予企业在线学习平台的访问权限，得以通过丰富的在线课程、实时的直播授课等方式，深入了解企业文化与专业知识，并将所学成果借助专业软件在线展示。学生所展现出的强大学习能力、高昂的学习积极性以及卓越的学习成效，极大地鼓舞了企业员工的学习士气，全面带动了整个企业学习风气的积极转变。

### （六）高等职业教育人才培养的教学资源

高等教育中，学科与专业为两大核心概念。学科关联科学探索，系统分类知识；专业则关联社会分工与职业需求，跨多个学科。专业培养特定领域人才，是高等教育基本单元，而学科则更为普遍。

专业分两类：理论性与职业性，高等职业教育专业属后者。高等职业教育专业教学资源主要服务于师生及社会学习者，支持教学、学习及职业培训。鉴于社会学习者与师生在数量上存在很大差异，资源更多倾向满足师生需求。

1. 行业信息资源

行业信息资源是一个综合性的范畴，它囊括了行业概况、企业概况、职业岗位详情以及新技术、新设备等诸多方面的资讯。这些信息资源为学习者提供了详尽的职业岗位描述，使他们能够深入了解专业的培养目标、潜在的就业岗位以及职业发展的广阔前景，从而为自己的职业生涯规划奠定坚实的基础，并为规划职业成长路径提供明确的指引。同时，对于教师及社会学习者而言，行业信息资源也是他们了解行业发展态势、新技术应用现状、企业用工需求趋势以及院校专业建设进展、学习者就业状况等方面的重要参考。

行业信息资源的深入开发，为专业建设工作者在制定人才培养目标时提供了更为精细的依据，并助力他们精确界定人才培养的规格要求。这一开发过程主要涉及对行业动态、企业需求、技术发展等多个维度的全面剖析与整合，以确保人才培养方案的时效性与实用性。

（1）行业概览。这一部分涵盖了行业所涉足的领域范畴与业务范畴的详尽介绍，同时列举了相关行业、企业及协会的官方网址链接，以便读者进一步深入了解。此外，还提供了国家层面的产业政策发展报告，以及按区域划分的产业状况报告，为读者提供了全面的行业背景信息。

（2）政策环境分析。此部分汇集了国家与地方层面的政策文件，包括产业规划、产业研究导向文件以及各区域的产业规划等，这些文件为理解政策导向与产业定位提供了重要依据。

（3）产业发展态势。本部分聚焦于产业的发展现状、最新动态与未来趋势，以及对产业前景的预测性分析，为读者勾勒出一幅清晰的产业发展蓝图。

（4）技术创新概览。这一部分着重介绍了行业内涌现的新技术与新设备，为读者提供了关于技术革新的最新资讯。

（5）标准与规范体系。此部分涵盖了国际、国家层面的技术标准，行业技术规范，产品生产工艺标准，产品标准与规范，以及安全生产标准等多个方面，为读者提供了全面的标准与规范参考。

（6）企业概况与前景。这一部分介绍了行业内知名企业，提供了产品生产过程录像、设备及生产工具信息，以及企业发展前景的深度分析，为读者提供了了解企业现状与未来的窗口。

（7）岗位需求与职业发展。本部分详细阐述了行业企业内各类岗位的性质与业务范围，同时介绍了岗位的能力要求与招聘信息发布情况，为读者提供了职业发展与岗位选择的实用指南。

### 2. 专业信息资源

专业标准是课程资源建设的基石，其内容全面支撑结构化课程设计。在专业建设范畴，整合通用方法、工具、规范、标准及样例为资源，服务于全国高职院校，开发本土特色人才培养方案。这些资源助力学校与教师，灵活定制方案，科学配置条件，有效应对个性化培养需求。

在专业信息资源的范畴中，整合了多元化信息，包括但不限于人才需求调研报告、专业培养方案的范例、教学团队的构建指南，以及专业标准的权威阐述等，这些信息共同构成了专业建设与课程开发不可或缺的宝贵财富。

### 3. 课程资源

课程资源库构建要以结构化优化课程体系，整合多元要素，映射课改成效为目标。广义上，课程资源含达成课程目标路径上的各要素；狭义上，则指课程设计与实施的基础条件。

教师可采纳资源库中课程与资源，或遵循专业建设标准导航，结合行业企业信息萃取岗位需求，助力专业建设及课程调研。参照课程标准模板，结合院校个性化人才培养蓝图，开发特色课程，满足学习者多元化需求。

课程资源构建采用“三层次”架构，即普通文化课程、专业基础课程及核心课程。重点在专业基础与核心课程的深度开发，内容要涵盖课程基本信息、核心课程规范及方向课程特定规范，展现高度适用性与通用性。

（1）教学单元策划：聚焦于学习单元这一基本单位，进行细致入微的教学设计开发工作。

（2）授课视频资源：与学习单元紧密对应，精心制作配套的教学视频资料。

（3）多媒体教学素材：同样以学习单元为基准，开发一系列丰富多样的教学资源，包括但不限于教学课件。

（4）企业实践案例：这一板块汇集了课程专属案例与综合性案例，它们由专业教师携手企业资深技术人员共同打磨而成。

（5）数字化教辅材料：以学习单元为核心，配套开发出一系列电子化的教材资源，旨在实现教学材料的立体化呈现。

（6）技术文档汇编：此部分详尽收录了新技术、新设备的全面介绍与操作指南。

（7）拓展学习指引：广泛涵盖了参考文献、权威网站链接等多元化资源，旨在为学生拓展更为广阔的学习视野。

4. *碎片化资源*

素材库致力于汇聚多元化的教学资源素材，这些素材以音视频资料、动态图像、静态图片及文字文本等形式呈现，构成了丰富的非结构化数据集合。此外，素材库还包含了以网站链接与习题试题为表现形式的半结构化数据资源，以及以用户信息记录为特征的结构化数据。这一系列数据资源共同构建了一个广泛存在且易于重组的教学资源素材体系，为实现教学资源的灵活配置与高效利用奠定了坚实基础。

在信息化时代背景下，泛在学习环境日益盛行，使学习活动呈现出显著的片段化特征。此类学习活动依托内容丰富、形式多样、师生互动频繁且极具开放特性的片段化资源，这些资源能够从多个维度为学习者提供感官上的触动与信息上的浸润，有效点燃学习者的热情，并激励他们在亲身体验中逐步构建起个人的知识体系。

对片段化资源的巧妙运用，能够促使教学活动更加契合学习者的认知历程，引发他们对所学知识点的深度思考。同时，资源的片段化处理也为教师施展个人教学智慧提供了广阔的舞台，使教师角色从以往的单一教学主体转变为教学和课程并驾齐驱的双重主体，这对于推动教师专业素养与信息化能力的同步提升大有裨益。

随着资源颗粒度的持续细化，不仅显著降低了资源开发的复杂程度，还促使学习者在学习过程中逐渐适应片段化的学习趋势，主动转变学习方式，以更加灵活多变的姿态迎接信息时代的挑战。

5. 培训认证资源

培训认证资源体系全面覆盖了教师、学习者、社会公众学习者及企业职员等多类用户群体，旨在为他们提供由行业、企业及教育机构精心开发的、具有层次性、个性化及高度可定制性的培训认证资源与资讯。这一资源体系广泛面向所有用户开放，旨在助力个人职业生涯的持续发展，并为实现终身教育的目标提供坚实支撑。通过整合多元化的培训认证资源，致力于满足不同用户群体的个性化学习需求，促进他们的职业成长与终身学习进程。

6. 职业立交桥资源

职业衔接资源体系专为中职、高职专科与高职本科教育贯通开发，含课程标准、衔接规范、共享资源、单招考试资料等，但普遍开发不足。

在物联网技术赋能的专业衔接体系构建中，整合了中职、高职专科、高职本科的公共核心、专业基础、专业技能课程标准及制造类相关专业的衔接标准。基于此，开发跨层次的课程衔接体系，提供专升本大纲、真题及专业解析，以助力学习者无缝对接与顺畅过渡。

## 第二节　高等职业教育人才培养的信息化建设

### 一、相关概念界定

#### （一）教育信息化

在教育进程的演进中，课堂教学正日益融入多样化的计算机辅助手段与丰富的互联网网络资源。这一看似基础层面的转变，实则触发了教育领域的一次深刻革命。教育信息化作为响应社会发展步伐并驱动教育改革的新时代诉求，正逐步展现出其深远的影响。

在教育实践中，前沿技术与先进理念已全方位渗透至教学的各个角落。现代信息技术的蓬勃发展，将种类繁多的数字化教育资源呈现于学生眼前，为他们铺设了一条通往成为适应时代需求的创新型人才的道路。这一过程，正是教育信息化推动社会前行步伐的生动写照。与此同时，教育信息化的顺利推进，离不开信息技术、教育资源与信息生态这三大核心要素的鼎力支撑。唯有这三者齐备，现代信息技术方能发挥其催化作用，引领教育迈向深刻的变革之路。而教育随着信息技术的持续革新而不断演进的历程，正是教育信息化这一宏伟蓝图的生动实践。

教育信息化是一个广泛而复杂的体系，其深邃内涵触及教育及教学活动的诸多层面。在我国学术界，众多学者在界定教育信息化概念时，因各自聚焦点存在差异，故而表述形式多样。然而，深入剖析可发现，尽管表述各异，但学者们对于教育信息化核心精髓的理解却高度趋同。具体而言，他们均认同以下几点共识：①教育信息化应被视为一个“历程论”，其实现需历经持续的革新与发展，是一个漫长且复杂的过程；②现代信息技术作为不可或缺的支撑力量，在推动教育信息化进程中扮演着至关重要的角色。

### （二）高校教育信息化

高等院校在我国教育体系中扮演着支柱性的角色，它们犹如培育国家未来栋梁的温床，持续不断地为国家输送高质量人才。“教育信息化”这一时代命题，已经全面融入高校信息化的各个领域，涵盖教学实施、科研实力提升、管理体系优化以及后勤服务革新等多个维度。强化高校的教育信息化能力，无疑是提升其综合竞争力的关键路径，正因如此，各大高校均紧握信息化浪潮的脉搏，勤勉不懈，力求持续进步。学术界对于高校教育信息化概念的界定，可谓是百花齐放、百家争鸣，不同的学者从各自的视角出发，给出了侧重点各异的定义，因此，无论是从内涵的挖掘还是外延的拓展来看，都存在着较为显著的差异。

高校教育信息化植根于数字化校园，以信息技术基础设施为根基。在课堂教学、科研探讨、行政管理中广泛运用现代信息技术，促进了教学科研，简化了管理流程，使高校能更专注于培养前沿技术人才。

高校职教信息化演进旨在构建全面信息化校园，通过完善基础设施、搭建网络资源平台、运用多媒体技术，提高教学、生活、管理效率与质量。信息化校园提供全方位服务与技术支撑，营造现代化教育环境，推动高校向先进、高效发展。

高校教育信息化的发展进程深刻影响着高校的众多领域，涵盖教学活动、科学研究、行政管理和校园生活等多个维度，为其全面进步提供了涵盖广泛服务与全程技术支持的坚实保障。鉴于此，推进高校教育信息化的核心策略在于充分利用高速迭代的信息技术，以此来提升整体的信息化水准。同时，高校教育信息化不仅是驱动教育革新与转型的关键力量，更是实现教育现代化宏伟目标的重要推手。

综上所述，高校教育信息化的基本内涵囊括了五个核心方面：首先是教学信息化能力的提升，这是确保教学活动高效开展的基础；其次是信息化基础设施的完善，为信息化进程提供坚实的硬件支撑；再次是数字化资源环境的建设，旨在构建资源丰富、易于获取的学习生态；又次，信息化管理规划的制定也是不可或缺的一环，它确保了高校管理活动的科学性与高效性；最后是组织保障体系的健全，为教育信息化战略的顺利实施提供有力的组织保障。

### （三）职业教育信息化

在教育信息化的版图中，职业教育信息化占据着举足轻重的基石地位，构成了不可或缺的关键一环。其推进需紧密依托互联网信息技术的快速发展，致力于提升职业教育领域内师生群体的信息技术应用能力与素养，并以此为引擎，驱动职业教育的深刻转型与蓬勃发展，使之在时代浪潮的激荡中不断前行，迈向现代化的崭新阶段，从而紧密贴合时代进步的脉搏。

由此观之，职业教育领域内师生信息技术应用能力与水平的提高，是加速职业教育信息化进程的核心要素，其影响力深远，直接关乎职业教育信息化事业能否迈向成功。与此同时，信息化教学资源的深度发掘与精心构建，亦被视为实现职业教育信息化宏伟蓝图的重要基石与核心内容，它们为职业教育的信息化征程铺设了坚实的资源基础，是推动这一进程不可或缺的关键要素。

在职业教育领域中，信息化进程通过深度融合多媒体及网络信息技术，全面催化职业教育的革新步伐，使之精准对接信息化社会对职业教育所提出的全新发展诉求。职业教育信息化的根本宗旨，在于驱动教育的深刻变革与持续进步。因此，与之紧密相关的政策法规体系、人力资源配置等要素，均构成了教育信息化发展蓝图中不可或缺的关键环节。

职业教育信息化是一项多维度、全方位的发展历程，它渗透于教育教学、科学研究及管理等各个层面。其以先进的教育理论为指引，依托现代信息技术的强大支撑，致力于信息化资源的深度开发与全面构建，旨在提高管理技术的专业化水平，并着力培育能够顺应时代趋势、为社会高速发展贡献力量的创新型杰出人才。总而言之，职业教育信息化是一项旨在实现职业教育现代化宏伟目标的综合性系统工程。

## 二、高等职业教育信息化的重要性

### （一）职业教育信息化是教育发展的必然趋势

在当今全球化的进程中，信息技术的广泛渗透已成为一种不可逆转的趋势。推动我国教育改革向纵深发展，信息化无疑是驱动教育现代化的核心引擎。故而，若要实现教育现代化的宏伟蓝图，职业教育现代化的达成无疑是一个不可或缺的先决条件；同理，职业教育现代化的实现，又必然依赖职业教育信息化的深度推进。职业教育信息化不仅是教育演进历程中的必然走向，更是时代变迁下的明智抉择，它顺应了时代发展的迫切需求，为教育的未来开辟了崭新的道路。

### （二）职业教育信息化是衡量教育水平的重要标志

随着时代的不断前行与技术的日新月异，职业教育亦需紧随社会发展的洪流，不断迈进新的发展阶段。鉴于职业教育成效直接关乎区域经济建设与社会发展，其孕育的人才不仅能够迅速融入职场，而且其类型与市场需求高度契合，展现出极强的市场适应性。因此，为了与社会和时代的需求保持同步，职业教育必须积极投身于信息化建设的浪潮之中，充分利用信息化这一强大工具，全面提高自身的教育层次与教育质量，从而确保所培养的人才能够精准对接市场的需求，为社会的繁荣与进步贡献更大的力量。

### （三）职业教育信息化可以降低教育成本提高经济效益

教育现代化的达成是一个长期且需要大量资金持续注入的过程，然而，我国当前的国情难以全面满足所有教育领域的发展需求。鉴于此，应着重推进信息化建设，尽管在初期阶段，基础设施的搭建确实需要一笔不菲的资金投入，但其后续的使用效益却是持久且深远的。职业教育信息化的显著优势，在于它能实现教育资源的广泛共享。通过构建公共平台，将优质的教育资源汇聚其上，使得教师与学生能够不受时空限制，随时随地获取所需的学习资料。

## 三、高等职业教育信息化资源

### （一）高等职业教育信息化资源共建共享目标

#### 1. 总体目标

依托计算机网络及先进信息技术所构建的高等职业教育资源综合服务体系，旨在共建共享信息资源，提高公共服务信息化水平，全面满足用户迫切需求。该体系将助推高等职业教育信息化升级，加速现代化进程，为培养具有综合职业能力、服务于生产管理一线的高素质应用型人才提供坚实信息资源保障与支撑。

#### 2. 共建共享的利益主体

高等职业教育信息化资源构建旨在提升全民信息化素养，培养精湛技艺的应用型人才，满足终身教育需求。资源共享的益处体现在以下方面。

职业教育机构与管理部门受益显著。通过共建共享信息化资源，加速建设信息平台、教学资源及交流渠道，以智能化机制促进了个性化服务，满足了多样化教育需求。

教师队伍亦受惠。资源库与标准化课程体系助力教师精准定位资源，构建个性化课程，提高教学水平。资源共享强化了教师信息意识，提高了信息技术应用能力。

学生个性化学习需求得到满足。专业资源库覆盖不同职业领域，支持在线作业与自我评估，提升了学习成效。移动学习平台满足了学生多样化学习偏好，促进了综合素质提升。

家长与企业同样受益。家长消除了对网络的误解，助力孩子成长；企业可利用资源开展职业培训，提升员工技能与素养，为企业发展注入活力。

3. 具体目标

构建的高等职业教育资源集成库，应广泛涵盖针对高等职业教育的专业学习型社会服务资源。此举旨在服务于多元化的学习群体，确保现代信息技术能够深度融入高等职业教育的日常教学之中，促使高职院校师生不仅在课堂上积极运用，而且在日常学习中普遍采纳，并逐渐形成偏好，真正实现信息技术与高等职业教育的深度融合。

### （二）高等职业教育信息化资源建设模式

高等职业教育信息化建设蕴含了极为丰富的内涵，它广泛渗透于教育活动的诸多层面，近乎全方位地覆盖着教育的每一个角落。鉴于各教育机构在教育信息化资源构建进程中展现出的不同步性，须对业务系统架构中的各个组成部分进行整合，并确立一套适用于后续发展的信息技术标准，以确保信息化建设的稳步推进。

课程设计的重任已不再单纯依赖教学人员，而是需要与技术专家、设计人员以及生产团队紧密协作，共同承担。各方要充分发挥各自的专业优势，形成合力，以打造出更加贴合实际需求、富有创新性的教学资源。

在授课环节，应注重师生互动所形成的生成性资源的积累与利用。这些资源将随着教学活动的深入而不断产生，并被及时上传至信息化平台，从而不断丰富和完善信息化资源库。这一举措不仅有助于提升教学资源的多样性与实用性，还能够为师生的学习与研究提供更加便捷、高效的支持。

随着信息技术水平的持续提高与信息化标准制定需求的日益凸显，在严格遵循国家相关法律法规的基础上，结合院校自身的办学特色与实际需求，要积极构建一套既具备实用性又兼具通用性的行业标准体系。

此行业标准体系不仅需与国家的宏观指导方针保持高度一致，还需充分融入高职院校的独特办学理念与实践经验，以确保其在指导信息技术应用、促进业务系统间高效协同、推动教育资源优化配置等方面发挥积极作用。通过这一标准化框架的构建，希望能够进一步提高高职院校的信息化管理水平，为师生的教学与研究活动提供更加便捷、高效的信息技术支持。

### （三）信息化资源建设的方法

在信息化资源建设过程中，高职院校需充分利用信息技术手段，强化信息资源的整合与共享，确保优质教育资源能够跨越时空限制，高效、便捷地送达至师生手中。同时，通过机制的持续完善，不断提高教学管理的规范化与智能化水平，为信息技术与教育教学的深度融合提供坚实保障，共同推动高等职业教育的高质量发展。

1. 完善系统设计

实际上，资源池里汇聚了大量细小的非结构化的资源素材与碎片，这些资源的微小颗粒度赋予了它们极高的灵活性与组合潜力，无论是资源的开发者还是使用者，都能轻松地对这些资源进行调配与利用。

在资源库中，示范性课程是其核心框架，它们如同一根根纽带，依据特定的逻辑脉络，将那些碎片化的资源紧密地串联起来。这一逻辑编排的合理性，不仅是对教学改革深度的直接映射，也是对学生认知规律与学习习惯的深刻体现。当我们将海量的资源池与资源库相结合时，还实现了资源的冗余设计——所提供的资源总量远远超出了教与学实际调用的需求。

这一设计不仅确保了资源使用者能够直接、便捷地共享到所需资源，更为他们提供了自主重构与组合资源的广阔空间。使用者可以依据个人需求与创意，对资源进行二次开发与整合，进而成为资源的建设者，为其他用户提供服务。在这一过程中，他们不仅实现了个人能力的提升，更成为生成性资源的创造者，为整个教育资源体系注入了源源不断的活力与创新。

### 2. 坚持需求导向

构建高等职业教育信息化资源体系时，需遵循需求导向，以应用为驱动，规范专业化流程，借鉴国外先进经验。应组建课程专家、教学及科研团队，专注于资源的研发，引入第三方进行评价与反馈，定期调整资源。同时，设立技术支持团队，保障建设顺畅进行。

资源建设旨在服务学习者的实际应用，提供模块化、易组合的知识单元，构建精细资源池，实现灵活重组与整合，满足多样学习需求。再结合高等职业教育特性，围绕岗位需求构建实训平台，支撑实践教学。倡导教师与技术人员合作，不断推动资源建设创新。

为促进资源有效利用，高职院校应拓宽互通渠道，探索资源交换、互动机制。倡议成立共建共享联盟，由院校、学术团体、行业协会、研究机构及企业等自愿组成，形成战略协同体。

在联盟框架内，各成员院校可依托共享资源库实现学分的互认机制，以此激励学生积极利用资源库进行自我提升。学生将不再受限于传统的校园课程，而是能够灵活选择资源库中的示范性课程进行学习，并在完成学习后接受统一的测评，测评合格后即可获得相应的学分认定。实现协同作业、资源整合与深度融合，共同推进高等职业教育信息化资源的共建共享进程，为高等职业教育的信息化发展贡献力量。

### 3. 遵循资源生成原则

为了最大化地实现资源的集约共享，并促进资源建设与使用的良性互动，需要遵循一系列精心设计的原则来生成并有效利用这些资源，从而构建一个服务于课堂教学过程以及广大师生的资源服务云生态体系。

这也预示着信息化资源建设的步伐将不断加速，为高等职业教育的信息化转型与升级注入更为强劲的动力。

4. 促进资源均衡共建

推进高等职业教育信息化资源构建与共享，需聚焦于云计算与大数据等前沿技术。大数据助力深度挖掘学习行为，云计算实现平台集中管理，打破信息孤岛，汇聚教育大数据。通过系统性收集、深度分析及精细整理数据，提炼精准洞察，支撑因材施教与个性化学习。

构建大规模在线开放性研究性学习平台，作为智慧教育的核心，服务当前需求，支撑未来大数据挖掘与服务优化。其目的在于全面升级高等职业教育信息化资源，适应新时代教育发展。

我国已经建成数字化教学资源库，通过分析高职国家级专业教学资源库数据，可见加速国家教育资源库建设是实现全国互联互通与资源共享的关键。并且资源库具备结构科学、重点突出、更新迅速、共享便捷等特点，涵盖了专业课程、核心专业类别，延伸至职业培训、成人教育等多维度，已形成全面、多元、活力的教育资源生态。

5. 构建资源共享机制

资源共享机制旨在实现资源共用，对高等职业教育信息化资源构建而言，是复杂系统工程，需政府、企业及学校等多方协同。政府作为宏观层面主导，需统筹规划，重视公共服务，促进资源均衡。缩小东西部教育资源差距，推动职业教育发展，提高软硬件水平，平衡资源分配，制定建设标准，坚守公益原则。

同时积极引入市场竞争机制，鼓励企业参与公共服务，构建多元主体供给体系，实现风险可防可控。省级政府应研究政策规范，建立可持续运维机制，采购资源服务，推动资源共享。政府需协调高职院校与企业关系，引导社会力量参与教学，合作开发课程资源与教材。

专家在教育资源质量控制中起关键作用，企业为资源建设注入了新活力。政府应满足基础核心需求，激励各方参与信息化资源建设，预留市场空间，促进良性互动，构建协同共生新格局，防范资源无效损耗。

地方政府要统一规划教育资源开发与推广费用，加大对高职院校的投入，构建均衡投入机制。并采用激励机制，发挥资金效能，推动资源建设。制订科学预算编制方案，严格执行经费管理，中央与地方协同，充足经费支持，彰显资源建设效益。

## 四、高等职业教育信息化对策

### （一）加强校园基础设施建设构建新型数字化校园

建设学习及研究平台。此平台要能够显著减少对传统布线的依赖，从而大幅度缩短网络建设周期。更为便捷的是，当未来网络拓扑结构需要调整时，无须烦琐地重新布线。

同时实现“校园一卡通”全面覆盖校园生活的目标，即“一卡通行于校园”。此卡片不仅作为身份验证的媒介，承载着学生的个人信息，还兼具金融卡的功能，极大地便利了师生在校园内的办公、宿舍访问以及图书馆借阅等学习生活各方面的需求。

为确保一卡通数据的全面管理提高其安全性，学校应采取集中管理方式，对所有一卡通数据进行统一存储与处理。这一举措旨在构建一个安全、高效的校园一卡通系统，为师生的校园生活提供极大的便利与保障。

### （二）积极推动信息技术与各学科课程的整合和信息技术应用

实现信息技术与课程教学深度融合，就要求教师必须提升信息化应用能力。在教学过程中，教师需创造性设计与规划课程，超越传统讲授方式。在学生学习中，教师应积极引导并深度参与，促使学生从被动知识接受者转变为主动学习者。这一转变将提高学习效率，促进人才创新培养目标的实现。

在信息技术赋能课程整合的实践中，不仅能够借助计算机技术将课程内容转化为多媒体课件或网络空间中的数字资源，更为重要的是，能够广泛采用模拟仿真软件，构建出一种全方位、立体化的教学模式。这一模式不仅极大地激发了学生的想象力，提升了课程的趣味性，还有效缓解了职业学校在提供知识与实践能力应用场所方面的局限。它缩短了教室与实际工作岗位之间的距离，使学生能够沉浸在虚拟环境中，仿佛身临其境地体验职场的工作氛围，积极学习掌握实际的生产技术。如此一来，才得以更加贴近职业教育的终极旨归，即培养出具备实战能力的高素质技能型人才。

### （三）以信息化管理方式取代传统管理方式

信息管理是一个综合性的过程，它将信息的采集、处理、传递、服务以及其他组织活动融为一体。在此过程中，信息虽然是不可或缺的要素，但并非唯一决定因素，这构成了它与传统管理模式之间的显著区别。为了提高管理效率，需要对管理对象进行统一的量化处理，并精准地提取信息，力求在每个管理环节减少不必要的控制与监督，从而构建一个流畅的管理流程。

学校的管理措施亟待相应的优化与调整。具体而言，网络内容的实用性需得到进一步增强，技术手段也应更加便于操作。同时，对于教师的要求，也应设定一套统一且明确的标准。以下是对这些优化措施的具体阐述。

（1）为了最大化发挥先进信息设备的潜能，应充分利用这些设备并优化其功能。诸如计算机、通信装置及网络设施等现有资源，需被接入互联网与局域网体系之中，唯有如此，方能全面释放其效用。联网后的设备在管理与使用层面均展现出更高的便捷性，极大地促进了信息的获取、处理及交流等关键环节。

通过网络连接，校内管理机构能够迅速且高效地传达管理指令，而身处终端的教师与学生则能在第一时间接收信息并迅速响应。此外，与公共互联网的联通还极大便利了与校外兄弟院校的信息互通，这一举措对于学校的长远发展具有极为积极的意义。通过构建这一高效的信息交流网络，不仅提高了校内管理的效率，还为学校的对外合作与交流开辟了更为广阔的途径。

（2）力求将管理内容的数字化程度提升至最高水平。数字化的核心优势在于其能够实现管理的规范化，而规范化则进一步促进了管理的便捷性，同时也为信息的长期保存提供了有力保障。在学校管理的范畴中，教育教学的各项工作占据了举足轻重的地位。为了提高管理效率与信息保存质量，需要对这些工作进行细致的分类、整理与量化处理，并依据统一的标准将其纳入数据库进行集中管理。这一举措不仅极大地便利了后续的查询工作，还确保了最原始资料得以更为持久地留存，为学校的长远发展奠定了坚实的基础。

（3）致力于显著提升信息服务的品质与效能。在学校的管理架构中，管理部门扮演着信息资源管理者与提供者的双重角色，兼具服务与管理的双重属性。学校的信息资源理应成为全校师生共享的知识宝库，实现公平、无差别的利用。鉴于此，学校管理部门需预先规划并执行信息的采集、整合、精练、归类及处置等一系列繁复工作，以确保信息资源的准确性与时效性。同时，管理部门还需构建一个面向全校的信息资源共享平台，该平台旨在便捷地满足学校其他部门及教职员工对信息资源的多元化需求，从而推动信息的无障碍流通与高效利用，为学校的整体发展注入强劲动力。

（4）实现信息人才的优化配置以促进可持续发展循环。在信息化的进程中，任何设备与资源均需人的操作与运用方能发挥其最大效能。因此，对于学校而言，教师的信息化应用能力直接关乎学校信息化建设的整体水平，且对学生综合素质的培养具有深远影响。当前，学校核心教职员工已普遍具备信息化应用的基础素养，而接下来的任务，在于进一步提升他们的综合素养，使之不仅精通技术与操作，亦能掌握管理之道。毕竟，教师身处教育教学的前沿阵地，能够直接获取第一手的实践资料，他们最为了解何种信息对于教学而言是至关重要的。唯有当教师能够积极主动地投身信息采集与处理工作，方能更有效地提高教育教学的质量与科研水平，进而培育出具备更高素质的学生群体。

### （四）开拓校企合作新模式

在探索职业教育信息化建设的新路径时，可考虑与邻近企业携手共创合作新范式。传统意义上的校企合作，往往局限于在学校或企业内设立特定区域，供学生赴企业实地研习或企业职工来校接受岗位技能培训。然而，校企合作的内涵远不止于人员的简单流动。借助先进的信息化工具，学校与企业完全能够跨越空间限制，实现远程协作。具体而言，双方可通过构建校园网与企业门户的互联互通，以网站为载体，各自设立专属栏目。学生得以在企业门户中深入了解企业概况，浸润企业文化，并接受企业的岗前指导及业务培训。而企业亦可通过访问学校校园网，掌握学校当前开设的专业详情等信息，从而更精准地指导学生培训，促使学校的教学规划与社会实际需求更加契合。此举不仅能够大幅节约资金投入，带来可观的经济效益与社会效益，还能进一步加深学校与企业的联系，提高双方交流的便捷性，更好地满足校企双方深层次的合作需求。

## 第三节　我国高等职业教育人才培养的特色

### 一、中国特色社会主义道路决定了高等职业教育人才培养的政治任务

#### （一）马克思主义是高职院校办学的指导思想

高职院校应坚持马克思主义理论，将马克思主义精髓融入思想引领、社科研究、教学创新、学生管理及内部管理等多领域。习近平新时代中国特色社会主义思想，作为马克思主义中国化的新成果，为学院指明了方向。因此，以该思想作为引领，就是坚守马克思主义办学宗旨，确保学院发展方向的正确。

#### （二）党的领导是高职院校的组织核心

高职院校的党组织需承担起对关键事务的统一领导与决策职责，这些事务涵盖学校的办学方向定位、管理体系构建、人才战略规划、人才培养方案的制订、思想政治教育工作的深化、学生事务的全面管理、教学研究与科研活动的推动、校园文化的培育以及社会服务能力的提升等多个方面。党组织需确保在这些重要领域发挥引领作用，作出科学合理的决策，以推动学院各项事业的稳步发展。

#### （三）“四个服务”是高职院校的办学目标

高职院校应秉持“四维融合”理念，将民众需求、治国理政要务、中国特色社会主义制度愿景融入人才培养、技术创新、社会服务及文化繁荣各环节。遵循开放办学原则，依据国家战略与区域规划，科学规划发展目标与课程建设，促进区域社会文化繁荣。同时，学院应主动承担政府公共服务职能，紧密对接区域战略，积极履行社会服务使命。

#### （四）“立德树人”是高职院校的根本任务

“培育德才兼备之人”已成为新时代我国教育事业的根本使命与教育改革的核心导向。高职院校需将思想政治教育深度融入课程体系构建、教学流程设计、实训平台搭建、管理机制完善、创业就业指导以及社会服务供给等多个维度，从而构筑起一套既科学又合理的系统化高职院校“培育德才兼备之人”的教育范式。

## 二、中国特色社会主义制度决定了高等职业教育人才培养的管理模式

高等职业教育体系充分凸显了国家在其中的引领角色，它高度重视教育的均衡性和广泛覆盖，力求确保教育资源得到公正且合理的配置。在中国特色社会主义制度的宏观指引下，高等职业教育的人才培养管理模式得以更加紧密地贴合社会发展的实际需求，从而孕育出既富有创新思维又具备扎实实践能力的高水平技术技能型人才。这一模式不仅强调了对教育资源的有效整合，还着重于提升学生的综合素质与专业技能，以适应快速变化的社会环境。

### （一）坚持党的领导的组织结构

在推进高等职业教育组织结构建设的进程中，需着重强化党的领导的核心地位，并深化党领导下的组织结构优化工作。为此，应积极推动高职院校构建理事会制度，以此作为增强学校治理效能的关键举措。同时，还需致力于完善社会参与学校治理的平台架构，确保社会各界能够有效融入并发挥积极作用。此外，针对产教融合的内部运行机制，亦需进一步细化其组织结构，以确保教育链、人才链与产业链、创新链的深度融合与高效协同，从而推动高等职业教育的高质量发展。

### （二）完善产教融合的治理体制

在职业教育治理体系建设中，校企合作模式独具特色，国家之所以认定“产教融合型企业”，就是为强调企业职教参与的责任。为深化产教融合，股份制、混合制、现代学徒制、职教集团联盟等模式已成为职校实践框架。高职院校应探索构建以人才培养为中心，技术研发、社会服务为辅，校企权责明确的组织架构与治理体系。该体系旨在界定校企权责，促进教育、人才、产业、创新链衔接，驱动职业教育高质量发展。

### （三）坚守质量发展的治理结构

高等职业教育体系亟须构建一种以行业企业需求为引领的质量管理体系，校企双方需携手共创，依据“六个着力点”的原则，打造出富含行业特性的质量评估框架、评估基准及评估实体，以此突破“五唯”的局限性。在此基础上，应进一步构建一套彰显新时代中国职业教育特色的多元化评价体系，该体系需涵盖院校、专业、课程、师资队伍及学生表现等多个维度，同时融入诊断性要素，确保社会主义核心价值观成为质量保障体系的核心精髓与灵魂导向，从而引领我国高等职业教育迈向更高水平的发展阶段。①

### （四）构建服务师生发展的管理体系

高职院校在构建教师职业发展服务体系与评价体系时，应着眼于促进教师的个性化成

---

① 杨应崧，袁洪志，何锡涛．回顾与期望：奏响高职教育质量保障“三重奏”［J］．中国职业技术教育，2019（17）：54-58.

长，针对不同课程门类的特性，精心规划具有针对性的职业发展路径与差异化评价标准，以确保每位教师都能在适宜的土壤中茁壮成长。对于学生群体，则需依据职业教育的独特属性，创新性地设计以形象思维为主导的选拔机制，同时，推行灵活的学制安排与企业实践学分认证制度，为职业教育学生铺设多元化、个性化的人才培育道路，以满足社会对多样化技术技能型人才的迫切需求。

## 三、中国特色社会主义文化决定了高等职业教育人才培养的教育理念

高等职业教育应当开辟多样化的文化培育途径与平台，旨在引导大学生树立坚定的文化自信。作为培育应用型人才的关键领域，同时也是锻造高素质技能型人才的重要基地，加强对学生工匠精神的培养，不仅能够显著提升其未来就业时的人力资本价值，更是学生步入社会、站稳脚跟的关键要素。对于高职院校的教师而言，需深刻领悟工匠精神与学生专业技能培养之间的并重关系，更要明确认识到，唯有通过持续的学习与实践，方能真正达到工匠精神内化于心、外化于行的教育成效。

### （一）扎根中国大地，办中国特色高等职业教育

高等职业教育要立足于为国育才的政治高度，以紧跟社会主义市场经济对人才的需求为办学导向，培育大批社会主义事业的接班人和建设者。出于职业教育的特色，办学过程中要高度关注学生实践能力的培养，通过校企合作，共建专业或成立产业学院，建设校内、校外实训基地，加强产学研合作，共同开展科研项目，实现科技成果转化等活动的有序开展，旨在深度激发学生的职业认同感和自豪感。通过让学生亲身参与和体验，不仅能够加深对职业领域的理解与热爱，还能在实践中锤炼技能，提升职业素养，为未来的职业生涯奠定坚实的基础。

### （二）创建中华文化特质的职教理论体系

高等职业教育需秉持创新引领的发展观念，深入探索国外职业教育领域的先进理论与成功案例，以此为镜鉴，系统而全面地审视我国职业教育的发展历程与取得的辉煌成就。在此基础上，高等职业教育应进一步加大对现代教育技术如何有效推动职业教育教学改革的研究力度，力求在理论与实践的双重维度上，为我国职业教育的创新性发展注入新的活力与动力。

### （三）建立中华文化特质的职教教学体系

我国职业教育学生的特征表现为知识体系构建相对完备，智力潜能得到充分发掘，具备强烈的集体归属感和高度的责任感，同时展现出良好的纪律观念与组织性。然而，值得注意的是，他们在面对新事物时往往表现出一定的保守倾向，缺乏勇于尝试的精神，动手实践能力有待提升，这一特点尤为显著。

### （四）建立具有国际共识的“中国协议”

展望未来，高等职业教育应将培育适应我国海外企业需求的人才作为核心使命，通过校企深度合作，携手“迈向国际”，此方案旨在将我国职业教育的理念体系与话语表达深度融入全球未来职业教育体系的构建进程之中，从而在全球职业教育舞台上发出中国声音，展现中国智慧。

## 四、中华民族伟大复兴工程决定了高等职业教育人才培养的发展目标

### （一）服务民族复兴工程是高等职业教育发展的目标

致力于践行“人类命运共同体”这一国家战略，高等职业教育需与产业界及市场保持紧密互动，携手行业企业共同探索创新与研发的新路径，聚焦于新技术、新技能的开拓，以及工艺与设计的优化升级。在此基础上，推动职业教育与培训体系的全面革新，旨在培育出一批批既具备高尚品德又精通专业技能的劳动者与建设者，他们将成为中华民族伟大复兴征程中的坚实力量，以实际行动践行“德技并修”的教育理念。

### （二）服务国家发展战略是高等职业教育发展的任务

高等职业教育的使命在于积极响应并服务于国家的宏观发展战略，将自身发展融入国家大局之中，担当起推动经济社会进步的重要职责，此乃其根本任务之所在。

### （三）服务学生高质量就业是高等职业教育发展的载体

步入科学技术与智能化融合的新纪元，技术技能型人才的培育目标正逐步迈向更具创新性与灵活性的新境界。随着岗位更迭与淘汰步伐的加速，一系列核心职业技术能力——包括学习潜能、思维敏锐度、心智操控技艺、创新能力及健康心理素质——日益凸显其不可或缺的重要性。在生产实践中，技术与操作层面的革新已成为技术技能型劳动者日常工作中的常态与追求，而拥有设计智慧、大数据分析专长、智能设备操控技巧及精准决策能力的技术人才，正逐步成为我国制造业未来亟须的中坚力量。面对日益复杂多变的工作场景，劳动者的决策睿智、管理效能、协作默契及与智能机器的协同作业能力，已成为衡量其工作表现的关键指标。这一趋势迫切要求职业教育的人才培养范式发生根本性变革，推动产教融合、工学交替的教学组织模式深入实施。在此背景下，“现代学徒制”与“校企职业教育联盟”作为提高高职院校毕业生就业质量的有效载体，其重要性愈发凸显，成为连接教育与实践、培养未来制造业精英的桥梁。

### （四）服务区域经济社会发展是高等职业教育发展的职责

面对服务经济发展的核心使命，高职院校需深刻洞察区域行业企业生产发展的动态趋势及对人才综合素养的精确需求。为此，它们需与区域内的技术领军企业携手，聚焦于核心技

术的研发与应用，并共同制定科学严谨的职业能力分级评价体系。此外，高职院校还应积极与社区建立合作关系，开发多样化的实践教育与活动教育课程，以满足社区成员的学习与发展需求，进而引领并促进社区文化事业的繁荣发展，实现教育服务社会的深远价值。

## 五、职业教育类型定位决定了高等职业教育人才培养的发展路径

### （一）宏观层面的教育模式建设

在教育体系构建的宏观视角下，教育模式的构建与发展成为一个至关重要的议题。这一议题不仅关乎教育体系的整体架构与运行机制，更深刻影响着教育质量的提高与教育目标的实现。因此，从宏观层面出发，对教育模式的科学规划与创新设计，是推动教育事业持续进步与繁荣的关键所在。

### （二）中观层面的办学模式建设

教学评价体系以实际生产出的产品为基准，教学组织形式可借鉴真实生产团队的高效协作模式。在教学创新层面，高等职业教育要聚焦于真实技术难题的研发攻关，而教学载体则充分利用信息化的教学手段，力求打造一个既能充分发挥学生个性特长，又能促进每位学生实现个人价值与社会价值的职业教育新范式。

### （三）微观层面的课程融合人才培养模式建设

高等职业教育需承担法定职教培训使命，各专业应根据特色优势，在教委统筹下，规划确立 1~2 项精品课程建设方案。进而，依托国家学分银行与职教网络平台，深化校企合作，共研以项目驱动、案例解析、情境模拟、工作过程导向等为核心的网络自学体系、资源库、实战案例集、仿真实训平台、综合评价体系及微学分框架。此举旨在回应职教学生及社会各界技能提升需求，全面提高职业教育培训质量。

### （四）国际合作办学的教学体系建设

在构建国际合作办学的教育框架过程中，教学体系的构筑成为一项核心任务。这一体系旨在融合国际先进教育理念与本土教育特色，通过精心设计的教学模块与课程安排，促进跨文化交流与学术合作。国际合作办学的教学体系建设，不仅要求教学内容与国际接轨，还需在教学方法、评估机制及师资培训等方面实现国际化，以确保学生能够在多元文化的环境中获得全面的知识积累与实践能力的提升，进而培养出具有国际视野与竞争力的复合型人才。

# 第二章　高等职业教育人才培养教学

## 第一节　高等职业教育人才培养之课堂教学

高等职业教育已呈现出规模缩减的趋势，社会各界对高等职业教育的关注点也已逐渐从数量的扩张转向质量的跃升。在此背景下，提高高职院校教学与人才培养的质量已被政府、社会及教育机构置于战略高度，成为亟须关注的核心议题。深化高等职业教育的教学改革、确保教学质量稳步提高，已成为推动职业教育迈向更高水平发展的普遍共识与迫切需求。

### 一、高等职业教育课堂教学理念

科技的迅猛发展，已成为时代显著的特征，也对人才培养模式提出了更高要求，更直接挑战高职院校的育人策略。因此，新时代下，高等职业教育需主动摒弃旧观念，展现时代性，要激发学生主体意识、挖掘创新潜能、培育创业精神，以应对科技快速发展的需求。

#### （一）强化主体意识

自主意识体现为个体认识到自己是宇宙间的积极行动者，在与客观环境的互动中占据主导位置，同时，也意识到自己命运的掌控者身份，拥有独立且自主的人格特质。而自由意识，则标志着个体追求的最高境界——超越主客体界限，实现真正的自由。主体意识随着社会实践的演进而不断进化。

在教育领域，特别是在高职院校课堂教学中，学生作为主体，其自主意识的培养至关重要，这涉及学生主体意识的觉醒与自主学习能力的发展。高等职业教育的所有教学活动均应以学生的全面发展为中心，教学目标、内容及评价机制的设定均应服务于这一核心目的。

在高职院校教学过程中要积极实施促进学生主动学习的教学策略，旨在帮助他们挣脱传统教学中对知识死记硬背的束缚，转而建立起一种基于既有认知框架，主动探索并构建新知的分析能力。这一过程不仅锻造了他们自主解决新问题和持续学习的技能，也促进了主体意识的成熟。此外，学生能否满足社会变迁的需求，灵活应对职场中的新挑战与形势变化，很大程度上取决于其自主学习能力的强弱。

### （二）磨炼创新能力

创新被视为推动民族持续进步的不朽灵魂，亦是驱动国家繁荣昌盛的永恒源泉。在全球化的今天，国家间的较量，究其根本，乃是人才领域的竞争，尤其在科技日新月异的当下，人才竞争的战略地位愈发凸显。高等职业教育在培育学生创新能力方面，不仅与国家的人才强国战略相契合，也是市场经济体制下，企业为在残酷竞争中立足并寻求突破对创新型人才的迫切渴求。企业唯有倚仗那些兼具创新精神与精湛专业技能的人才，方能不断攻克难关，迎接新挑战，实现持续发展。

经济社会的发展呼唤着高层次科技创新人才的涌现，企业在市场洪流中谋求壮大，同样离不开创新人才的有力支撑。而高职院校所孕育的新型人才，正是这股创新大军中的重要组成部分。

在塑造学生的“创新能力”这一核心议题上，首要任务是确立以创新型人才培养为导向的教育理念。这一理念要求对传统教育模式进行深刻变革，摒弃单纯依赖理论知识灌输的旧有观念，转而拥抱一种注重可持续发展能力培养的新范式，其核心在于从单一的知识传授与技能模仿，转向强调自主学习能力与创新潜能的激发与培育。

在教学实践活动中，教师应当深刻认识到创新能力培养的关键性，致力于激发学生的求知渴望，持续强化其探索未知与创新的内在动力，精心培育其创新思维。值得注意的是，创新思维的磨砺与提升，离不开实践活动的滋养与锻炼。因此，在教学实践中，教师应当充分尊重学生的个性化发展，为他们搭建一个能够自由展现自我、勇于探索未知的平台，营造一个有利于创新能力蓬勃发展的外部环境。通过这样的方式，不仅能够促进学生的全面发展，更能为社会输送具备创新精神与实践能力的未来栋梁。要充分激发学生的创新意识，鼓励他们在学习过程中勇于追求“差异化”，充分发挥其原创性思维，灵活运用所学知识于实际问题解决之中。倡导学生秉持勇于探索、不畏失败的精神，鼓励他们超越教材的局限，积极投身于新知的探索之旅。此外，着重强调动手操作的重要性，鼓励学生在实践中不断发掘问题、反思不足，并探索解决问题的创新路径，以此逐步锤炼其创新能力。

实践不仅是衡量学生学习成效的标尺，更是缩短理论知识与现实世界差距的有效途径。通过社会实践，学生能够在具体情境中探索解决新问题的策略，逐步构建起创新能力。为此，学校应积极为学生创造参与社会实践的机会，将社会实践纳入教育体系之中。

### （三）培育创业精神

创业精神是创业活动的核心动力，影响创业者的态度和行为倾向。在高等职业教育中，培育创业精神不仅关乎学生自主创业的机会，更影响其创业信念的稳固。随着经济快速变迁和产业结构转型，企业对技术型人才综合素质要求不断提高。加之高校毕业生数量激增，使高职院校学生就业面临更大挑战。

创业精神培养为高职院校学生开拓了自主创业的道路，拓宽了就业途径。在高等教育体系中，这是高校的历史使命，也是培养高素质人才的内在需求。对高职院校学生而言，创业能力是核心竞争力，涵盖经营管理、心理调适、人际交往、专业技能、学习创新及创新精神，这些能力的融合提升了综合素质，增强了就业市场竞争力。

为了贴合创业教育的实际需求，学校应积极邀请业界企业家及该领域的资深专家走进校园，通过举办专题讲座、开设特色课程等形式，向学生传授宝贵的创业知识，分享实战中的创业经验。与此同时，学校要精心选拔具备创业精神培育潜力的本校教师，鼓励他们走出校园，参与创业专题培训，并深入企业一线，亲身体验创业历程，以此提升其创业教育能力。

在构建创业课程体系方面，学校同样要给予高度重视，致力于开发一系列与创业紧密相关的必修与选修课程，以满足学生多元化的学习需求。在教材选用上，学校须秉持严谨态度，精挑细选创业教育的优质教材，以确保教学内容的时效性与实用性，明确学生在学习过程中应掌握的核心知识点。在此基础上，教师还需结合创业理论的前沿动态，为学生提供全面而深入的创业理论指导，为培育学生的创业精神奠定坚实的基础。

## 二、高等职业教育课堂教学目标

在高等职业教育的目标定位上，其职业导向性尤为显著，这主要体现在专业知识体系的建构、职业技能的精进以及专业素养的培育等多个层面，共同构成了高职院校教学目标的核心要素。

### （一）注重专业知识教育

在高职院校教学中，要求学生必须构建稳固的专业基础，让学生在一定的专业知识框架下，能够更加顺畅地过渡到下一阶段的实践训练，进而促进其综合素质的全面提升。明确理论与实践之间的内在联系，方能引导学生更为科学、高效地设定学习目标与发展规划。

高职院校学生理论学习需强化针对性，理论教学应以能力培养为核心，新教材应增强其实用、实践与针对性。由于学生理论素养薄弱，因此专业知识培养尤为重要，这对提升学生问题解决能力有积极作用。因此，专业理论知识应成为教学核心，是人才培养方案的关键。

由于理论知识抽象概括，易使学生感到单调，可能滋生厌学情绪，消极应对教学实施，影响知识体系构建。故高职院校学生专业知识培养需教师革新教学理念，探索多元化教学模式，从而易于学生接受。

高职院校应转变学生观念，纠正其“专业理论无用”的态度，认识到专业知识对未来职业发展的重要性，激发出学习动力。教师需掌握教学技巧，提高教学水平，系统讲授专业知识，厘清知识点联系，助力学生掌握相关知识。

### （二）着力培养职业技能

在日后生产实践的广阔舞台上，高职院校学生是需要展现出其高度的职业素养与出色的“实操本领”的，亦即职业技能。企业对于人才的需求，早已超越了单纯“言辞流利”的层面，更看重的是“行动有力”。面对激烈的市场竞争，为追求效益最大化，企业倾向于削减成本投入，在人才使用上尤为明显。它们不愿在新员工的培训上投入过多资金，而是期望高职院校学生能够迅速跨越从校园学习到岗位实操的鸿沟，迅速胜任岗位工作，以此降低企业的运营成本。

面对国家、社会及市场的新需求，高职院校肩负着为现代化建设培养高质量人才的使命。在此背景下，高职院校需将职业技能培养作为教学核心，旨在培育适应市场需求、为企业创造价值的优秀人才。

针对市场需求的变化，高职院校学生职业技能培育需以精湛技能为导向，要求其熟练掌握企业所需之技术。因此，教学目标的设定、内容的精选及流程的执行，均要围绕强化职业能力进行，并全面革新教学规划。

高职院校专业架构设置需紧密对接市场资源配置及企业需求。要根据市场需求灵活增设专业，拓宽学生就业渠道；适时调整或撤销冷门专业，避免资源浪费及就业困境。加强职业技能宣传，深化学生对专业要求的认知，提升其重视程度。

积极实施“双证书”制度，毕业证书与职业技能证书并重，鼓励学生参与技能鉴定与资格考试，获取多项资格证书，确保学生具备高职业技能水平，掌握多项技能。开展系统性岗前培训，帮助学生熟悉工作要求与环境，奠定坚实就业基础，更好适应职场工作氛围，实现个人与社会价值的双重提升。

### （三）加强培育职业素养

职业素养，是指作为职业者依托个人学习与经验积淀逐步构筑的，为职业活动推进所必备的综合性要素，涵盖了基本的意识、能力及知识框架。从业者在职场上的精神状态与职业技能层次，是其职业素养优良与否的直接映射。

值得注意的是，职业素养的深层次内涵更多地聚焦于精神层面的塑造，它超越了单纯技能训练的范畴，触及职业者内在的价值观念、职业信念与精神风貌。

虽然高职院校学生精湛的职业技能直接推动了企业成长，然而卓越的职业素养才是社会对高职人才的核心需求。在探讨职业素养时，美国学者斯潘塞的“冰山模型”具有指导意义。该模型将素质差异分为显性（冰山之上）与隐性（冰山之下）两部分。显性部分包括技能与知识，易于观测和培训提升；隐性部分则涉及社会角色、自我认知、个性特质及内在动机，难以直观测量且稳定。

鉴于此，高职院校亟须构建一套完善的职业素养培育课程体系与考评机制，将职业素养的培养置于教育工作的核心位置。通过多元化、全方位的考评手段，全面审视学生的职业素养水平，进而推动其职业素养的持续提升。此举不仅有助于满足企业对高职人才的迫切需求，更为学生的长远发展奠定了坚实的基础。

## 三、高等职业教育课堂教学内容

高职院校的教学内容始终处于动态调整之中，这一调整紧密贴合了市场需求的变化，旨在满足市场对职员职业化标准的严格要求。在制定教学内容时，院校要聚焦于培养学生的专业技能与职业素养，将此两者确立为教学的核心目标，并力求实现教、学、做三者的有机融合与统一。通过构建仿真的职业环境，模拟真实的工作场景，使学生能够在接近实际的工作氛围中学习与实践，从而凸显课堂教学的效能性，确保学生能够学以致用，为未来的职业生涯奠定坚实基础。

### （一）教学内容职业化

职业化表征为职业人士在职场环境中展现出的行为举止与操作规范。要求职业者不仅在专业技能上达到企业设定的标准，更需在职业操守、工作态度、自我认知及行为模式等方面与职场文化相契合，从而展现出高度的专业性与适应性。

为响应市场经济与社会改革发展的迫切需求，高职院校必须将职业化教学的重要性置于首位，并明确制定出与职业社群相契合的教学目标。通过精心规划专业设置，以确保教学培养目标的精准达成，此过程需着重凸显职业特性与目标导向性，紧密对接市场需求，灵活设置对应专业。

高职院校需全方位培养学生能力，涵盖知识积累、技能锻炼与态度塑造，优化课程体系，促进教学内容职业化。此过程需超越传统学科知识框架，聚焦于技能应用与实践操作，构建培养职业化综合能力的课程体系。

理论学习方面，高职院校应精选实用性强的理论知识，确保学以致用，为职业生涯奠基。教学应精简实用，构建清晰的知识架构，强化实践操作中至关重要的理论指导，紧密围绕专业技能实训展开，服务于职业化能力培养，深度结合地区经济发展与企业需求。

高职院校需适时调整人才培养层次，注重精英人才培养，以应对企业核心能力发展需求。既要培养满足基层实践需要的技能型人才，也要应对市场对高科技人才的渴求，灵活调整教学内容，培养高层次专业素养与创新能力的人才。通过这些举措，高职院校将更有效地服务社会经济，为企业繁荣提供人才支撑。

### （二）教学内容生活化

将教学内容生活化，是促进教学与实际生活经验结合的有效策略。从生活中提炼学习素材，既响应新课改多样化教学倡导，又推进素质教育实践。此策略摒弃了传统模式，融入了情感要素，活跃了课堂氛围。

融合学习与生活情境，能激发学生热情，提升其课堂参与度和主动性。生活化教学根植于“以人为本”的理念，将专业学习与日常生活紧密相连，使学习过程充满了生活气息。

生活化教学方式搭建了学习与生活的桥梁，鼓励学生主动探索专业学习的信息。同时，它也是师生情感沟通的有效途径。教师应兼顾学生专业学习与情感需求，结合日常生活传授知识，激发学生学习兴趣，实现学以致用。

教学生活化理念主张教学内容应源于现实生活，实现从知识抽象到生活情境的具体转化。教师可选融入生活元素的教学法，如分组讨论，依据学生生活经验差异分组探讨，再进行组间交流，最后教师总结提炼。或采用探究性学习，将生活现象引入课堂，提供与专业紧密相关的案例，引导学生探究原因，自然习得专业知识。

在高职院校课堂教学设计时，应聚焦解决实际问题能力的培养，从学生生活和社会视角出发，展现高等职业教育魅力。融入生活元素并非简单复制生活，而是提炼与专业知识紧密相关的联结点，结合课堂学习深入分析，为学生解决问题提供指导，促进知识应用与迁移能力提升。

### （三）教学模式实践化

在时代演进下，高职院校需培育综合素质高、实践能力强的职业人才，以满足企业对一线人员的需求。其核心在于构建以技术应用为主导的人才培养体系，确保学生掌握基础理论。因而实践教学在高等职业教育中地位凸显，成为改革的关键与难点。

为增强应用性与实践性，高职院校需重构课程结构，更新内容，确保与行业紧密对接。在此过程中，融合人文社科与技术教育，协同推进教学内容与方法改革至关重要。基础理论教学应围绕“应用”展开，专业课程则需强化针对性和实用性，满足行业多元化需求。

国家明确要求高职院校组建“双师型”教学团队，提高教师职业化水平，保障学生职业发展。实践性教学特征体现在仿真模拟及教、学、做相结合模式上，强调“以用促学，学以致用”。完备的设施为学生职业能力培育奠定了基础，置学生于仿真工作环境，让其熟悉理解各要素，运用专业知识分析问题，以培养其实践能力。

在高职院校课堂教学改革中，教学设计优化是关键，紧密围绕市场需求为导向，首要任务是专业知识习得与职业素养培育，核心为职业技能培养，提升学生实践操作能力。实践性教学方式实现了从知识传授到学生自主吸收的转变，体现了学生学习的主动性与教师教学的引导性。

## 四、高等职业教育课堂教学过程

教学过程是充满活力的实践，融合了教师、学生、内容及策略等要素，而形成的复杂综合体。此中，教师引领、学生主动、内容精准、策略灵活，构成高职院校教学的有机整体，并非简单堆砌，而是动态的生态系统。其特征包括：学生课堂民主参与，教学目标贴合岗位情境操作，内容灵活贴近现实。这些特点共塑了高效、互动、成效显著的教学环境。

### （一）教学过程民主化

高职院校课堂民主化进程的关键是营造师生平等互尊的氛围，强调学生自主学习。因此，需构建和谐共生、高频互动的课堂模式，坚持以学生为中心，推动其在知识、技能、创造力和个性上的全面发展。这不仅是应试教育的积极转型，也是素质教育的前进步伐，更是凸显学生主体地位，倡导主动参与的学习方式。民主化实践能激发学习主动性与积极性，是衡量教学质量的关键。

实施民主参与需结合高等职业教育特性，优化教学效果。核心在于满足学生学习需求，凸显其主体地位。鉴于高职院校学生的职业定位，教学目标应紧扣市场需求，传授实用技能与核心知识。

营造和谐互动的课堂氛围至关重要，能大幅提升学生的参与度。课堂应体现师生的平等合作，激发学生积极参与，共创和谐高效的学习环境。

激发学生的个性潜能，助其挣脱书本知识的束缚，成为教学活动的另一重要目标。教师在启发引导学生时，应充分考虑学生的个性发展差异与独特性，鼓励学生在掌握基础知识的同时，勇于探索未知领域，展现自我风采，从而培养出既具备扎实专业技能又富有创新精神的复合型人才。

### （二）岗位能力情境化

职业能力是指从业者于特定岗位展现的实践与操作技能的综合。高职院校作为培育应用型人才之地，肩负输送胜任岗位职责人才的重任。为培养符合企业要求的人才，高职院校需将岗位实践能力置于教学计划核心，特别是岗位技能的深入培训，要求学生在校接受紧密相关的实践训练，即岗位情境化教学。

岗位情境化教学需从两方面推进：一是强化专业理论知识学习，奠定坚实基础；二是开辟第二课堂，从应用视角出发，通过多样实践提升学生动手能力，增强岗位适应性。此模式旨在融合理论与实践，培养既懂专业知识又具备实践技能的高素质人才。

培育胜任生产、建设、管理及服务一线的技术人才，高等职业教育中岗位情境化教学就显得尤为重要。首要在于构建多元、多层次实训基地体系，作为强化训练的关键平台。情境化教学有效实施需校企深度合作，资源整合，加大实训基地建设投资。这些基地不仅支撑理论学习，更为培养动手能力提供广阔空间。

也可以引入了顶岗实习这一创新模式，将其作为学生实习阶段的重要组成部分。通过实施阶段性的顶岗实习，学生能够将专业理论学习与实践操作紧密融合，从而在实战中锤炼并提升自己的动手能力。这一模式使得学生得以直接面对企业，亲身体验岗位工作，提前掌握相关岗位知识与技能，并广泛接触市场信息，从而为他们适时调整学习方向、优化知识结构提供了宝贵契机。

### （三）课程呈现灵活化

高等职业教育机构作为向企业界及市场输送人才的摇篮，其课堂教学活动深受地区差异、行业特性及社会变迁的影响，从而展现出鲜明的动态性特征。这意味着，在教学内容的编排与呈现上，必须紧密贴合市场需求，持续进行调整与优化，借助多样化的教学策略来灵活应对社会经济发展过程中涌现的各种新挑战与新机遇。

唯有采纳灵活多变、丰富多元的课程教学模式设计，方能有效应对经济与社会发展态势的持续变迁，进而培育出既具备扎实专业技能又富有创新精神的高素质人才。这一理念强调教学应紧跟时代步伐，不断革新教学内容与方法，以满足社会对高技能人才日益增长的需求。

在构建专业体系的过程中，高职院校需紧密结合社会发展的实际需求，灵活设置与市场需求相契合的专业方向，并依据各专业的独特属性，明确并强化专业教学的核心要点。

## 五、高等职业教育课堂教学评价

高职院校需充分考量高等职业教育的独特性，从学生专业技能的检验、综合素养的评判以及多元评价主体的融入等多个维度着手，以确保教学评价能够全面且客观地映射出教学效果的真实面貌，从而为后续教学活动的规划与实施提供科学、可靠的参考依据。这一过程强调了对教学评价全面性与客观性的追求，旨在通过细致入微的评价工作，促进教学质量的持续提高。

### （一）专业能力的评价

专业能力核心要素为：扎实的专业理论功底与卓越的专业技能水平，共同构成与专业及岗位需求相关的基础。对高职院校学生专业能力的评估，实为对其学业成就与职业技能的综合审视，涉及理论认知的深度与技能实践的应用。此评估用以验证学生是否满足企业岗位专业标准。

评价高职院校学生专业能力时，需全面考量理论学习与实践操作。理论学习注重系统掌握专业知识，而技能操作则评估学生在真实岗位上的实践水平。评价体系需体现人才培养目标与社会需求的精准对接及符合企业人才选拔的标准。

构建一个全面且系统的评价指标体系至关重要，它不仅要全方位体现评价目标，还要精准突出评价重点。换言之，这一体系应基于评价结果，为高职院校的人才培养策略提供新的视角与参考，促使院校能够根据实际情况适时调整专业培养的重点方向，从而有力推动学生专业能力的全面发展与提升。

构建科学、合理的高职院校学生专业能力评价体系，对实现人才培养目标及促进学生能力全面发展意义重大。在设定评价指标时，需权衡计量化与非计量化指标的可操作性，确保依据明确具体。权重配置直接影响评价结果，故设定时需吸纳行业专家意见，并结合企业实际。

构建此体系需通过企业调研、专家咨询等途径，深入了解岗位群体状况及市场需求。专业能力评价项目应细化为多个能力要素，对每个单项能力，从目标、方法、主体、客体及结果等多维度综合考量设定。

同时还需进一步细化各单项能力下的具体考察项目，确保评价标准能够精准反映每一项单项能力的考察要点，从而全面、真实地展现学生在专业能力方面的掌握程度与发展水平。这不仅有助于提升评价的准确性与有效性，更为高职院校优化人才培养策略、促进学生专业能力持续提升提供了坚实的支撑。

### （二）综合素质的评价

高等职业教育旨在培养企业一线岗位人才，要求学生兼具专业能力与综合素质，满足企业高素质人才需求。因此，高职院校学生不仅要有较强的专业操作、学习能力，同时还要具备创新思维与职业道德。

制定评价体系时，需兼顾专业能力掌握与综合素质发展。综合素质评价可助力教师了解学生状态，支持学生全面发展，并作为教学调整的重要参考，优化人才培养方案，培养应用型人才。此过程凸显综合能力培养与评价体系在教学质量提高中的关键作用。

高职院校学生综合素质评估涵盖思想品质、科学素养、职业技能、身心健康及发展潜力等多维度。各院校可依据实际情况与培养目标，遵循客观、全面、实用原则，构建综合素质评价机制，全面反映学生综合素养与成长态势。

在确立了评估框架后，需依据各项指标的实际重要性，科学设定评分标准，从而确保能够精准、有效地实施学生综合素质的评估工作。这一过程旨在通过细致入微的评价标准，全面、公正地衡量学生的综合素质水平，为高职院校的人才培养工作提供有力的支撑与指导。

### （二）评价主体多元化

通过引入多元化的评价主体，可以更全面地收集和分析教学信息，从而更准确地评估教学质量，为高职院校的持续改进提供有力支持。

为了推动教学评价主体的多元化发展，对高职院校教学质量的评估应当从外部视角评价、内部视角评价以及个体视角评价这三个维度综合展开，以期全面而深入地揭示高等职业教育的发展态势。外部视角评价，亦称社会评价，侧重于反映用人单位及市场对高等职业教育教学成果的认可程度，其评价范畴不仅涵盖学校对学生专业技能的培养成效，还着重考查学生在综合素质与社会适应能力方面的增强效果。

内部视角评价则聚焦于学校内部自行开展的学生学业成绩与综合素质的测评工作。这一评价维度涵盖了学校自我评价、同级别院系间的互评、教师评价以及学生互评等多个层面，旨在通过多角度的反馈，精准把握教学质量的实际状况。

个体视角评价则强调学生的自我评价，它触及学生的自信心建立、社会适应性提升以及个性潜能的发掘与发展等多个方面。通过引导学生开展自我评价，不仅能够更深入地了解学生的内心世界与成长需求，还能为教学质量的持续优化提供宝贵的参考信息。

## 第二节　高等职业教育人才培养之实践教学

高等职业教育，作为高等教育体系中的关键一环，不仅需秉承高等教育的普遍特性，更需彰显其独特的属性与风貌，以确保其无可替代的地位与持久的生命力。面对社会经济的蓬勃发展及各类职业岗位的实际需求，高等职业教育正积极探寻一条深化内涵建设、拓宽外部需求的自主发展路径。在此过程中，强化实践教学成为凸显高等职业教育特色的核心要素，占据了举足轻重的地位。

“实践教学”这一术语指的是在高职院校中，相较于理论教学而言的一系列教学活动的集合，它囊括了实验、实训、项目设计、工程测绘、社会实践调研等多种形式。这些活动的根本目的在于，使学生通过亲身实践获取直观的知识体验，熟练掌握职业技能，培养出将理论知识与实际工作紧密结合的作风，以及独立解决问题的能力。同时，实践教学还致力于引导学生形成良好的职业习惯与崇高的职业道德。本节将围绕实践教学的重要意义、其多样化的形式、实践教学体系的建构过程，以及实施实践教学的基本策略展开详尽的探讨与分析。

## 一、加强实践教学的意义

### （一）实践教学是培养学生良好职业道德的有效手段

实践教学在塑造学生具备严明的组织纪律性、深入实践及吃苦耐劳精神方面发挥着关键作用，同时，它也是培养学生树立崇高职业道德的重要途径。此外，实践教学能够教导学生学会团队协作，帮助他们形成正确的市场认知与竞争意识；它强化了学生的劳动观念与效率意识，使他们深刻领悟到效益即财富、效益关乎生存的真谛。更重要的是，实践教学能够增强学生的法治观念，培养他们具备良好的道德品质，促使他们形成重视信誉、恪守合约的优秀品质。

### （二）实践教学是培养学生技术应用能力的必经之途

实践教学是培育学生动手操作技能、环境适应能力、科学探索方法及创新潜能的一种极为直接且高效的途径，其独特价值是其他教学环节所难以比拟的。高等职业教育的核心宗旨在于培育技术应用型人才，具体而言，即造就一批能够将设计理念、规划蓝图及决策方案等转化为实际产品或工程项目的高级技术人才，他们将在生产建设的第一线发挥关键作用。

实践教学紧密贴合了技术应用型人才主要从事技术实施与运作的实际需求，它致力于锤炼学生的技术应用本领及剖析、解决现实难题的能力。通过实践教学这一环节，学生能够锻炼其全面而深入的思考方式，从而有效应对工作现场涌现的各类复杂问题，确保他们能够在实践中游刃有余，展现出卓越的问题解决能力。

### （三）实践教学对密切产教结合、校企合作具有特殊意义

实践教学体系中的企业实地实习环节，为深化学校与企业之间的相互认知提供了宝贵契机，这对于推动产学研一体化工程项目的全面铺开具有积极意义，进一步促进了双方在教学科研、技术创新及生产实践等多维度的深度合作。在此过程中，校企双方的教职员工携手合作，在共同引领学生参与实践项目探索的同时，这一举措还带来了双重效益。一方面，学校的教师得以担任企业的技术顾问或兼职技术专家，这极大地锻炼了他们在解决实际问题方面的能力，使其专业素养得以在实践中不断升华；另一方面，企业的工程技术人才亦能转化为学校的客座讲师，这不仅为他们提供了知识更新的平台，也促使他们在理论素养上实现了新的飞跃，从而实现了双方人才资源的优势互补与共同成长。

### （四）实践教学是高等职业教育与人才市场接轨的有效途径

高等职业教育的核心宗旨在于培育出既掌握扎实理论知识又具备卓越实践应用能力的人才，这类人才需受到企业的广泛青睐。唯有当毕业生在人才市场中备受欢迎时，高等职业教育方能展现出其蓬勃的生命力。加强实践教学基地的建设，并着重强化实践教学环节，

构成了高等职业教育的一大鲜明特色，同时也是推动其教学内容与教学模式革新的关键所在。这一改革举措旨在通过优化实践教学环境，提升学生的实践技能，从而确保所培养的人才能够紧密贴合企业的实际需求，进一步增强高等职业教育的市场竞争力与社会影响力。

## 二、实践教学的种类

高职院校的实践教学模式涵盖了多元化的活动形式，主要包括实习实训、实验操作、课程项目设计、毕业设计任务、社会实践调研、野外实地考察、大田生产作业、大型综合任务、公益性质的劳动参与、社会服务实践以及军事训练体验等多个维度。这些实践活动旨在通过多样化的学习方式，全面提升学生的实践操作技能、问题解决能力及社会责任感。

### （一）实习教学

实习教学是一种聚焦于特定实务作业完成的教学活动，是高职院校实践教学体系的基础构成部分。在这一环节中，学生在校内及校外导师与师傅的悉心指导下，于校内实习基地或校外生产、服务一线开展模拟性或真实性的工作任务，鉴于各专业的培养目标与工种性质的差异，实习的具体内容、要求及组织形式亦呈现多样性，涵盖了教学实习、生产性实习、毕业前综合实习以及临床实习等多种类型，每种实习形式均依据其特定的教育目的与行业需求进行精心设计。

#### 1. 教学实习

教学实习是高级技术人才培育过程中，于生产（服务）实习前实施的一种结合专业课程教学的实践性环节。这一环节往往自低年级阶段便着手进行，主要在校内实习基地展开，旨在让学生初步接触并了解生产实践，初步习得一系列操作技能，并接受关于劳动纪律、安全防护措施以及文明生产准则等方面的教育。其核心聚焦于基础技能的锤炼，侧重于教学活动本身，而非过分强调生产任务的完成度。教学实习的本质在于，通过实践操作的初步体验，为后续的深入学习及实践打下坚实基础，确保学生在掌握理论知识的同时，也能逐步具备必要的实践操作能力。

常见的教学实习形式有以下几种。单科融合型教学实习，此类实习多见于农业类院校，与特定的农业专业课程紧密结合，标志着学生职业技能学习之旅的起点。工种轮换体验型教学实习，它涵盖了专业领域内几种典型的工种，每种工种均设定了相应的操作时长，旨在通过实习，使学生对各工种所需的设备及操作流程建立全面认知。综合应用型教学实习，此类实习通常在接近真实生产的条件下实施，旨在通过综合性的实践任务，全面检验并提升学生的专业技能与综合素养。

### 2. 生产实习

生产实习作为高职院校中一项极为关键的实践性教学环节，其核心在于将学生安排至校内实训基地（诸如工厂、农场、商场、医疗机构、餐饮服务等场所）或校外真实的生产环境中进行实习，以此途径让学生获得宝贵的实际工作历练。这一实习过程往往被细化为两大核心阶段：其一是基础技能训练阶段，该阶段侧重于为学生打下坚实的操作技能基础；其二是生产适应性培训阶段，此阶段则着重于使学生在接近真实生产环境的条件下，进一步提升其职业技能与适应能力，为未来的职业生涯做好充分准备。

### 3. 非工科类专业的毕业实习和毕业论文

对于高等职业教育中的非工科类专业，诸如财经、政法、管理及海运等领域，大部分学生在临近毕业之际，并不进行传统意义上的毕业设计环节，而是转而投身于专业相关的毕业实习活动，并在此基础上撰写毕业论文。毕业实习与毕业论文之间存在着紧密的内在联系，两者相辅相成，共同构成了学生专业能力培养与学术素养提升的重要组成部分。

（1）专业实践实习环节。此环节不仅为毕业论文的撰写奠定了坚实的基础，而且起到了深化专业知识理解、提高专业技能水平的显著作用。

（2）毕业专题论文撰写。毕业专题论文是高等职业教育中非工科类专业学生在毕业之际独立完成的一项综合性学术作业。它要求学生将理论知识与实践相结合，与毕业设计不同，毕业专题论文并非旨在完成一个具体的工程技术设计方案，而是侧重于呈现一项基于实地调研或实验研究的专题论述。

在选定毕业专题论文的课题时，需确保其既具有专业岗位上的典型性与实用性，又与学生的学术水平相契合。实现观点与材料的有机统一是撰写高质量毕业专题论文的基本要求。在此过程中，教师应以辩证唯物主义的思想方法为指导，引导学生克服主观臆断与片面认识。为此，鼓励学生先将论文初稿提交给同学间进行相互讨论，随后在教师的悉心指导下，进一步收集补充资料，修正完善观点，以期全面提高毕业专题论文的质量水平。

## （二）实验教学

在高职院校的基础课程与专业课程教学中，实验教学得到了广泛的采纳与应用。其根本目的不仅在于验证书本上的理论知识，更重要的是，它致力于培养学生熟练掌握并正确使用各类仪器设备，进行精确的测试、细致的调整、严谨的分析、综合的考量以及创新性的实验方案设计，同时要求学生能够规范地编写实验报告。此外，实验教学还有助于学生智力的全面发展，以及某些关键心理品质的塑造与提升。在实验过程中，学生需要展现出精细入微、敏锐独到的观察力，保持持久集中的注意力，以及强大的抽象逻辑思维能力。同时，实验教学还要求学生具备认真严谨、细致入微、耐心专注、求真务实等优良的性格特质。从具体形式上看，实验教学大致可以划分为以下几种类型。

1. 示范性实验

这是一种在教室或实验室内，由教师亲自操作并向学生进行展示，而学生并不直接参与动手操作的实验形式。该类实验通常与理论教学相辅相成，旨在通过直观的演示，帮助学生更加深入地理解和掌握相关理论知识。此外，这类实验还承担着向学生展示正确实验操作姿势与方法的重任，同时详细阐述实验过程中的各项注意事项，从而为初学者树立典范，起到良好的示范引领作用。此类实验不仅强化了理论教学的直观性，还提升了学生对实验操作规范性的认知，有助于他们在后续的学习中更加准确地掌握实验技能。

2. 基本训练实验

这类实验的核心内容聚焦于常用仪器、仪表、工具及设备的规范化使用技巧。在实验流程中，教师首先会对某一特定的仪器、工具或设备的构造、功能特性及其在实际应用中所扮演的角色进行详细阐述。紧接着，他们会细致入微地指导学生如何准确无误地操作这些设备，并着重强调在操作过程中需要格外注意的各项安全事项与操作细节。在此基础上，鼓励学生亲自动手实践，将理论知识转化为实际操作能力，并详细记录每一步操作的结果，以便后续进行深入的分析与总结。通过这样的实验设计，旨在全面提升学生的实践操作能力，确保他们在未来的专业领域中能够游刃有余地运用所学技能。

3. 一般性实验

在教师精心指导下，学生会参与一系列预先由教师细致规划的实验项目。这些规划详尽地涵盖了实验所需采用的仪器设备、实验操作的步骤流程以及实验成果的具体测定手段。此类实验构成了实验教学体系中的主体部分，通常紧随基础技能训练之后有序展开。在项目的具体安排上，遵循由易到难、由简至繁的循序渐进原则，旨在通过层次分明、逐步深入的实践挑战，稳步增强学生的实验操作技能与实践应用能力。

4. 综合性实验

这是一种集合了多学科知识与多种专业设备的大型综合性实验活动，它要求实验者能够跨领域地整合并运用所学知识，借助多样化的高端仪器设备，共同协作完成复杂而精细的实验任务。

5. 设计型实验

针对高年级学生，教师仅设定实验的基本要求，随后由学生自主选择所需的仪器与设备，独立规划实验流程，并自主解析实验结果，最终由教师进行综合评价。此类实验构成了学生在经历前期多种实验训练后，进一步锻炼并提升其实验技能的关键环节。

**（三）课程设计**

课程设计是一项在部分核心专业课程完结之际（或临近尾声时）由学生独立完成的学

业任务，它旨在促使学生综合运用本课程及关联课程中的理论知识与实践技能，解决一个具有专业技术性质的课题。这些课题虽可能为模拟性质，但均贴近学生未来职业生涯中可能遭遇的实际问题。为确保每位学生都能获得实践机会，教师应为各班级精心挑选多个课题，确保每个学习小组都能分配到一个独特的课题进行研究。在分配课程设计课题的同时，教师还需向学生提供详细的设计任务书（以及可能包含的课程设计指导手册），以清晰界定完成该课题所需达成的具体目标。值得注意的是，部分课程设计活动可以与综合性实验环节有机融合，从而进一步提升学生的实践应用能力。

### （四）毕业设计

在教师的悉心指导下，全面融合数年间积累的知识与技能，自主开展的一项深入且全面的专业技术项目，以此作为踏入实际工作岗位前的实战演练。该过程虽在流程上与课程设计有相似之处，但毕业设计的议题范畴更为宽泛，耗时更为长久，且对设计质量的要求也更为严苛。毕业设计所选取的课题多源自企业生产的实际需求，旨在促使学生深入了解企业生产现场的具体状况与条件，灵活运用本专业知识体系中的理论精华与技术手段，深入剖析并解决工艺革新与技术升级中遇到的实际难题。

选择恰当的毕业设计课题是一项极具挑战性的任务，它不仅需要符合专业的培养目标，达到毕业设计教学大纲的严格要求，同时还需确保设计任务的难度与工作量适中，这些要素的全面兼顾实属不易。因此，教师必须与企业保持密切沟通，时刻关注并挖掘适合学生毕业设计的课题资源。在实施毕业设计的过程中，学生必须严格遵守企业的各项规范与标准，这涵盖了遵循统一的国家标准、恪守企业的规章制度，并按照企业的具体需求精确绘图、撰写详尽的设计说明书等。通常情况下，毕业设计的整体安排会占用大约两个月的时间周期，以确保学生有足够的时间进行深入研究与精心准备。

### （五）社会调查

社会实践的一种重要形式是社会调查，这通常是在教师的悉心指引下，由学生自主完成的。其主要目的在于深化学校与社会之间的联系，促使学生全面认知社会现象、民众生活、国情与民情的现实状况，以及与其所学专业密切相关的实际情况。同时，这一过程也着重培养学生的社会观察能力与分析问题的能力。在文科专业与社会学科的教学中，社会调查得到了广泛的运用，并成为学校进行道德教育的一种有效途径。在进行社会调查时，学生需特别注意广泛收集相关资料，并及时进行整理与记录。调查结束后，需要撰写详细的调查报告。值得注意的是，社会调查的选题不仅要与教学内容紧密相关，更要紧密结合社会的实际情况。

### （六）野外考察、大田作业、大型作业

在高职院校中，实践教学呈现出多样化的形式，以适应不同专业的需求。具体而言：

①野外实地考察活动，这一实践方式尤其适用于地质学与生物学等相关专业，它涵盖了对地质地貌的野外勘探，以及对山区、野外植物生态的考察，旨在收集动植物样本，进行科学研究。②农业类院校则侧重大田作业这一实践教学方式，它涉及新品种的培育实验与新农业技术的试用，旨在获取宝贵的科学实验原始数据，并借此提升学生的农产品生产技能与农田管理能力。③还有一种被称为大型作业的实践形式，其作用与课程设计相仿。

## 三、实践教学体系的形成

实践教学在高等职业教育中占据着举足轻重的地位，是培养学生技术应用能力和综合素养不可或缺的一环。为了构建更加成熟且高效的实践教学体系，高职院校必须在先进实践教学理念的引领下，不断探索与创新，力求推陈出新，逐步优化并完善实践教学的整体架构。

### （一）构建实践教学体系的指导思想

高等职业教育实践教学体系的构建需紧密围绕一个核心宗旨——着力培育学生的技术应用能力。在此宏观导向下，应精心构建实践教学框架，力求在能力培养上实现纵向的深度分层与横向的广泛多元，确保其实践教学既具综合性又富含课题化与项目化的特质。

高职院校需摒弃以往那种以理论验证为主导的实验模式，转而依据技术应用能力的实际需求来精心规划实践教学模块。这些模块应囊括一系列实用性强、综合性高的课题与项目，旨在全方位服务于学生模块能力的塑造。在此基础上，应构建以技术应用能力模块为根基，以课题、项目为核心驱动力的独立综合实验实训单元。在这些单元中，学生将在科学规范的指引下，自主开展研究，深入探究原理，精心设计实施方案，进行系统调试，并最终完成全面而深入的分析评价报告。这一过程将确保学生获得由基础至高级、由简单至复杂的螺旋式上升的技术应用能力训练。

### （二）实践教学体系构成

实践教学体系可细分为两大组成部分：非专业性实践教学活动与专业性实践教学环节。

（1）在非专业性实践教学层面，其范畴非常广泛，涵盖了新生的入学导向教育、劳动素养培育、军事化体能训练、广泛的社会实践活动、丰富多彩的文艺展现、体育竞技以及科技创新探索等诸多方面。

（2）至于专业性实践教学，它遵循着由浅显至深入、由简单至复杂的逻辑顺序，具体可划分为以下几个递进层次：基础性的操作技能磨砺、融合多学科知识的综合性实验探索、实训前的充分筹备工作、针对技术应用能力的专项实训、深入社会的实践锻炼、作为学业总结的毕业设计，以及旨在全面提升学生综合技术应用能力的深度实训。

### （三）更新实践教学内容

在协调课堂理论教学与实践教学的关系时，应当充分认识到两者之间的相辅相成。理论教学应融入实训元素，而实践教学亦需辅以理论讲解。强化实训环节不仅不会削弱理论教学的深度，反而能够促使学生在实践中深化对理论的理解，从而提出更多富有创新性的问题与见解。这些见解既源自实践，又能够超越实践的局限。此外，高职院校需不断更新实践教学的内容，既要保留传统精髓，又要增设与技术发展紧密相连的新知识、新内容。在此过程中，还需特别注重加强各实践环节在逻辑层面与结构层面上的紧密联系与综合，以确保实践教学体系的连贯性与整体性。

### （四）改革实践教学方法和手段

在实践教学的实施过程中，高职院校应坚守“学生为本、知识奠基、能力为重、素质提升”的核心理念，致力于革新教学方法，着力增强学生的创新意识和创造能力。显而易见，传统的教学模式已难以顺应现代教育发展的崭新态势，而多媒体教学手段凭借其声形兼备的独特优势，为实践教学开辟了更为广阔的发展天地。借助录像、电视、投影以及计算机等现代技术工具，能够观察并探究事物的多样现象，从而极大地丰富和深化教学内容，为学生的专业学习注入新的活力，推动其在专业领域内不断前行。

积极倡导教师在实习指导中融入“探讨式”教学法。鉴于学生随年龄、阅历及知识的积累，其思想愈发成熟，独立思考的能力也持续提升，所探讨的问题愈发贴近实际。因此，在实践教学的互动中，师生之间应开展深入的探讨，教师应避免直接为学生做决定，而是应作为引导者，促使学生主动查阅相关资料，或鼓励其提出多种方案，并自主分析各方案的利弊，通过比较让学生作出最终抉择。与此同时，应坚持“方法引导”的原则，启迪学生围绕问题展开思考与分析，进而得出自己的结论。这一做法不仅有助于培养学生的责任感，即勇于担当的责任心，还能增强其决策时的自信心，使其敢于果断地作出选择。

### （五）革新实践教学的考核方法

实践教学效果的评估是衡量实践教学质量的核心途径，一套科学且合理的实践评估体系对于提升实践教学品质、全面评价学生的学习成效、激发学生的学习热情与主动性，以及促进教师教学方法的改进均具有重要价值。为了革新实践教学的评估方式，高职院校应当摒弃以往单一的考核模式，转而引入更多应用性的考核内容。具体而言，这包括对学生的结果分析报告进行细致审阅与评分，对系统构成的优劣进行专业评判，以及对系统安装与调试的最终成果进行全面测评。此外，学生的学习产出，诸如各类报告、设计图纸、学生自主研发的程序、完成的实物作品等，均应被视作重要的学习成果，并据此进行系统的考核。在此过程中，高职院校应采用等级制的评分标准，以确保评估结果的客观性与准确性。

## 四、实践教学的基本方法

### （一）讲解与问答法

在实践教学的全过程中，讲解与问答环节贯穿始终，其核心目的在于让学生全面把握操作的具体内容、实施步骤、采用方法、关键要点以及必须注意的各项事宜等。这一环节不仅涵盖了陈述性的理论知识，更侧重于程序性的操作技能知识，且以后者为主导。通常而言，在学生正式开始独立操作之前，教师会预先进行详细而系统的讲解，为学生的实践操作奠定坚实的基础。

1. 实习的讲解一般就在生产现场进行

在工程技术类院校的教育体系中，讲解环节详尽地涵盖了学生即将操作的机械装置的结构组成、运作方式、操作流程，以及所需刀具、夹具、各类工具与模具的命名规则、遴选原则与装配技巧；同时，也深入介绍了相关材料的叫法、物理性能及其夹持装配方法；此外，还普及了加工工艺领域的基础知识。而在护理教育领域，此类讲解活动被形象地称为“小课堂”，通常由学校特邀学生实习所在病房中的资深护士（被尊称为带教导师）依据精心规划的日程，系统传授医学理论、护理实践知识及操作技能的核心要点。每次小课堂的时长通常被设定为30分钟，以确保信息的高效传递与吸收。

2. 实验的讲解一般在实验室进行

在实验教学过程中，除了教师在每次实验开展之前对实验的核心内容与实施方法进行简明扼要的概述，还会安排特定时段，集中对某一特定的仪器或仪表进行深入讲解，涵盖了其结构构成、操作使用流程、必须留意的安全事项，以及多样化的测量手段等。此外，还会对这些测量方法进行详尽的分析与对比，以期学生能够全面把握仪器的性能与应用范畴。

3. 课程设计、毕业设计的讲解一般在教室或制图教室进行

这种讲解涵盖的内容不仅包含设计的基本要求、实施方法以及具体步骤，还进一步扩充了学生尚未掌握但与设计紧密相关的专业知识，并详细阐述了查阅技术文档与收集相关资料的有效方法。在这一过程中，讲解往往与问答环节紧密结合，形成了一个动态的互动模式。问答作为师生间双向沟通的重要桥梁，极大地增强了交流的针对性和目的性。值得注意的是，学生在实际操作过程中难免会遇到困惑与挑战，同时，教师也会敏锐地洞察学生的难点所在。因此，讲解与问答不仅构成了实践教学不可或缺的一部分，更是贯穿整个教学实践过程的核心环节。

### （二）案例教学法

在高职院校的教育实践中，案例教学法被视作一种至关重要的教学手段，对于增强学

生的问题分析能力、问题解决能力以及实践操作技能具有深远的意义。所谓“案例”，即指某一职业领域内精心挑选的具体工作实例，这些实例既可以是精心模拟的情境，也可以是完全基于现实世界的真实案例。在选取案例时，应侧重那些普遍存在的、具有代表性的实例，避免选用在实际工作中极为罕见或难以遭遇的情境。在教学实施过程中，不应仅仅局限于对案例本身的讨论，而应通过深入剖析案例，着力提升学生的分析推理能力、批判性思维能力，并引导学生掌握解决职场实际问题的基础路径与核心技巧，进而培养学生的迁移学习能力，使他们能够灵活运用所学知识，举一反三，触类旁通。

案例教学存在着两种不同的应用模式：其一，教师将精选的案例融入授课内容之中，作为阐释如何解决实际问题的鲜活例证，此过程中教师的讲解占据主导地位；其二，鼓励学生自主探索案例所呈现的实际问题之解决方案，最终由教师进行归纳与总结。鉴于所选案例均为未来职业生涯中的真实工作场景再现，案例教学在提升学生实际操作能力方面展现出了显著的实效性。

案例教学遵循由易到难的渐进原则：初始阶段，所选案例倾向于简单直观，且多为模拟性质，若难以觅得理想案例，则可对真实案例进行适度改编，以简化其复杂度。随后，逐步提升案例的复杂性与挑战性，以此促使学生的实践技能得以阶梯式提升。

至于案例教学的实施环境，理想状态是贴近真实工作场景的场所。部分院校已配备了模拟实际工作环境的实验室，这样的设置无疑能够极大地增强案例教学的效果，使学生能够在近乎真实的环境中锻炼并提升自己的实践能力。

### （三）角色扮演法

角色扮演教学法在文科、商业管理及其相关专业领域中展现出了广泛的应用价值。该方法通过让学习者在虚拟情境中扮演特定角色，并依据该角色的身份进行活动，旨在达成既定的教学目标。为了有效实施此法，需依据教学需求精心构建一个高度仿真的工作环境，这可能涵盖商场、餐饮场所、政府机构或社会组织的某个部门等多样场景。在此情境中，学生将化身为相应的角色，亲身体验并依据预设岗位的职责及人际网络，尝试应对各种实际情境。

角色扮演教学法的显著特征体现在以下两个方面：其一，它巧妙地借助活动形式开展教学，营造出一种生动活泼的学习氛围，能够极大地激发学生的参与热情与学习兴趣；其二，它严格要求学习者全身心投入所扮演的角色之中，这包括思维模式的转换、行为举止的模仿，乃至外在仪表的贴合等，均需严格遵循角色的设定。通过这种深度沉浸式的体验，学生不仅能够更加深入地理解和熟悉职业的本质属性及具体的工作要求，而且能够在心理层面更快地适应未来可能面临的职业环境，为职业生涯的顺利起步奠定坚实的基础。

### （四）要素作业复合法

操作技能的习得是一个逐步深化、由基础迈向复杂、层层递进的成长历程，而要素作业复合法则正是遵循这一成长脉络进行精心构建的实践方法。起初，学生被引导去掌握最为基础的几个工序，随后，这些工序被巧妙地融合与应用，从而形成较为简单的作业组合。在此基础上，学生将进一步学习几个新的工序，并与先前已掌握的工序相结合，再次进行融合与应用，构建出稍显复杂的作业体系。这一过程是一个不断吸纳新知、不断融合创新、作业复杂度持续攀升的循环往复过程，同时也是学生操作技能稳步提升的生动体现。

要素作业复合法的精髓在于将复杂的作业体系拆解为易于理解、便于掌握的单个要素，进而实现作业的简化。该方法倡导依据专业特性，对一系列典型作业进行深入剖析，从中提炼出若干核心工序。随后，这些工序及其复合而成的作业，被按照由简至繁、由易到难的顺序，精心编排成一套完整的教学体系。在指导过程中，教师需着重引导学生领悟各工序之间的内在联系，同时，对于如何将几道工序高效融合，也需给予必要的指导与启发。

### （五）模拟作业法

模拟作业法作为高等职业教育领域普遍采用的一种实践教学策略，其应用场景颇为广泛。在部分专业领域，鉴于岗位的特殊性与安全性要求，未经过充分业务培训的人员是严禁上岗操作的，以免对设备的稳定运行构成威胁。特别是在设备的故障排查与维修环节，为确保用户的顺畅使用，通常仅由业务精湛的专业人员负责应急抢修，学生实习则被严格排除在外。鉴于此，相关专业院校普遍配备了相应的模拟训练设备，供学生轮流进行实操演练。更进一步地，这些模拟设备还预设了多样化的故障模式，旨在锻炼学生的故障分析、检测与排除能力。

为了有效提升学生在上述设备操作方面的技能水平，院校在采购时往往采取了一种策略：仅购置少量真实设备以供教学示范，而将重心放在大量采购模拟作业设备上。这些模拟设备在操作系统与控制逻辑上与真实设备高度一致，但在某些方面进行了适当的调整，如降低功率、简化精度要求或缩小加工部件的尺寸等，从而在确保教学效果的同时，大幅度降低了设备的购置成本。此外，模拟设备的应用还带来了显著的维护成本优势，日常保养与耗材费用均远低于真实设备，这对于提高教育资源的使用效率与经济效益具有重要意义。

### （六）真实作业法

提高高等职业教育质量的关键路径之一，在于最大限度地为学生提供参与真实作业的机会。此类真实作业紧密贴近学生未来职业生涯中的专业领域，为他们的专业成长奠定坚实基础。相较于模拟作业，学生在投身真实作业时所展现出的心理状态会截然不同，他们会更加聚精会神，全力以赴。更为关键的是，真实作业所创造的劳动成果能够直接服务于国家与社会，这种成就感与责任感将极大地激发学生的学习动力与热情。此外，真实作业在塑造学生的职业观念与职业道德方面也发挥着不可替代的作用。

在高等职业教育的学习历程中，学生于校外企事业单位实习期间所承担的任务大多源于真实的工作场景。同样，在校内实践教学基地，部分作业项目同样能够模拟或承接真实的行业任务，而在工科类院校中，毕业设计课题也倾向于选取具有实际应用价值的真实项目。这些举措共同构成了学生职业能力培养的重要一环，为他们未来职业生涯的顺利起航铺设了坚实的道路。

## 第三节　高等职业教育人才培养之学前教育

### 一、何谓“学前教育”

#### （一）“学前教育”一词的来源

自人类社会的诞生以来，长辈对年幼一辈的教养活动便从未间断。然而，“学前教育”这一专业术语的正式确立，却肇始于近代西方教育体系构建之后，用以专门标识此类活动。从词汇构造的视角审视，“学前教育”一词乃“学前”与“教育”两大元素的融合体。尽管“学前”一词的阐释存在多样性，诸如“学校教育之前”“正式入学之前”“小学教育之前”，或是特指“学龄前儿童”的阶段，但这些诠释均隐含着一个共同的前提，即“制度化教育”的存在与界定。

#### （二）学前教育的内涵和外延

学前教育的本质意义及其涵盖范围，在历史的长河与不同国家的教育实践中，均呈现出多样化的特征与变迁。

1. 学前教育的内涵

基于对上述学前教育概念既有认知的整合与分析，我们对学前教育作出如下界定：学前教育是针对从出生至踏入小学阶段之前的儿童群体所开展的直接促进儿童身心全面发展与健康成长的一系列保育与教育活动的总称。

我们主张将学前教育的起点设定为出生时刻，其终点则延伸至儿童正式开始接受小学教育的那一刻。学前教育的核心宗旨在于推动儿童身心各方面的持续成长与进步。教育作为一项以培养人的全面发展为终极使命的活动，学前教育自然也不例外。这一成长导向的目标不仅深植于教育学理论家的学说体系之中，更已广泛渗透至民众的日常生活之中，成为众多父母对孩子最朴素且深切的期盼——愿他们健康、快乐地茁壮成长。谈及学前教育中的“教育”一词，它实际上是一个涵盖了保育与教育双重维度的复合概念。保育与教育之间的微妙关系，构成了学前教育区别于中小学教育的独特矛盾范畴，这也是学前教育领域所特有的一个核心课题。

### 2. 学前教育的外延

学前教育外延是对现实中各类实体的全面总结，广泛涵盖历史上针对幼童的所有教育形式，核心在于制度化教育体系下的学龄前教育。国际语境中，它通常指向小学入学前儿童的教育实践。

从形式上看，学前教育分为家庭、保育机构/幼儿园及社会三大类别。家庭学前教育是基石，发挥关键作用。社会学前教育指家庭外社会工作者对学前儿童的教育，包括专业机构及社会组织实践。保育机构与幼儿园学前教育占主体地位，发挥核心功能。

## 二、学前教育的特征

学前教育，作为人类教育范畴内不可或缺的一环，无疑共享着教育活动普遍共有的基本属性。然而，作为一类特立独行的教育形态，学前教育亦展现出其独树一帜的个性特质，这些特质使其与其他教育形式相区分。

### （一）学前教育对象的稚嫩性

学前教育的目标群体聚焦于从出生至步入小学教育之前的学龄前儿童，这一群体的发展历程涵盖了新生儿期、婴儿期直至幼儿期等多个关键阶段。总体而言，无论是从生理成长的视角，还是心理发育的层面来看，此阶段的儿童均展现出高度的敏感性与脆弱性，亟须成人的精心呵护与专业引导，这构成了学前教育存在与发展的生物学基石。我们不仅要深刻认识到学龄前儿童这种稚嫩与依赖的特性，为他们提供基础且富有启发性的教育与保育服务，而且需要精确拿捏教育的分寸。

### （二）学前教育主体的多样性

学前教育主体的多元性在实施与办学两个层面十分显著。实施层面，儿童成长需融入“社会与自然”环境，学前儿童学习开放，需家庭、幼儿园及社会各组织协同。以家庭教育为基础，幼儿园为核心，社区为补充，紧密合作，汇聚资源，共创优质教育生态。

办学层面，多元化为学前教育注入活力，提供了多种多样的形式与内容。但亦带来权责模糊、系统性受阻、质量不齐、监管难、标准缺等挑战。对此，应辩证看待，既要看到积极的一面，也要正视问题的存在，采取科学方法进行干预，保障学前教育健康有序发展。

### （三）学前教育内容的生活性

教育与生活紧密相连，尤其在学前教育中体现深刻。学前教育内容植根于儿童生活经验与需求，生活成为其核心要素与实施方式。学前儿童通过日常生活、游戏及实践获取直接经验，而非仅依赖学科教学。

生活性蕴含全面性与动态发展性。生活作为学前教育内容与实施媒介，是多重维度交织的综合体，与学前儿童学习的高度综合性相契合。动态发展性则表现为对教育预设内容的超越与灵活调整。教育者依据儿童经验与实际反应，创新教育内容，支持儿童新发现与创新思维，促进其在探索与体验中成长。

### （四）学前教育活动的游戏性

学前教育的实践活动从根本上讲，是以游戏作为其核心运作模式的。所谓“学前”这一阶段，本质上指的是儿童尚未步入以系统学习为主导的正规学校教育时期。在设计学前教育活动的内容、策略及组织架构时，必须深切关照学龄前儿童身心成长的独特性，巧妙地将教育意图融入游戏之中，以此激发他们的身体机能、认知能力、情感世界以及社会交往技能的全方位发展。通过这样的方式，学前教育活动得以在儿童的欢乐游戏中悄然施展其教育影响力，为儿童的全面发展奠定坚实的基础。

### （五）学前教育影响的奠基性

基础教育的关键特性之一在于其奠基性，而在各级教育层次中，学前教育所展现出的奠基性作用尤为显著。从个体成长历程的视角审视，学前教育构成了个体全面发展的基石。作为人生旅途最初阶段所接触的教育形式，学前教育扮演着“启迪智慧、开启心智”的重要角色。在此阶段，儿童的身心成长、经验积累均与学前教育息息相关，学前教育对儿童健康体魄的塑造、认知能力的发展、情感世界的培育以及社会交往技能的提升等多方面可持续发展具有深远影响。

### （六）学前教育事业的公益性

学前教育依据公共产品理论被视为准公共产品，其公益性体现在非独占性收益与效用不可分割。一方面，学前教育展现非竞争性，确保所有儿童平等享有教育权益，不受选拔机制限制。另一方面，其效益显著且社会共享，不仅促进儿童个体全面发展，还作为高回报教育领域，对经济增长与社会公正至关重要。因此，全球各国将学前教育纳入公共服务范畴，视为政府职责，通过立法、增加财政支持等手段，确保其公益性实现。

## 三、学前教育专业学生审美核心素养

### （一）学前教育专业学生审美核心素养的内涵概述

在高职院校学前教育专业的教育框架下，对学生的审美核心素养提出了全面而具体的要求。首要之处在于，学生需具备一种敏锐且深刻的审美感知力，这种能力使他们能够洞察并欣赏美之所在，无论其潜藏于日常生活的细微之处、艺术作品的精妙构思之内，还是自然景观的壮丽辽阔之中。学生应能够深入理解美的本质与意蕴，学会从多维度、多层次去发掘、观察并评价美的多样形态。

### （二）学前教育专业学生审美核心素养教育的重要性

在幼儿教育的广阔天地里，幼儿教师的审美意识与能力扮演着举足轻重的角色，它们是引导幼儿遨游文学殿堂、品鉴艺术佳作、助推幼儿审美素养茁壮成长的关键。学前教育专业的育人蓝图，深刻聚焦于构筑学生的审美核心素养高地，旨在为学生铺设一条顺畅的职业融入路径，为日后的教育生涯奠定坚实基石。

那些怀揣着深厚审美核心素养的学前教育专业人才，不仅精通专业知识与技能，更兼备艺术造诣与审美洞察力，他们恰如社会进步浪涛中的弄潮儿，精准把握时代脉搏，以全面发展的姿态，为学前教育的蓬勃发展贡献着不可或缺的力量，有力推动着学前教育事业的全面跃升。

### （三）学前教育专业学生审美核心素养的提升路径

#### 1. 明确审美核心素养教学目标

学前教育专业的学生在未来的职业生涯中，要能够充分发挥审美核心素养的效能，切实履行教育者的职责，有效促进幼儿审美素养的培育与发展。这一教育过程旨在确保学前教育专业的学生在步入工作岗位后，不仅能够运用专业技能，更能以深厚的审美素养为引领，为幼儿的全面发展奠定坚实的基础。

#### 2. 重视审美理论知识学习

在学前教育专业学生的审美核心素养培育体系中，美学基础理论及艺术知识发挥着至关重要的导向作用。艺术，作为审美特性的生动载体，全方位地彰显了审美的多样面貌。鉴于此，教师应将艺术活动视为一种典型的审美实践，在实施艺术知识传授的同时，积极引导学生通过参与艺术活动，不断提升自身的审美核心素养，从而深度融入审美实践之中，实现审美素养的实质性飞跃。

教师还需积极引领学生将积累的审美经验巧妙地融入现实的艺术创作实践之中，通过这一过程，不仅是对审美理论的一次深刻验证，更是对学生审美素养的一次全面提升，使学生在创作实践中不断磨砺与成长，最终实现审美素养的质的飞跃。

#### 3. 立足专业课程，夯实实践美育效能

在高职院校学前教育专业人才的培养过程中，教师需深刻意识到专业课程在审美素养教育中的基石作用，尤其是美术、音乐等艺术相关课程，应被视作审美引导与教育的核心载体。为革新传统的实践教育模式，教师应致力于课程内容的多元化拓展，旨在激发学生的内在潜能，点燃其创造火花，引导学生深切体悟艺术之美，透彻理解艺术之精髓，从而有效提升学前教育专业学生的审美素养。

通过这一体系的熏陶与锤炼，学生的审美能力将得到显著提升，不仅在艺术鉴赏方面

展现出更为敏锐的洞察力，更能在艺术创作实践中挥洒自如，展现出卓越的审美创造力与表现力。

4. 注重创设美育情境，打造沉浸式课堂

在培育学前教育专业学生的审美核心素养进程中，美育情境的精心构建扮演着不可或缺的角色。具体而言，在幼儿文学的教学实践中，教师可以巧妙地运用鲜活、具象的语言表述，向学前教育专业的学生细致传授相关知识要点。同时，借助视频资料或多媒体演示文稿的播放，营造出一种沉浸式的课堂氛围，使学生能够身临其境地感受文学的魅力。此外，通过组织丰富多样的游戏活动，引导学生积极参与其中，让学生在情感的洪流中畅游，被浓郁的情感环境与氛围感染。

这不仅加深了学生对幼儿文学作品的理解，更促使他们全方位地融入幼儿审美教育的广阔天地中，为日后成为优秀的幼儿教育工作者奠定坚实的审美基础。

5. 加强校园文化建设，渗透审美教育

在学前教育专业学生审美核心素养的培育路径上，高职院校需深切关注学生所处的环境生态，致力于丰富校园文化的多元维度，精心打造校园环境，以期在一种积极向上的文化氛围里，激发学生的审美情感，促进其审美思维的蓬勃发展。具体而言，应全力塑造一个和谐共融的校园文化环境，以此滋养学前教育专业学生的人文情怀，使他们的课余时光变得多姿多彩。通过组织多样化的活动，不仅能够有效提升学生的人文素养，还能在潜移默化中积淀他们的人文精神，启迪他们的心灵，为塑造完善人格与培育审美情感奠定坚实基础。

高职院校还需高度重视班级文化的审美建设，巧妙融入美学原理、美育智慧、幼儿教育理论以及幼儿心理学知识，让学生沉浸在一个充满审美意蕴的情境中，于无声处接受审美的熏陶与教育。在校园环境的营造上，应精心规划色彩搭配与布局设计，充分展现校园艺术装饰的创新力与独特性，确保学生置身于其中，能够深切感受到美的氛围与魅力，从而在潜移默化中提升审美素养。

## 四、高职院校学前教育专业人才培养的问题

### （一）人才培养目标定位不明晰

在职业教育范畴内，其培养目标是对教育目的的具体实践与细化，它详尽地界定了职业教育所培养人才的质量标准与规格要求，涵盖了人才的类型、层次、规格及具体培养需求。这一目标的核心在于，所培养的应用型人才需具备运用既有知识改造世界的能力。然而，现实状况却显示，众多高职院校在学前教育专业的培养目标定位上存在偏差，尤其是那些未经深思熟虑便仓促开设学前教育专业的非师范院校。由于这些院校缺乏拥有学前教育专业或教育学专业背景的师资力量，它们往往倾向于将本专业定位为培养专业性学术人才，过分强调

专业知识的教学，却在一定程度上忽视了对学生职业能力的培育与锻炼。

部分高职院校在学前教育专业建设中，未能准确把握职业教育的本质要求，即强调实践与应用的结合，而过于侧重理论知识的传授，这在一定程度上偏离了职业教育的初衷，也限制了学生全面职业能力的发展。因此，对于学前教育专业的培养目标，需重新审视并精准定位，以确保所培养的人才既具备扎实的专业知识，又拥有出色的职业能力，从而更好地适应职业教育的需求与挑战。

### （二）课程设置亟待优化

高职院校学前教育专业的课程体系通常由公共基础课程、专业课程及实践技能课程三大模块构成。然而，在实践操作中，常常观察到如下现象：部分由中等师范学校转型而来的高职高专类幼儿师范院校，在课程设置上过分倾向于实践技能课程，沿袭了中等师范学校的传统模式，过度聚焦于学生艺术能力的培养，甚至将艺术课程直接等同于专业技能课程，这一倾向严重削弱了学生的理论根基，特别是在教育学、心理学以及专业理论领域，学生的知识储备显得尤为薄弱。

一些非师范院校在未经深思熟虑的情况下盲目增设学前教育专业，由于师资力量的匮乏，尤其是缺乏具备学前教育专业知识和实践经验的技能课程教师，这些院校往往过度依赖公共基础课程和专业理论课程，而忽视了实践技能课程的设置，其课时量远低于国家规定标准，从而制约了学生技能水平的提高。更为严重的是，这些院校在开设与幼儿保育和教育紧密相关的专业理论课程时显得尤为吝啬，课程体系的系统性和专业性大打折扣，难以有效支撑其既定的培养目标，使得课程设置与实际需求之间存在显著的鸿沟。

### （三）师资队伍质量有待提高

学前教育人才培养目标的顺利实现，离不开一支高素质的教师队伍的坚实支撑。然而，当前众多高职院校在学前教育专业实践教学方面却面临着师资匮乏的严峻挑战。高职院校学前教育专业的部分教师在教育理论与教育实践的结合上存在明显不足。他们往往缺乏深入幼儿园的实践经验，对幼儿园的教学实际了解不够全面，实践经验的匮乏，导致在传授专业知识时只能局限于书本理论，难以将理论与实践紧密结合，教学方式过于僵化，偏重理论讲授而忽视实践操作，从而无法为学生提供切实有效的实践指导。

尽管许多院校已经开设了学前教育专业，但任课教师普遍缺乏学前教育领域的专业背景。学前教育的课程设置多由心理学、管理学乃至理工科等专业的教师承担，这些教师虽然在其专业领域有着一定的造诣，但学前教育的专业性极强，对教师的专业背景有着较高的要求。教师自身专业领域的限制，无疑会在一定程度上制约教学效果的发挥，使得学前教育课程的教学质量难以得到充分保障。

### （四）实习实训环节薄弱

通过精心设计的实习实训，学生能够精进教育教学技能，同时深化其职业认同感并提升职业能力。然而，在现实情境中，多数高职院校的学前教育专业倾向于在学期中短暂地安排集中实习，这一现状背后潜藏着多重因素。一方面，学校与幼儿园间尚未建立起稳固的合作关系，导致幼儿园方面顾虑重重，担心频繁的学生见习与实习会对既有的教学安排造成干扰；另一方面，部分高职院校对学生的实习环节重视不足，致使实习活动往往流于形式，未能充分发挥其应有的效用。

为了兼顾幼儿园的实际需求，部分高职院校倾向于将学生实习集中安排在其学业生涯的尾声阶段，即最后一年。这种做法虽在一定程度上回应了幼儿园的顾虑，但却导致学生的实习时长大幅缩减，难以充分累积宝贵的实践经验，进而影响到学生实践能力与职业素养的全面提升。

### （五）考试评价制度单一

考核评价机制的单调性是高职院校学前教育专业面临的一大挑战。在理论课程的教学评价中，标准化考试成为主流方式，过分侧重知识点的机械记忆，而对学生的创新思维培养关注不足。至于技能课程，则往往以课程论文作为考核的主要手段。长此以往，这种单一化的考核方式将不可避免地忽视学生专业素养的全面提升，促使学生仅仅为了应对考试而学习，从而削弱了他们将理论知识与实际情境相结合的能力。

在对学生实施考核评价的过程中，当前的做法普遍侧重于考察其任教学科的理论知识掌握情况，而对于至关重要的实践能力则关注较少。然而，学前教育作为一个高度实践性的学科领域，要求学生在教育实践中不断积累宝贵的经验。因此，这种单一的考试评价方式无疑成为高职院校人才培养进程中的一大阻碍，它未能充分反映学生的真实能力水平，也未能有效促进学生综合素养的均衡发展。

## 五、高职院校学前教育专业人才培养的反思与探索

### （一）明确专业定位和培养目标

学前教育事业迈向高质量发展的核心驱动力，在于拥有高素质的幼儿教师队伍。对于高等职业教育而言，其在人才培养上的定位不应偏离轨道，过度倾向于培养研究人员，而应回归教育本质，致力于培育能够紧密贴合幼儿园实际需求的应用型、复合型人才。这类人才应具备深厚的专业根基与丰富的实践经验，能够胜任一线幼儿教师的角色，为幼儿的全面发展贡献专业力量。

### （二）优化课程体系，调整课程结构

针对艺术类课程的教学安排，需审慎调控其课时配置。诚然，幼儿园教育实践中，幼

儿教师需掌握一定的艺术技能，然而，专业理论却是幼儿教师日常教学活动的基石。鉴于此，可适当增加专业理论课程的课时，特别是那些对实践教学具有显著指导意义的课程，如活动设计与教学法等，以期科学且合理地调整各类课程的课时占比。与此同时，应当推动基础课程朝向共通性方向深化，核心课程则向多元化领域拓展，拓展课程致力于多样化探索，而实践课程则需实现常态化融入。在此基础上，构建一个集“共通基础、核心知识、实践应用与专业技能”于一体的综合课程体系，该体系强调实践课程的比重提升，旨在通过优化课程结构，为幼儿教师的全面发展奠定坚实基础。

### （三）加强师资队伍建设，打造高水平教师团队

高校人才队伍的综合素质与业务能力对于实现学校长远发展战略目标具有至关重要的影响。一方面，高职院校致力于搭建教师教学成长平台与培育兼具理论与实践能力的“双师型”师资团队。为此，不仅积极鼓励教师获取职业资格证书，还大力提倡专业课教师深入幼儿园，进行长期的下园研修，亲身参与幼儿园的日常教育教学活动，从而丰富自身的实践经验。另一方面，在教育模式上，高职院校积极探索并实施双导师制度，即在原有的校内导师基础上，进一步引入具有丰富一线教学经验的幼儿园骨干教师，担任学生的校外实践导师，确保学生在校园内的理论学习与在校园外的实践操作都能得到全面且专业的指导，以此促进学生在理论与实践两个维度上的均衡发展。

### （四）加强实践教学，构建“全学程”实践教学体系

高职院校应将人才培养的重心聚焦于培育具备高素质的技术技能型人才上，着重增强实践教学与教育实习的比重，力求实现理论知识与实践操作的深度融合，从而塑造幼儿教师的综合职业能力。所谓“全程式”实践教学体系，即强调从新生入学至毕业离校，实训教学应全方位、持续地渗透于整个教育历程之中。通过项目式课题训练、现场教学体验以及实习基地实训等多种方式，全方位提升学生的实践操作能力，确保课堂教学与实训教学能够无缝对接、相辅相成。与此同时，积极拓宽实践教学的合作渠道，构建稳固且持久的实践教学基地网络，为学生提供丰富且长期的实习实践平台，确保实践教学活动的有序进行。此举旨在实现高校与实践基地之间的深度合作与资源共享，促进双方的互利共赢与协同发展。

### （五）改革评价方式，构建多元化考核体系

考试与评价体系的革新，不仅深刻影响着学生对理论知识的汲取，更关乎其实践技能的锤炼与成长。因此，打破传统单一的考试模式，构建一个多元化、全方位的评价机制显得尤为迫切与重要。首先在于明确评价的核心内容，既要涵盖常规的教学活动，更要将学生的实践能力纳入评价体系之中，实现理论与实践的双重考量。其次，需清晰界定评价的主体范畴，教学评价不应仅限于学生层面，还应广泛吸纳行业专家、幼儿园教师等多元群

体的参与，特别是引入具有丰富实践经验的教师，通过多元主体的共同参与，能够更为精准地评估实践教学的成效，进而有效促进学生职业能力的跃升。

完善评价指标体系同样至关重要。针对公共基础课程、专业理论课程以及技能课程，应分别制定科学合理的评价标准，这些标准需紧密围绕职业能力的培养与实践技能的提升来设定，旨在全面提升学生的综合素养。近年来，国家针对学前教育领域出台了一系列利好政策，这些政策不仅促使教育资源得到了更为合理的配置与优化，同时也对高职院校的人才培养质量提出了新的、更高的要求。作为培育未来幼儿教师的摇篮，学前教育专业必须紧跟时代步伐，不断探索与自身办学特色相契合的人才培养新路径，唯有如此，方能为社会输送更多高素质的幼儿教师，为学前教育的繁荣发展贡献力量。

# 第三章　高等职业教育人才培养模式

## 第一节　高等职业教育人才培养模式概述

### 一、人才培养模式基本概念

#### （一）模式

模式，作为对某一事物结构、演变历程及其内部要素间关联与状态的一种精练表达形式，承载着对复杂现象进行简化和概括的功能。在教育领域，模式已被广泛采纳为一种独特的思维框架与科学认知工具，其目的在于通过深入剖析教育现象的结构特征、发展流程以及当前状态，进而达成对教育本质更为透彻的理解。它不仅帮助人们梳理教育现象的内在逻辑，还促进了人们对教育规律更深层次的认识与把握，为教育实践提供了有力的理论支撑与方法指导。

#### （二）人才培养模式

人才培养模式，作为教育理论与教育思想的具体实践体现，它是指导并实现既定的教育培养目标所采用的一系列教育教学策略与运行机制，也是对整个人才培养过程的全面考量，核心聚焦于“培养何种人才”以及“如何有效培养”这两个根本性问题，其构成要素涵盖了培养目标设定、培养内容规划、培养流程设计、培养制度构建以及培养效果评价这五大核心环节。在本书语境下，特指学校层面的人才培养模式，即依据预先确立的培养目标，通过实施一系列精心设计的教育干预措施，作用于培养对象，以期在其身心发展、综合能力提升以及职业素质养成等多个维度上引发积极而显著的变化。

经对上述高等职业教育人才培养模式概念的深度剖析，我们可以归纳出，高等职业教育人才培养模式是一个高度集成的有机整体，其系统性特征鲜明，且该体系内的各个构成部分之间存在着紧密并复杂的相互关联、相互影响乃至相互制约的关系。在教育实践中，学校的教学活动必须深切关照学生的学习习惯、认知方式以及身心发展的阶段性特点，围绕知识传授、能力培养与素质提升这三个核心维度来精心设计与组织教学活动，从而确保教学活动具备必要的稳定性与持续性。

人才培养模式不仅蕴含了理论框架的构建，还囊括了实践操作的指导，这些教育活动是教师在长期的教育探索与实践历程中逐步凝练而成的宝贵成果，一旦形成，便具备了显著的示范引领效应。最后，从高等职业教育的办学特色与宗旨出发，可以清晰地看到，高等职业教育人才培养模式还具备高度的实践导向性，这一特性与高等职业教育的培养目标及其实践应用需求紧密相连，充分彰显了其鲜明的职业教育特色。

### （三）高等职业教育人才培养模式

高等职业教育的人才培养模式，既展现出其普遍适用的共性特征，又蕴含着独特的个性色彩。它是在既定培养目标的引领下，遵循相应的教育理念而精心设计的人才培养活动的组织架构。该模式涵盖了多个核心维度，具体如下。

首先，它需具备清晰明确的培养目标。高职院校需精准定位自身的培养方向，即致力于培育应用型人才。这一目标的设定，既是对社会发展需求的积极回应，也是推动其自身持续进步的根本动力。其次，它应蕴含深厚的教育思想底蕴。高等职业教育需在先进的教育理论指引下前行，这些理论涵盖了广泛的教育学说与教育主张，为人才培养活动提供了坚实的理论基础。此外，人才培养活动的内容应全面而丰富。它不应局限于课堂内的教学活动，还应广泛涵盖课外实践、社团活动等多个层面。高等职业教育在这一方面展现出其独特的个性，其课程体系、教学形式及教学方法均呈现出鲜明的特色。总之，人才培养模式是一个由多元要素共同构成的复杂系统。这些要素之间相互关联、相互作用，形成了各具特色的组织架构与运行机制，进而决定了其独特的组织效率。在这一系统中，各要素间的协同作用至关重要，它们共同推动着人才培养活动的有序开展与高效运行。

## 二、高等职业教育人才培养模式的理论基础

### （一）社会对人才培养模式的决定性作用

依据系统科学的视角，社会可以被视为一个宏大的系统网络。教育，作为这一庞大网络中的一个关键子系统，与社会整体大系统以及其他诸多子系统之间存在着深刻且固有的内在联系。所谓教育的外部关联性法则，实则揭示了教育活动流程与整个社会体系以及其他子系统运作流程之间，存在着一种相互作用、相互影响的必然逻辑纽带。这种联系不仅体现了教育活动对外部环境的适应与响应，也彰显了其在塑造社会结构与文化传承中的积极作用。

#### 1. 高等职业教育受社会发展的制约

高等职业教育的发展深受经济、政治、文化等多重社会子系统的深刻影响，这些构成了制约其发展的主导因素。然而，其制约因素远不止于此，人口结构、民族构成、宗教信仰等社会要素同样扮演着重要角色。此外，一些看似非纯粹社会性的因素，如地理环境、

自然资源状况以及生态环境条件等，也在一定程度上对高等职业教育的发展构成了制约。这些因素相互交织、共同作用，形成了一个复杂多元的影响网络，不但深刻塑造着高等职业教育的形象，而且也决定了高等职业教育的发展方向。

（1）高等职业教育与生产力及科技发展水平之间存在着紧密的关联性。探讨高等职业教育的发展，切不可忽视生产力与科技水平这两大核心制约要素。生产力，作为社会发展的根本驱动力，其进步不仅深刻影响着高等职业教育的发展规模与速度，还严格规范着人才培养的标准与教育结构的布局。同时，生产力的跃升持续推动着教学内容、教学方法及教学组织形式的革新与进步。

步入现代社会，生产力与科技水平之间的耦合度日益增强，科技已然跃升为首要的生产力要素。因此，在社会主义现代化建设的进程中，科技现代化的实现显得尤为关键。诚然，科技水平虽不能全然等同于生产力水平，因为生产力的综合评估还需考量资源禀赋、劳动者素质、管理水平等多重因素。然而，在当代社会，科技发展水平无疑已成为衡量生产力水平高低的主要标尺，对生产力的提升具有决定性的意义。

在为生产、建设、服务及管理领域培养一线应用型人才的高等职业教育领域内，生产力与科技发展水平所施加的制约效应尤为显著且不可忽视。这一制约不仅体现在高等职业教育的发展规模、速度上，还深刻影响着专业的布局规划、课程内容的遴选、自然科学与工程技术科学知识的传授范畴，以及现代化教学手段的采纳与应用。同时，实习实训条件的优劣亦直接受制于生产力与科技水平的进步程度。

为了紧跟科技发展的步伐，高等职业教育中的专业课程与教材应当及时吸纳最新的科研成果与科技突破，不断更新教学内容，确保教育的时效性与前沿性。从历史演进的视角审视，这一制约作用表现得尤为清晰：在手工业时代，文盲尚可胜任劳动任务；步入蒸汽机时代，工人则需具备初等文化知识；电气生产时代来临，工人需拥有中等文化水平方能适应；而在当今的信息社会，无论是工人还是管理者，均须以高等文化知识为基础，方能满足社会发展的需求。由此可见，生产力对教育领域的制约作用是一种客观存在且不断强化的趋势。

尽管社会科学与人文学科的专业不直接致力于培养那些能够迅速融入生产流程的科技人才，且其教学内容往往不直接映射当前的科技水准，然而，这些专业的发展规模、扩张速度以及教学手段的采纳与实施，均不可避免地受到生产力与科技发展水平的深远影响。特别是管理类学科，其教学内容与生产方式之间存在着尤为紧密的关联。在信息化、数据化浪潮席卷全球的当下，管理工作已深深植根于这一变革之中，对综合性知识、前沿性技能的渴求愈发凸显。缺乏扎实的科学技术知识储备，个体将难以胜任管理职务，更难跻身于合格管理人才的行列。因此，即便是在看似与科技相距甚远的社会科学与人文学科领域，生产力与科技发展的影响亦在悄然改变着教育的形式与要求。

（2）高等职业教育与社会制度之间存在着紧密的关联性。教育的性质、形态及其发展方向，从根本上讲，是由特定社会的政治与经济制度所塑造和限定的。在此语境下，我们所提及的社会制度，特指经济制度与政治制度这两大核心要素。计划经济与市场经济，作为两种截然不同的经济运作模式，对教育体系的影响尤为深远。我国已经成功实现了从计划经济向市场经济的转型，因此，产生于改革开放大潮中的高等职业教育，必须主动适应这一变革，积极回应市场化的需求，致力于按照市场导向来培育人才。当前，高等职业教育改革的核心使命，便是培养出符合市场需求的高素质人才。

资本主义与社会主义，作为两种建立在迥异生产关系之上的政治制度，对高等职业教育的影响同样不容忽视。不同的政治制度，不仅深刻影响着高等职业教育的组织架构与管理体制，还直接决定办学的宗旨、人才培养的目标、思想政治教育的导向以及社会学科教学内容的设定。这也是不证自明的客观真理。

（3）高等职业教育深受文化传统的影响，这一影响既源自本土的传统文化，也涉及外来的文化元素，它们共同成为推动或制约高等职业教育改革与发展的重要隐性力量。具体而言，传统文化在塑造学校的道德教育、智力培育、体育训练及审美教育等多个维度上，均有着广泛而深远的影响。更为复杂的是，其他社会因素对教育的制约，往往也需借助文化传统这一中介或透镜来得以体现和折射。

即便是在生产力水平相当、社会制度相似的国家之间，其教育模式与教育管理体制也呈现出多样化的特征，远非整齐划一。以发达的资本主义国家为例，有的国家在教育管理体制上倾向集权模式，而有的则更倾向于分权治理；在高等职业教育的培养目标上，有的国家侧重于学术能力的培养，而有的则更强调技术技能的掌握。这些差异，无疑都与各自国家深厚的传统文化底蕴有着千丝万缕的联系。由此可见，传统文化与外来文化对高等职业教育的影响，虽不显山露水，却深刻而持久。

### 2. 教育为社会发展服务

教育与社会相契合的另一层深刻含义在于，教育应当积极作用于社会的经济、政治及文化的进步，换言之，即为社会的全面发展贡献力量。在我国，教育必须坚定不移地为社会主义现代化建设的宏伟目标服务，成为推动社会进步与繁荣的重要力量。这一使命不仅要求教育内容与方式紧跟时代步伐，不断更新与优化，还强调教育需紧密关联社会发展的实际需求，培养出能够担当民族复兴大任的时代新人。

（1）教育在社会主义现代化建设中扮演着至关重要的角色，尤其是为经济建设这一核心任务提供有力支撑。教育服务于社会主义建设，首要任务便是服务于经济建设这一中心环节。教育与社会经济发展之间存在着一种内在的、不可分割的联系。在当代社会，经济的蓬勃发展愈发依赖知识与科技的进步，而科技的跃升又深深植根于教育的繁荣之中。教育通过培育符合社会经济建设需求的高素质人才，为科技进步注入源源不断的活力。

在现代生产过程中，劳动力所发挥的积极作用与能动性愈发凸显，而这背后离不开专门的职业培训。这种培训，又必须建立在扎实的基本知识与能力基础之上。从普通教育延伸至职业技术教育，一个旨在提高劳动力智力水平、进而增强劳动能力的完整教育体系应运而生。这一体系，通过不断优化劳动力的知识结构与技能组合，为社会经济的发展提供了坚实的智力支撑。

（2）教育在服务于社会制度建设的过程中，扮演着至关重要的角色。其服务于经济建设，并非仅仅着眼于推动生产力的进步，更在于确保生产关系能够与生产力的发展水平相匹配、相适应。教育的作用，远远超出了单纯促进经济发展的范畴，它还深刻地影响着社会制度的演进与完善。经济制度，作为生产关系的制度化体现，与政治制度一道，共同构成了社会制度的基石与核心。而政治制度，则进一步凸显了生产关系的本质特征。

教育通过培养高素质的人才队伍，为经济制度与政治制度的维护、改革、调整及完善提供了坚实的智力支持。这些人才，不仅具备推动经济社会发展的能力，更拥有引领社会制度变革的智慧与勇气。因此，教育在促进社会制度建设方面，发挥着不可替代的作用。它既是社会制度稳定与发展的基石，也是推动社会制度不断革新与完善的强大动力。这便是教育服务于社会制度建设的深刻内涵与独特价值。

（3）教育在推动文化发展方面扮演着举足轻重的角色。一般而言，现代文化的发展伴随着人类社会实践活动的不断推进而日益繁荣。然而，当深入剖析这一进程时，不难发现，教育才是推动人类文化持续传承、继承与创新的核心力量。人类社会所创造与积累的文化财富浩渺无垠，那么，如何有效地传递、继承并发展这些宝贵的文化成果呢？这主要依赖教育通过多样化的组织形式与方法，有目标、有规划、有甄别、有体系、有策略地推进文化的传递、继承与创新。教育为文化发展所提供的服务，集中体现在对文化的深度传承、审慎选择以及积极创新上，从而确保了人类文化的连续性与创新性得以并行不悖地向前推进。

在高等职业教育学府，汇聚了一大批拥有深厚专业学识的专家与学者，形成了科研力量的密集高地，这为开展基础学科及应用学科领域的深入研究提供了得天独厚的条件，从而使得高等职业教育成为了科学研究领域中的一支重要生力军。伴随着社会的急剧变迁，人们的价值观念、思考模式及心理倾向均发生了显著的变化。然而，文化领域的剧烈变革之后，往往伴随着一段反思与再评价的波动期，需要对变革的成果进行深入的审视与评估。

教育在作用于其他制约其发展的社会因素时，展现出了广泛的影响力。举例来说，教育在提升人口整体素质、促进民族间的团结与共同进步、加强生态环境的保护与治理以及推动物质资源的合理开发与高效利用等方面，均发挥着不可替代的作用。因此，在社会主义建设的伟大征程中，教育无疑是一个不可或缺的坚实支柱，是我们必须紧紧依靠的重要力量。

### （二）教育对人才培养模式的决定性作用

教育是社会结构中一个独特且至关重要的子系统，同时也是一种具有鲜明特性的社会活动。教育的双重规律性，确保了它既能够与社会整体保持和谐互动，又能够保持其内部的逻辑自洽与稳定发展。

#### 1. 教育内部关系规律探讨

在教育这一复杂的社会子系统内部，存在着众多纷繁复杂的因素与关系网络。从不同层级、不同维度进行审视，可以揭示出教育内部的各种矛盾与联系，进而把握其多样化的内在结构。由此可以推断，教育内部的基本矛盾与关系呈现出一种多面向、多维度的特性。

教育的社会属性与本质属性，虽然紧密相连，却分属两个不同的理论范畴，各自揭示了教育在不同层面的深刻内涵。

尽管从多样化的视角来审视教育内部的基本关系，会导致对内部关系规律性的理解与表述呈现出差异性。然而，若从“教育作为培养人的社会实践活动”这一基本定义出发进行探究，不难发现，人是教育的核心关注对象。教育承载着满足个体智力与能力发展、思想道德修养需求以及身心成长需要的价值使命。教育最直接且核心的功能，便是推动人的全面发展，特别是人的整体素质的提升。因此，关于人的整体素质究竟涵盖了哪些关键要素，以及教育应当如何有效地促进这些要素实现均衡且和谐的发展，历来都是教育领域专家学者们所密切关注并深入探讨的课题。

#### 2. 马克思主义关于人的全面发展学说

在资本主义社会体系中，生产力的飞跃得益于科学技术的迅猛进步。在以机械化生产为显著标志的社会生产范畴，对直接参与生产劳动的工人提出了掌握一定文化及科学知识的基本要求；同时，对于在生产流程中负责技术性工作的专业人员而言，他们必须精通特定的科学理论与生产技术。为了系统地获取文化科学知识及专业技能，个体需要通过学校教育这一途径，在生产劳动实践之外进行专门的学习，以便为日后投身生产劳动奠定坚实的基础。换言之，资本主义社会的生产模式既促使劳动者的教育活动与生产劳动实践相分离，又强调教育需与生产劳动保持一定的关联性，以确保教育能够承担起社会劳动力生产与再生产的重要职责。

在当代社会，生产、科学及教育三大领域间的联系日益紧密，它们相互支撑、相互影响，共同推动着经济的繁荣与社会的进步。教育与生产劳动的结合，这一趋势根植于社会发展与教育进步的内在逻辑之中，是通往社会现代化的必由之路。我国正处于社会主义现代化建设的征途中，尽管当前尚处于社会主义初级阶段，生产的现代化程度有待提升，但社会的本质属性及其发展趋势均要求我们致力于最大化地增强社会生产力，力求在生产力水平上超越资本主义。社会主义条件下，教育与生产劳动的结合，不仅深刻体现了社会经济与教育发展的内在规律，更是提升社会生产力的关键途径，同时，它也是培育具备全面素质、能够担当社会主义建设重任的接班人的有效方法。

3. 全面发展教育的组成部分及其相互关系

人的全面发展是一个综合性的概念，它涵盖了品德、智慧、体魄及审美等多个维度的素质提升。因此，一个全面的教育体系应当包含德育、智育、体育及美育这四个不可或缺的组成部分，它们各自承载着特定的使命，同时又彼此依存、相互渗透，共同作用于人的全面发展。在社会主义教育体系中，德育扮演着引领方向的关键角色。学校通过实施思想政治教育与道德品质培育，旨在培养出拥有崇高的理想、高尚的品德、丰富的文化知识及严明的纪律性的社会主义事业建设者与接班人。

在全面发展的教育体系中，智育占据着核心地位。高职院校的核心使命在于，通过系统的教学活动，向学生传授广泛的文化科学知识，启迪智慧，培育职业技能，并以此为基石，深入进行思想政治教育。对于高职院校而言，智育的目标不仅在于让学生扎实掌握与专业密切相关的基础知识，成为具备广泛学识的“通才”，而且致力于引导学生在广博的知识基础上深化专业认知，紧跟所学专业领域内科学发展的最新动态与未来趋势，掌握高度专业化的现代知识与技能，成为“专才”。

鉴于当代科学技术日新月异的迅猛发展态势，高职院校要务必高度重视对学生智力的开发，以及综合能力的培养，尤其是自主学习能力、批判性思维能力、问题解决能力、专业实践能力的培养，同时，还需注重培养学生的应变机智与人际交往的协调能力，这些能力对于学生在快速变化的社会环境中立足与发展至关重要。

在个体成长与进步的历程中，德、智、体、美四大要素均扮演着不可或缺的角色。在致力于人的全面发展的教育实践中，这四个维度的教育各自承载着独特的功能与使命，它们之间无法相互替代。单纯强调知识传授而忽视思想品德与政治教育的倾向显然失之偏颇，同样，以政治活动干扰专业学习的做法亦不可取。此外，若对体育教育掉以轻心，或对美育缺乏足够的重视，都将不可避免地导致学生发展的片面性，进而阻碍教育整体质量的全面提高。一个均衡且全面的教育框架应当充分整合德、智、体、美四大领域的教育资源，确保它们各自发挥应有的效能，共同作用于学生的全面发展，以培养出既具备扎实专业知识，又拥有高尚品德、强健体魄及良好审美情趣的复合型人才。

## 三、高等职业教育人才培养模式的构成要素

迄今为止，关于高等职业教育人才培养模式的构成要素，国内外学术界虽已有诸多论述，但尚未达成广泛共识。本书经深入探究后认为，高等职业教育的人才培养模式是一个多维度的结构体系，其核心构成部分主要包括：明确的培养目标设定、科学合理的专业设置规划、系统完善的课程体系构建、多样化的培养途径探索、严谨的培养制度确立，以及全面客观的培养评价体系搭建等方面。这些要素相互关联、共同作用，构成了高等职业教育人才培养模式的完整框架。

### （一）培养目标

人才培养目标，作为教育者对预期培养人才的品质与标准的总体设定，是人才培养模式中的核心要素，它既是该模式的逻辑起点，也是最终归宿。这一目标深刻地影响着人才培养的全过程。能力，作为个体参与社会实践活动所必需的技能集合，是圆满达成特定任务的心理特质，其构建离不开一个健全的知识体系，并在个体的实践探索中得到彰显。一个均衡且高效的能力结构，对于个体步入社会、投身职业、实现个人发展而言，具有举足轻重的作用。

在高等职业教育领域，教育工作的重心应聚焦于培育学生获取知识、运用知识以及创新的能力。这意味着，教育不仅要传授专业知识，更要引导学生掌握自主学习的方法，提升他们运用所学解决实际问题的能力，同时，激发学生的创新思维，鼓励他们在实践中不断探索与突破，以适应快速变化的社会需求。

素质结构是个体在先天生理条件的基础上，经由教育熏陶与环境影响，通过个体的自我认知与实践活动，逐步构建起来的相对稳固的身心发展特征集合，它涵盖了自然禀赋、心理特质以及社会适应能力这三个核心维度。素质的形成是一个复杂的过程，它依赖外在知识的有效内化以及个体能力的持续累积。在高等职业教育领域，教育工作的核心目标在于塑造学生出色的科学文化素养、专业技能素养、思想道德品质以及强健的身心状态。

这就要求高等职业教育不仅要传授系统的科学文化知识，培养学生的专业素养，还要注重提高学生的思想道德水平，引导他们树立正确的世界观、人生观和价值观，同时，通过体育活动与心理健康教育，增强学生的身体素质与心理韧性，为学生未来的职业生涯与人生道路奠定坚实的基础。

### （二）培养过程

#### 1. 专业设置

高职院校的专业设置，是在深入考量学科领域的细分以及产业结构实际需求的基础上，参照教育行政管理部门与行业指导机构发布的专业指导目录，并结合自身教育资源与

办学实力，精心规划并确立的学科领域布局。值得注意的是，与普通高等教育依据学科体系进行专业划分的模式有所区别，高等职业教育在专业设置上更侧重于对接具体的职业岗位或岗位集群，这一做法显著增强了专业设置的职业导向性与特色鲜明度。它旨在通过紧密贴合职业需求的专业布局，培养出具备高度专业技能与职业素养的复合型人才，以满足经济社会发展的多元化需求。

高职院校的专业设置，作为教学工作与经济社会发展需求相契合、培育高素质人才的核心环节，是院校建设与发展的基石。要以前瞻性的视角，深入分析未来经济社会发展趋势对职业岗位提出的全新要求，并在此基础上，科学规划、灵活调整专业设置，以确保教育供给与市场需求的有效对接，为经济社会的高质量发展提供坚实的人才支撑。

### 2. 课程体系

课程体系，作为教学内容经过精心编排而形成的有机系统，涵盖了教学内容及其展开流程的全面范畴，构成了人才培养实践活动的核心框架，同时也是培养目标得以具体落实的桥梁。这一体系深刻体现了培养目标所蕴含的教育理念与实践路径，详细规划了实现培养目标的操作策略。课程体系内在地包含了课程观念、课程目标、课程内容、课程架构以及课程实施策略等多个维度，其中，课程观念发挥着引领全局的关键作用。

在特定课程观念的指引下，课程体系的构建工作紧密围绕着既定的课程目标展开，据此精心设计课程内容，科学构建课程架构，并合理规划课程实施的具体策略。这一过程确保了课程体系既能够深刻反映教育目标的精神实质，又能够在实践中具备高度的可操作性与适应性，从而为人才培养活动的顺利实施提供坚实的支撑。

为确保高等职业教育人才培育目标的达成，构建凸显特色的课程体系是关键。高职院校应紧跟社会经济发展趋势，以职业能力培养为核心，依据岗位需求科学规划课程。过程中需注重知识的实用性与针对性，避免过度追求系统完整性。

高职院校应重视并加强教学实践，通过深化实践教学，实现教育内容与岗位实践的深度融合，构建满足社会需求且促进学生全面发展的课程体系。该体系旨在培养专业知识扎实、职业技能高超的高素质应用型人才，为社会经济持续健康发展提供人才支撑。

### 3. 培养途径

在人才培养的实践过程中，教育者需借助多样化的媒介，引领培养对象深度参与一系列认知与实践活动中，这些媒介即构成了人才培养的途径。从知识获取的维度来审视，培养途径可被划分为教学途径与非教学途径两大类。而综合途径特指那些将实践教学置于核心地位，实现产学研深度融合的一体化培养模式。

因此，高职院校亟须深化对人才培养途径的探索与研究，不断创新教育模式与方法，确保人才培养工作能够紧跟时代发展的步伐，培养出既具备扎实专业知识，又拥有卓越实践能力的高素质人才。

4. 培养方案

培养方案作为人才培养模式的具体执行蓝图，其内涵丰富，主要包含三大核心构成：培养目标精准定位、教学活动周密规划以及非教学途径妥善安排。其中，培养目标的定位是基石，它明确了人才培养的宏观方向与具体规格，为整个培养过程奠定了基调。而教学活动的规划，则是培养方案中的关键环节，它细致入微地安排了教学活动的每一步，是方案得以有效实施的重要保障。

教学活动的规划，具体由课程体系的精心构建、学时学分结构的合理设定以及教学流程的严谨组织这三大部分构成。课程体系的设置，旨在确保学生获取全面而系统的知识；学时学分结构的设计，则平衡了知识广度与深度的需求，保证了学习的效率与质量；教学流程的组织，则注重理论与实践的结合，旨在提升学生的综合应用能力。这三者相辅相成，共同构成了培养方案中教学活动的完整框架，为人才培养的高效实施提供了有力支撑。

### （三）培养评价

培养评价，是在既定标准框架下，对人才培养的全面流程及其所培育人才的质量效益展开客观、科学的评估与判定。它不仅是对人才培养目标、培养制度及培养流程的全面审视与监控，还通过反馈与调节机制的作用，是高等职业教育人才培养体系中至关重要的环节。为了全面提高高等职业教育的教学质量，进而培养出与社会需求高度契合的高素质人才，必须构建起科学有效的评价监控体系。

在这一体系中，培养评价不仅是发现问题的手段，更是解决问题的关键。通过细致入微的评价，能够精准识别出人才培养过程中的薄弱环节与潜在问题，进而采取有针对性的措施加以改进与优化。这种以评促建、以评促改的方式，不仅能够推动人才培养模式的持续创新，还能够确保教学质量稳步提高，最终为社会输送更多具备扎实专业技能与良好职业素养的优秀人才。

### （四）培养制度

在人才培养模式的诸多构成要素之中，培养制度无疑是最为活跃且至关重要的一环。它涵盖了人才培养的一系列关键规定、操作流程及其执行机制，为人才培养工作的顺利开展奠定了坚实的基础。具体而言，培养制度的内容广泛，主要包括专业设置机制、日常教学管理规范以及学业完成制度这三大类别。培养制度以其统一的标准和集中的管理方式，确保了人才培养过程的有序性与规范性。

虽然培养制度在统一性方面表现出色，但其灵活性却相对不足。在当下高等职业教育领域，学分制作为一种主流的培养制度，赋予了学生在学习过程中较大的自主权。通过实施弹性学制，学生可以更加灵活地规划自己的学习进程。然而，学分制亦非尽善尽美，其潜在的问题不容忽视。这主要是由于在缺乏统一且明确的质量衡量标准的情况下，学分制的实施可能会引发一系列挑战与困境。因此，如何在保持培养制度统一性的同时，增强其灵活性，并建立起科学合理的质量标准，成为当前高等职业教育领域亟待解决的重要课题。

## 四、高等职业教育人才培养模式的主要特征

高等职业教育，作为高等教育体系内不可或缺的一环，其人才培养模式展现出与普通高等教育截然不同的特色。该模式的核心特质可概括为以下几点：培育能够胜任生产、建设、管理及服务一线工作的高等技术应用型人才；其教学体系的构建与培养方案的规划，均以社会需求为导向，以技术应用能力的培养为核心线索；在课程设置与教学内容的组织上，强调以应用为核心，基础理论的教学旨在“学以致用”，力求“必要且充分”，而专业课程则更加注重其针对性与实用性；实践教学环节在整体教学计划中占据显著比重，旨在深入锤炼学生的技术应用能力。

### （一）培养目标：职业定向性和职业技能性

高等职业教育专注于培养一线岗位的高素质技能型人才，与普通高等教育的理论探索与工程技术人才培养路径形成鲜明对比。其核心在于学生能将体系化知识融入生产与管理实践，快速转化为生产力，直观展现专业技能，职业实践性显著。因此，将能力培养，特别是针对职业岗位的技能培育，置于首位至关重要。此教育目标旨在确保学生适应并胜任未来岗位，实现个人与社会效益的双重提升。

### （二）专业设置：以市场、职业和技术为坐标

高职院校拥有专业设置自主权，便于灵活适应社会发展需求。通过特色专业设置能够充分展现每所学校的办学特色与核心竞争力。高等职业教育紧密对接区域经济发展需求，专业设置具有鲜明的岗位针对性和职业导向性，与市场需求、职业领域及技术进步紧密相连。因此，专业设置应以人才市场需求为导向，依托岗位群需求，重点发展高技术领域，旨在为本区域经济发展提供急需的专业技术及应用型人才。

### （三）教学设计：以培养职业能力为宗旨

高等职业教育的教学规划需紧密围绕职业岗位的实际要求来精心设定，旨在培育出能够胜任特定职业领域工作的学生。这一过程并非单纯的理论推演，而是深深植根于实践需求的土壤之中，其中，针对性与实用性构成了教学规划不可或缺的两大支柱。教学规划远非简单的教学计划所能涵盖，它要求深入调研社会各行业的岗位现状，细致剖析岗位群工作所需的各种能力要素，无论是综合能力还是专项技能，均需进行精准识别与有效分解。

在此基础上，教学规划需从理论教育延伸至实践操作，从教学软件的开发到教学硬件的配置，从内部教学资源的整合到外部环境条件的优化，对整个专业教学体系进行全方位、系统性的规划与设计，以确保教育目标与社会需求的精准对接。

#### （四）课程体系：注重实践能力的培养

由于高等职业教育以“职业导向”为核心，因此规划课程与教学内容需紧跟就业市场，尤其要强化实践环节。高职院校应与企业合作，依据企业界定的知识框架、能力需求及素养标准，共同开发定制化课程，确保教学内容与生产实践高度契合。再通过顶岗实习、生产性实训等实践策略，提升学生就业竞争力，促进就业率提升，提高企业对毕业生的满意度。高职院校与企业的紧密合作，可为培养市场需求的高素质技能型人才奠定坚实基础。

#### （五）师资队伍：以“双师型”教师为主

高等职业教育致力于培养在实践一线展现卓越能力的应用技能型人才。其实践导向的人才培养目标，对教师提出了特殊要求：既需具备高教基本素养，又应深谙学科实践经验，实现知识与能力的有机融合。在高等职业教育中，构建双师型教师队伍至关重要，不仅是提高教学质量的核心，引领着学校发展，而且确保人才培养的高水平，是学校特色与竞争力的关键。强化双师型队伍建设，能够使高职院校更有效培养理论基础扎实、实践经验丰富的高素质技能型人才。

#### （六）培养途径：“产学研”合作

对于高职院校而言，若要培育出既具备强大自主创新能力，又拥有高超实践技能的技术应用型人才，“产学研”一体化无疑是必由之路。鉴于高等职业教育的职业导向性与实践性本质，高职院校与企业间的紧密合作成为必然选择，这一合作模式确保了每个专业都能在就业市场中精准定位，找到其应有的位置。通过“产学研”的深度结合，高职院校不仅能够提升学生的综合竞争力，还能促进教育与产业的深度融合，为社会输送更多符合市场需求的高素质技能型人才。

## 第二节 高等职业教育人才培养模式的主要类型

### 一、“产学研”合作人才培养模式

#### （一）内涵

“产学研”协同合作机制作为学术界与产业界之间的关键纽带，能够有效地促进科研理论与学术知识向实际价值的转化，这不仅直观展现了学术成果的经济与社会效益，更是其内在价值最直接且生动的体现。通过“产学研”的深度协作，高校、企业及科研机构能够显著增强各自的创新能力与协同合作的精神。这种全方位、多层次的交流合作，不仅促进了各方在知识、技术与资源上的共享与互补，还构建了一个共同进步、互惠互利、多赢共生的良性循环体系。在这一框架下，各方通过密切合作与交流，不断推动科技创新与产业升级，实现了经济效益与社会效益的双重提升。

“产学研”协同机制在人才培养进程中发挥着不可或缺的催化作用，为学生明确了清晰的发展路径。高等教育机构应依据学生在知识积累、能力构建及道德品质上的差异，精心挑选适宜的产学研合作模式，贯彻实施差异化的人才培养战略。一般而言，普通本科院校倾向于与行业内领先的企业及科研机构携手，借助行业内部的科研合作平台，推行工学交融或定向培育项目。其目标在于塑造既拥有一定研发潜力，又具备出色实操技能的高级复合型人才。相比之下，高职院校则侧重于通过工学一体化的路径，与拥有相似行业背景的企业或协作伙伴建立紧密联系，专注于培育具备高素质的技能型人才。因此，鉴于人才培养目标的多元化，各层次、各类别的高等教育机构需依据自身特色，审慎选择最为契合的产学研协同模式，以期实现人才培养的最优化。

### （二）特征

“产学研”合作机制通过搭建企业、科研机构与高等教育机构之间的桥梁，实现了技术创新领域内各类生产要素的优化配置与高效整合。这一合作模式展现出以下若干鲜明特征：

#### 1. 整合各类资源，缩短科研时间

“产学研”合作机制中，企业扮演着技术创新的核心角色，充分利用高等学府与科研机构的创新源泉与人才培育基地的优势，高效会聚人才资源、尖端技术以及先进的管理范式等创新要素于企业之中。这一过程不仅促进了技术创新活动的蓬勃发展，还加速了科技成果向现实生产力的转化，有力推动了科技成果的产业化进程。

#### 2. 降低研发成本

“产学研”协同机制蕴含强烈的市场导向特质，该特质促使研发活动得以深度融入企业的实战经验与市场情报之中，进而直接探究前沿理论与学术成果向实际应用转化的可行路径，有效规避了研发过程中的盲目性与曲折性，确保了产品的市场适应性与竞争力。此内生的市场导向优势，对于缩减研发成本、提高研发效率具有显著的助益作用。

#### 3. 加速成果转化

“产学研”协同机制促使科研人员的智慧直接渗透至生产实践环节，经由企业的整合、

吸纳、转化与运用，催生出新颖的生产流程、尖端技术、创新产品及高效的管理模式，这些成果随后历经市场的严格考验，实现技术与市场需求的高效对接。此模式极大地加速了科技成果向商业化应用的迈进，为产业整体竞争力的跃升注入了强劲动力。

### （三）优化建议

#### 1. 政府发挥引导作用

在“产学研”协同创新的复杂进程中，政府扮演着举足轻重的角色，其主要功能体现在政策导向、组织协调以及服务保障等多个维度。通过深入探究演化博弈模型，可以进一步发现，政府所推行的监督与激励机制对于促进“产学研”协同创新具有深远的影响。此外，政府在引导过程中的积极作用，对于减少内部保护主义倾向、提升“产学研”协同创新成功率同样发挥着不可或缺的关键作用。

（1）构建公正的利益分配体系成为首要任务。“产学研”合作双方普遍高度重视利益分配议题，演化博弈模型的分析结果也进一步揭示了协同创新超额收益、收益分配系数及成本分担系数对于提升“产学研”协同创新成功率具有显著影响。

（2）优化政策生态促进创新资源整合。鉴于创新主体在资源条件与核心能力上存在差异性，这是驱动其倾向于协同创新的关键因素。因此，政府需致力于打造一个促进资源高效流动、转移及共享的政策环境，为协同创新提供坚实的基础。

（3）健全风险控制体系以应对“产学研”协同创新的多元挑战。为确保“产学研”协同创新进程的稳健推进，必须建立并不断完善风险控制机制，以有效减轻包括成本分担、科技研发、成果商业化及资金安全等在内的多种风险。政府应通过构建全面的风险控制框架，实现对风险的持续监测与即时应对，从而最大限度降低风险对创新活动造成的潜在威胁。

#### 2. 高校发挥研发主力作用

高校会聚了众多高水平的专业技术精英，成为知识孕育与技术转移的核心阵地。充分发挥高校自身的独特优势，对于提升区域创新潜能、驱动经济社会发展具有关键作用。作为“产学研”协同创新的知识策源地，高校依托其人才储备与技术积累，在“产学研”协同创新体系中扮演着研发引领者的核心角色。它们紧密结合市场需求导向，致力于技术创新活动，以期提高科研成果向市场应用的转化效率，从而加速科技成果的商业化进程。

（1）深化高校内部管理机制的革新进程。首要之举在于，为顺应“产学研”协同创新的内在要求，对现有的“产学研”教育课程体系实施优化升级，以期达到更佳的适配效果。

（2）高校应主动投身于产学研协同创新的实践浪潮中。作为高层次创新人才培养的重要摇篮，高校承担着为“产学研”协同创新输送优质人才的重任。而创新人才的不断涌现，根本上依赖高校高效且富有成效的培养机制。鉴于教师在教育事业中的基石地位，高校务必加大对教师教学能力的培育力度，致力于提升教师在产学研教育领域的专业素养与实践能力，从而为“产学研”协同创新注入更为强劲的动力。

3. 企业发挥创新主体作用

（1）企业要强化与创新核心体的交流协作机制。其原因在于，在经济增速调整、新旧发展动力交替及产业结构深刻变革的背景下，创新在驱动经济增长中的作用日益凸显，单一企业的创新能力已难以充分满足社会发展的多元化需求。

（2）企业要深化对“产学研”合作模式的认知与重视。尽管我国“产学研”合作历经多年探索，已衍生出多样化的协同模式，然而从企业与高校及科研机构的合作现状审视，企业对这类合作的重视程度仍有待提升，校企合作领域仍存在较大的拓展空间。

（3）着力增强企业的自主研发与技术创新实力。为应对日益激烈的市场竞争，企业必须切实提升自身的核心技术创新能力，这是企业在复杂多变的市场环境中保持竞争优势的关键所在。

## 二、订单式人才培养模式

### （一）内涵

订单式人才培养模式是产业界的需求向职业教育领域深度融合的产物，其概念界定中，黄尧的观点尤为权威。他阐释道，该模式旨在在高职院校达成人才培育目标的过程中，基于校企双方的深厚信任基础，通过紧密无间的合作形式，以学生实现高质量就业为指引方向，力求实现高职院校、合作企业及高职院校学生三方的共赢局面。为此，高职院校与订单企业订立详尽的合作协议，确保企业在教学目标的设定、教学方案的设计、教学活动的组织以及上岗实训等多个环节中的深度参与和高度的积极性，进而增强人才培养的精准性和实效性。这一模式不仅促进了教育资源与企业需求的精准对接，而且构建了一种促进高职院校、合作企业及高职院校学生共同繁荣的校企合作新范式。

订单式人才培养模式的核心目标在于提升人才培养的精准与实效，辅助目标是增进企业经济与社会价值。该模式下，企业以“订单”形式预订学生资源，学校与企业在教学目标设定、课程体系构建、资源整合等方面深度合作，旨在实现学校、企业及学生共赢。界定其内涵需考虑以下方面。

首先，确立以培养社会服务能力为根本导向，实现学生高质量就业的培养目标；其次，构建课程体系，高职院校需结合订单企业职业规范与岗位需求，与用人单位共设理论与实践结合的课程体系；再次，完善合作机制，通过签订协议强化企业在目标设定、资源共享及计划实施中的参与；又次，建立全面多元的评价机制，确保培养质量；最后，创新管理体制，倡导多方协同参与全过程管理，推动该模式持续优化。

### （二）特征

订单式人才培养模式展现出区别于其他人才培养路径的独特性。首先在于其“定制化”与“协议导向性”，凸显了按需培养的原则。其次，该模式着重于“协同构建”与“合作发展”，强调各方力量的整合与共创。再次，它注重“资源互补”与“优势融合”，旨在发挥各方所长。同时，订单式培养还以“市场需求”为引领，确保教育与产业的紧密对接。最后，“学以致用”的理念贯穿始终，成为人才培养机制的关键构成，这也是其区别于其他产学研结合模式的显著标志。

综上所述，订单式人才培养模式根植于企业与高校双方共有的愿景、深厚的信任基础及深度的协作之上，为毕业生铺设了清晰的职业路径。在此模式下，企业的深度介入不仅实现了双方优势资源与闲置资源的优化配置，还极大地激发了高校、学生及企业的积极性，从而增强了人才培养的针对性与实用性。这一模式不仅促进了学校、用人单位与学生的共赢局面，更是产学研合作领域中的一种高级形态，展现了教育与产业深度融合的广阔前景。

### （三）优化建议

#### 1. 学校方面采取的对策

在探讨“订单式”人才培养模式时，教育机构作为该模式的核心参与者之一，在整个人才培育流程中占据着举足轻重的地位，故而，首先将目光聚焦于教育机构层面以寻求问题的破解之道。

（1）在于强化“订单班”的师资力量建设，致力于打造一支高水平的教学团队。

（2）需对“订单班”的课程体系进行深度优化，以确保教学内容与行业需求的高度契合。

（3）加强高水平实训基地的构建亦是不可或缺的一环，旨在为学员提供更为贴近实战的训练环境。

#### 2. 企业方面采取的对策

在实施“订单式”人才培养模式的过程中，企业需积极践行其主体责任，不仅要担当起人才应用的角色，更要转型为人才培养的中坚力量。

（1）企业应充分发挥其在“订单式”人才培养模式中的主导作用，确保教育与企业需求的无缝对接。

（2）为保障“订单”学生的合法权益，并激发其参与热情，企业需采取切实措施，提升学生的满意度与积极性。

（3）为构建员工持续成长的环境，企业应推行员工终身学习体系，为员工铺设广阔的个人职业发展道路，实现员工与企业的共同成长。

3. 政府方面采取的对策

（1）构建全面且系统的“订单式”人才培养模式考核与评价体系，确保对培养质量的有效监控与反馈。

（2）深化“订单式”人才培养模式在体制机制层面的革新与优化，为模式的稳健运行提供坚实保障。

综上所述，要成功运作“订单式”人才培养模式，需汇聚政府、学校及企业等多维度力量，明确各自角色定位，协同推进。这不仅要求必须精心制定并持续完善相关政策与举措，更需秉持持之以恒的精神，将各项政策与措施切实落地生根，以最大化发挥“订单式”人才培养模式的独特优势，达成学校、企业及学生三方的互利共赢。在此基础上，进一步推动社会服务与区域经济发展的深度融合，为中国式现代化建设贡献积极力量。

## 三、现代学徒制人才培养模式

### （一）内涵

现代学徒制是在传统学徒制的基础上发展而来的，曾经是技艺传承的主要途径。工业革命以后，因传统学徒制难以适应生产需求，最终被正规职业教育所取代。

各国对现代学徒制概念的界定各异，缘于社会、政治、经济等多重因素的不同。虽然界定差异存在，但核心目标均为融合传统学徒制与职业教育，服务于社会经济的繁荣。

现代学徒制模式中，高职院校担当重任，需携手企业调研人才供需，结合职业规律与岗位需求，规划职业发展，剖析职业能力，构建课程体系。校企双方应紧密合作，制订人才培养方案，明确课程设置，建立教学管理与考核机制，确保学徒达成知识、技能及职业素养标准。

此模式为职业人才培养的创新之举，推进了产教融合、校企合作，加速了现代职业教育的发展。它实现了人才需求与供给的精准对接，构筑起利益共同体，确保了各方信息畅通，奠定了共赢基础。

### （二）特征

随着我国职业教育体系在人才培养领域的不断革新，校企合作与工学结合的实践模式日益丰富且紧密。在这些多样化的模式中，现代学徒制作为工学结合人才培养路径的一种重要形态，展现出了其独特之处，相较于其他人才培养模式，存在着显著的差异性和创新性。

1. 校企双元育人

现代学徒制人才培养模式，作为“校企合作”理念下的重要产物，经历了不断的演进与发展。其推行不仅打破了传统职业教育与职业培训在时间维度上的割裂状态，验证了职业教育与职业培训并行不悖的可行性，更标志着一种深度协作模式的诞生。在这一模式下，校企双方携手共进，共同承担起人才培养的重任，从管理、教学到经费筹备等各个环节均实现深度合作与资源共享。

这一创新模式不仅极大地缩短了企业所需人才的培养周期，有效降低了企业在人才培训方面的成本与时间投入，更在确保人才培养质量方面展现出了显著优势。同时，它也为学生提供了一个从学校到职场平滑过渡的桥梁，有助于稳定企业员工的流动率，并为学生的就业提供了坚实的保障。相较于“订单培养”模式，现代学徒制中学校的角色更为突出，是育人的主导力量，而企业则作为深度参与的合作伙伴，不仅提供实习岗位，更全方位融入人才培养的全过程，共同塑造了符合市场需求的高素质人才，实现了真正的多赢局面。

2. 学徒双重身份

现代学徒制的精髓之一在于学徒的双重身份特性，即学徒在学习与工作的双重环境中直接成长，其企业学习时间远超过校园学习。当前，我国现代学徒制主要面向中职（高中）应届毕业生、往届毕业生及企业现有员工进行招生。对于企业员工参与者，他们需在入学时完成学生身份的校园注册；而普通学生则需通过与企业签订劳动契约或协议，正式成为企业的一员。因此，参与现代学徒制的学生兼具学生与员工双重角色，这一特性显著区别于“订单培养”模式下学生单一的在校学习身份，后者主要以校园为中心进行学习。

3. 工学交替

现代学徒制主要采用的培养模式涵盖了工学交替、师徒传承及岗位锻炼等多个维度，这些方式共同构成了其核心的教育路径。

4. 责权利明晰

在协议的有效期内，企业拥有对学徒的使用权及人才所有权，这种明确的权属关系促使企业更加专注于学徒的培养，同时也为学徒提供了稳定的就业前景，激发了其学习的积极性。

在订单培养模式中，企业与学生之间并未签订具有约束力的协议，企业仅作为培养过程的参与者，为学生提供一定数量的顶岗实习机会，旨在缓解短期的用工压力。学生毕业后，并无强制要求留在企业工作，企业亦无须选择订单班的学生，双方均享有充分的自由选择权。这种模式下，培养产权的界定变得模糊，企业缺乏必要的权益保障，导致在学生的实践技能指导上可能出现“公共资源过度使用”的问题，即所谓的“公共用地悲剧”，影响了培养效果与质量。

5. 招生招工一体化

当前，我国现代学徒制试点院校在招生模式上展现出多样化的特点，主要包括三种形式：一是采取先招生后招工的方式，二是实行先招工后招生的路径，三是探索联合招工招生的新模式。与之相对的是，在订单培养模式下，学校承担着独立招生的职责，而企业则通过预设的筛选机制来确定所需人才，并未直接参与招生的具体流程，其角色更多体现在后续的人才预定与选拔上。

6. 双导师教学

在现代学徒制体系中，无论是企业实践导师还是学校专任教师，均需遵循严格的准入标准与规章制度，这些规定清晰界定了他们的职责范围，促使双方能够在明确分工的基础上展开紧密合作，共同致力于学生的全面培养。

在订单培养模式中，则缺乏专门的企业实践导师角色。学生在实习或顶岗实习期间，主要从事的是一些基础性的操作任务，用以缓解企业人力资源的暂时短缺，而并未建立起一套系统完善的培训体系来支撑学生的技能提升与职业发展。

（三）优化建议

1. 构建标准化现代学徒制共识形成机制

（1）实施现代学徒制协同教育体系，首要在于构建校企信息交流与协同平台，此为深度的校企合作人才培养模式的起点。可借鉴英国先进经验，建立校企合作中介平台，促进双方有效沟通。为加强校企联动，需在传统合作模式上，强化政府与行业协会的宏观调控与信息整合作用，不断优化校企协同平台。同时，鼓励引导有意参与人才培养的企业注册登记，形成校企综合名录，实现公正中立的匹配机制。此举将大幅提高学校在推进学徒制中接触并合作企业的数量与质量。

（2）制定现代学徒制标准化契约文件是当前阶段高职院校与企业携手推进现代学徒制人才培养工作的核心联结点，这一标准化合约成为双方合作的基础法律框架与行动指南。

2. 优化现代学徒制协同育人各实施环节

（1）扩大学校企业合作招生的权利，主要表现在以下方面。

①确保高职院校在招生环节拥有充分的自主权，是推进高等职业教育治理体系与治理能力现代化的一个关键举措。首先，通过立法程序为高职院校的招生自主权提供坚实的法律保障，此举对于促进现代学徒制下招工与招生一体化流程的顺畅实施至关重要。其次，立法还能为招工招生一体化的各类活动奠定基本的规范框架，确保这一过程的有序进行。

一个规范且高效的招工招生机制，不仅彰显了国家对现代学徒制的高度重视，而且通过法律手段保障招生自主权，能够在一定程度上增强职业教育在社会公众心目中的认可度与地位。

②强化企业在招工招生过程中的参与度是现代学徒制实施的关键，因为根据现代学徒制的基本原则，企业应深度融入整个育人流程。随着我国市场经济体制的不断深化，原先由企业承担的诸多非生产性职能，如员工培训与发展，已逐步被新型市场经济主体、事业单位及其他社会公共服务组织所接替。然而，现代学徒制所倡导的“招工招生一体化”理念，预示着在新经济形势背景下，企业需重新承担起劳动力的基础培养与岗前培训的职责。因此，确保企业在招工与招生环节中的权利得到充分保障，是实现这一职能回归的重要前提。

（2）推进标准化的课程教材研发，主要表现在以下方面。

①构建专业导向的行业技能指导委员会是推进现代学徒制发展的关键步骤之一。深入剖析现代学徒制的相关政策导向，不难发现，在职业教育的试点实施及后续全面铺开的过程中，标准化课程体系的构筑与高质量教材的研发占据着举足轻重的地位。

②构建一体化的劳动者技能规范体系是我国亟须推进的一项核心任务。政府应着手制定一套能够将职业教育课程内容与企业岗位实训要求相融合的职业技能基准，同时，各省份需在国家统一框架的指导下，细化并明确本地区的具体实施标准。在标准研制的过程中，应广泛吸纳行业协会、高职院校、相关领域的专家学者等多方力量共同参与，旨在凝聚社会各界对于技能规范一致性的广泛共识。这一共识的达成，不仅能有效降低学校与企业合作过程中的交易成本与沟通障碍，更为关键的是，在培训目标与培训内容高度一致的基础上，能够更有效地预防和解决双方在课程体系构建及教材开发领域可能出现的分歧与矛盾。

（3）加强学校企业教师团队建设，主要表现在以下方面。

①明确导师遴选准则对现代学徒制校内导师选拔至关重要。学校应针对专业领域，采用量化评估筛选教师，明确从业年限、专业证书及科研能力的标准，确保选拔客观科学。

在企业导师选拔时，学校需与企业深入沟通资质要求，量化评估实际能力，避免模糊标准。企业应适度开放人才库，赋予学校选择权，从而深度参与选拔，但企业保留最终决定权。

鉴于企业导师的特殊性，建议设立地方或国家最低选拔标准，以保障专业性。也可借鉴欧美管理体系，实施企业导师资格认证制度，以规范管理。同时国家认可提升其职业地位，激励员工积极投身导师职业，促进教师队伍协同发展。

②提升导师培训质量效能，是职业教育凸显“职业导向”的关键，旨在确保导师素养

与时俱进，能快速适应劳动力市场变化。因此，加强双导师队伍系统化培训迫在眉睫。培训需设明确目标，并通过校企共设考核机制验证培训效果，确保教师能力满足现代学徒制发展的需求。

校内导师擅长教学示范与学生管理，企业导师则精于职业技能与职场经验。促进双方优势互补，实现跨域交流至关重要。为此，应提供交流补助，保障培训稳定运行，激发导师团队自我提升的积极性，推动培训机制常态化发展。

③深化导师激励体系的构建是提高教育质量与效率的重要一环。校内导师之所以被甄选出来，很大程度上是基于他们卓越的专业能力和教学水平。在人力资源日益紧张的背景下，确保校内导师享有优渥的工作待遇显得尤为重要，特别是要实施针对学徒制校内导师与校内非学徒制教师的差异化管理策略。

企业应制定一套全面而细致的激励措施，实现对导师队伍贡献的多维度认可与奖励。这不仅有助于进一步激发校内导师的积极性和创造力，还能吸引更多优秀的教师加入现代学徒制导师团队，共同推动这一教育模式的发展与创新，从而构建更加完善、高效的导师队伍。

④建立导师互动与协作平台是现代学徒制协同育人体系中不可或缺的一环，它对于促进导师间的深度沟通与协作具有至关重要的作用。在现代学徒制的教育模式下，企业导师与校内教师要能够在教学层面形成合力，共同推动学生的全面发展。因此，构建一个集线上与线下于一体的导师交流平台显得尤为重要。

促进校内教师与企业导师之间的有效沟通，双方应共同努力，建立和不断完善独立于私人社交平台之外的线上信息交流渠道。这一平台应能够支持多对多的交流模式，便于教师之间分享教学经验、交流技术心得，并就学生的日常管理工作进行深入探讨。此外，校企双方应以合作协议为基础，整合教师资源，合理规划时间周期，定期组织线下交流活动。通过面对面的深入沟通，不仅可以进一步增进彼此的了解与信任，还能更有效地传递信息，提高协同育人的效率与质量。

### 3. 全面构建良性现代学徒制舆论氛围

（1）拓宽现代学徒制教育模式的宣传边界，是提升其社会认知度的关键举措。在推广现代学徒制的过程中，首要任务是转变宣传策略，从原先局限于行业内部的宣传，转向面向全社会的广泛传播。这一转变旨在使更多的社会公众了解现代学徒制这一创新性的、由多元主体共同参与的教育培养模式，从而增强社会各界对这一模式的认识与理解。

（2）增强职业教育社会认可度的多元化策略至关重要。通过深入剖析并借鉴国外职业教育发展的成功案例，从中不难发现，一个国家职业教育的发达程度与其社会公众对该领域的认同水平之间存在着极为紧密的正相关关系。这种认同不仅体现在对职业教育价值的普遍认可上，还深刻影响着职业教育的整体发展水平和社会影响力。

## 四、以就业为导向的人才培养模式

### （一）内涵

职业教育的终极旨归在于为企业精准输送适用型人才，确保毕业生所学能够与实际工作无缝对接。若高职院校的毕业生面临就业困境，这无疑是对学校人才培养模式成效的一种直接质疑。近年来，随着我国社会经济的蓬勃发展，就业岗位虽有所增多，但就业形势的严峻性却与日俱增。鉴于此，众多高职院校纷纷转向构建以就业为核心的人才培养新范式。

回顾往昔，传统高等职业教育的人才培养模式往往盲目追随本科教育的课程架构，与就业市场的实际需求脱节严重。这种脱节直接导致了毕业生在求职过程中遭遇重重障碍，进而造成了教育资源的极大浪费。为此，亟须打破传统框架的束缚，探索一种既遵循高等职业教育内在规律，又紧密贴合就业导向的人才培养新模式，以期实现教育与社会需求的精准对接。

### （二）特征

#### 1. 根据就业需要设置专业

评估一所教育机构专业设置合理性的关键维度，在于审视其培育的毕业生是否能灵活顺应劳动力市场的动态需求与变迁。若毕业生能够顺利融入市场需求，这无疑是对学校专业设置合理性的有力佐证，同时也彰显了该校遵循以就业为导向的教育哲学。毕业生的就业状况与劳动力市场的供需态势及社会经济的发展脉络紧密相连。因此，高职院校在规划设计专业布局与构建人才培养模式时，应采取差异化策略。即对于就业前景明朗、具备竞争优势的专业，应进一步加大扶持力度，致力于将其打造成为学校的标志性专业；而对于那些面临生源短缺、就业困难的专业，则需实施专业转型策略，引导其向就业前景更为广阔的方向调整，以确保专业设置与社会需求保持高度契合。

#### 2. 根据就业需要开设课程和组织教学

毕业生终将步入社会，投身至各自的工作岗位中，因此，高职院校在秉承就业导向的教育理念下，必须着重加强知识的应用性、技能培养及实践操作环节等方面的教学，力求实现理论知识与实践技能的深度融合。优质的高等职业教育体系，不仅要扎实学生的专业知识基础，更要精心策划并组织学生参与多样化的实践性教学活动，构建一个以综合能力培育为核心，同时凸显技能掌握与岗位需求对接的课程教育体系。如此，高职院校方能向社会输送满足要求的毕业生，为学生在毕业后能够迅速适应岗位需求奠定坚实基础，从而为其职业生涯的顺利起步创造有利条件。

### （三）优化建议

#### 1. 高职院校准确定位，凸显学校特色

高等职业教育要想成功，首先要精确定位，明确就业导向，确保人才精准对接市场，契合企业需求，达成教育目标。定位精准源于深入进行市场调研，准确预测行业趋势、岗位变迁及技能要求更新，再结合学校优势，积极调整细分专业领域。重点扶持优势专业，形成办学特色。只有这样才能缩短学生企业适应期，迅速满足市场需求，确保毕业生在企业站稳脚跟，实现稳健的职业发展。

#### 2. 就业为导向，科学设置专业

教育与经济之间存在着一种紧密相连、不可分割的纽带关系，教育是推动经济社会持续前进的关键驱动力，而经济的蓬勃发展又为教育的进步提供了强有力的支撑，两者相互依赖，协同促进。以就业导向为引领，合理且科学地规划专业设置，旨在确保高职院校所培育的人才以“目标导向”的优势与社会需求相契合，实现人才的“精准供给”。这些人才能够直接对经济产生积极影响，更有效地服务于经济发展，从而为我国现代化建设及区域经济的繁荣贡献更大的力量。具体而言，以就业为导向的专业设置策略，核心涵盖了两个层面：一是学校专业的初始设立，二是根据实际需求对专业进行的适时调整与优化。

（1）专业设置的前瞻性考量至关重要。人才培养是一个循序渐进、长期投入的过程，一个专业从其酝酿构思、正式启动建设、逐步培育发展，直至形成规模、彰显特色，这一路上需要倾注大量的人力资源、物质资源和财政支持，涵盖了诸如教学硬件设施的全面升级、教学品质的不断精进、师资队伍的精心打造、专业独特性的逐步塑造、办学经验的点滴累积以及社会认可度的稳步提升等多维度内容，每一项都需历经艰辛努力与持续投入。

专业设置是高等职业教育质量的关键影响因素之一，这要求学校在规划专业设置时，必须立足于自身的实际情况，依托科学严谨的决策流程，以就业市场需求为指引，进行广泛且深入的市场调研，全面把握本行业及其关联领域的当前发展状况，并对其未来走向进行合理预测。

（2）持续优化既有专业结构布局乃当务之急。鉴于当代科技迅猛发展，产业结构、技术架构及产品构成不断迭代升级，作为培育一线技术技能人才的摇篮，高等职业教育所面临的岗位技能要求亦随之日新月异。鉴于此，高等职业教育务必秉持就业导向原则，对既有的专业结构实施持续性的优化调整，以确保专业设置的针对性与时效性，为学生顺利就业铺设坚实基石。当前阶段，高职院校应紧密结合自身的教育目标、院校定位及办学资源，灵活机动地规划并调整专业方向，强化专业设置与市场需求的紧密联动。

### 3. 重视能力培养，创新课程体系

在当今这个日益加剧的竞争环境中，学生唯有具备一定的能力，方能在社会中站稳脚跟，于激烈的角逐中存活并融入其中，获得社会的认可与接纳。此种赖以生存的核心能力，主要依托在校期间课程的学习与实践而得以获得或逐步构建。因此，高职院校必须紧密围绕就业导向，对课程体系进行革新，着重培养学生的综合能力，这不仅是职业教育的核心使命，也是其不可推卸的责任担当。依据社会对能力的多元化需求，可以将人的能力划分为三个关键层面：一是强化学生的专业技能培养，二是提升学生的通用能力，三是注重学生基本人文素质的培养与熏陶。

（1）着重强化学生专业技能的培育是高等职业教育的核心任务。作为以培养技能型人才为主要目标的教育类型，职业教育本质上是一种就业导向的教育，它应紧密对接社会需求，特别是企业的实际需求，致力于为企业输送适配的人才。高职院校应将专业技能的培育深度融入整个课程体系之中，从课程的规划布局、教学资料的甄选、教学活动的执行直至课程效果的评估，均应以学生未来就业岗位所必需的职业能力和专业技能为基准点和核心要素。

在课程规划阶段，应优先安排那些与学生未来职业能力、专业技能高度相关的课程，对于特别关键的课程，甚至需增加课时以强化学习；而对于那些与未来就业关联度不高的课程，则可通过缩减课时、设为选修模块或适时剔除等方式进行优化，以确保学生能将宝贵的时间集中投入核心课程的学习与实践。在课程实施及考核环节，需清晰界定每节课程、每个教学模块的能力达到目标，并配套制定相应的能力达标测试机制，从而确保学生能够切实掌握所需的职业能力。

（2）着重培育学生的通用能力具有重大意义。此类能力的培养显著增强了学生对多样职业环境的适应性，有效拓宽了学生的就业领域。它弥补了因过度专注于专业技能学习而可能引发的知识结构“片面化”、能力发展“不均衡”等问题，如“偏科”现象及特定能力上的“短板”。同时，它也有效应对了学生面对职业变迁时可能遭遇的岗位适应挑战。此处所提及的“通用”能力，涵盖了诸如：有效沟通与交流的技艺、深入分析与妥善解决问题的能力、自我管理与持续发展的潜能、协同团队工作的协作精神，以及推动创新的思维能力等多方面素养。

（3）高职院校应将培养学生的人文素质置于重要位置。学生所需具备的人文素质，广泛涵盖了树立正确的世界观、人生观及价值观，培养良好的心理状态、高尚的职业道德以及卓越的个人品行等多个维度。总体而言，高职院校需增强对在校学生人文素质教育的重视程度，致力于塑造学生正确的“三观”体系，提升学生的心理韧性以应对挫折，培育学生积极向上的生活哲学，深化学生对敬业精神和诚信品质的职业道德认知，并激励学生持

续提升个人修为。为此，高职学校应将人文素质教育全面融入学校的各项教育教学活动中，并推进相关课程体系的建构与完善。此外，还须注重校园文化的培育与氛围的营造，让学生在潜移默化中受到熏陶，实现人文素质的全面提升。

4. 积极改进教学方法和手段

教学活动其本质为“教”与“学”的互动，提高学习效率、转变学生学习态度至主动学习乃至乐于学习，核心在于教师能否灵活运用教学策略。策略作为教学任务达成、目标实现及品质提升的基石，是影响人才培养质量的关键。高效策略能激发学习热忱，提高教学效率。

教师可运用情境模拟法，构建与课程紧密联系的情境，置学生于其中，引导其运用知识剖析问题，深化理解掌握。案例分析法亦很有效，可选取高度相关案例，鼓励学生独立分析，锻炼其团队协作与问题解决能力。项目式学习同样值得推广，将课程内容科学划分模块，细化能力为项目，结合情境模拟或案例分析，实施综合教学。

5. 采取有效措施，加强师资建设

高职院校的教学品质是其持续成长、塑造品牌形象的核心要素。学校教师的教学能力，作为直接影响教学品质的关键因素，其提升与否直接关系学校教学质量的优劣。因此，强化师资队伍建设成为提高教学质量的关键举措，有效的师资队伍建设举措对推动教师专业素养的持续提升、优化人才培养质量、促进学校的稳健发展具有深远意义。具体而言，加强师资队伍建设可从以下四个维度着手：一是建立健全师资建设的制度保障体系，为教师的专业成长提供坚实的制度支撑；二是加大对教师校内外研修及培训的力度，拓宽教师的知识视野，提升其教学技能；三是积极鼓励教师参与社会实践，以增强其实践教学能力，促进理论与实践的深度融合；四是加强兼职教师队伍的建设，引入行业专家与能手，丰富师资队伍结构，提升教学团队的实践指导能力。这些措施的实施，将为学校教学质量的全面提升奠定坚实基础，推动学校的长远发展。

（1）制度支撑体系构建。师资建设保障制度的出台，为强化师资队伍建设指明了具体路径与实施策略，为教师个人能力的持续提升构筑了坚实的制度基石，提供了明确的导向与保障，旨在有力支撑并推动学校朝向更加卓越的未来发展方向稳步迈进。

（2）教师专业发展路径之一在于参与多样化的校内外研修与培训活动。鉴于社会经济环境的迅猛发展与持续变革，教师知识体系亦需紧跟时代步伐，不断更新迭代，以确保向学生传授知识的时效性与精准性。为此，教师可依托校内外提供的研修与培训资源，不断深化自身专业理论素养，促进教学技能的稳步提升，实现个人专业成长的持续跃迁。

（3）实践操作体验是高职院校人才培养的关键一环。鉴于高职院校旨在培养一线技术操作人员，这就要求其课程设置需凸显出强烈的实践导向，这也是职业教育相较于普通教育所独有的特色所在。因此，高职院校的教师应当高度重视课外实践活动的组织与实施，通过实践操作体验使教师能够积累丰富的行业、企业及具体岗位经验，进而将实用的行业专业知识与岗位技能精准地传授给学生，确保学生所学知识与技能既实用又有效。其中，尤为关键的是教师应积极投身于企业的顶岗实习，亲自深入企业基层、亲临一线工作岗位进行现场实操，这对教师实践教学能力的提升具有直接的促进作用，是教师进行实践操作体验的最核心途径，也是教师助力学校实现技能人才培育与岗位需求无缝对接的关键环节。

（4）构建兼职教师资源体系对提升高等职业教育教学实效性至关重要。高职院校应吸纳企业一线实操经验丰富者，参与实训教学、提供技能指导，组织专题集训，增强课程实用性。同时，邀请业界精英、技术领袖、学者教授举办专题讲座，拓宽学生知识视野，提高认知水平。

为充实兼职教师队伍，高职院校需建立资源库，系统化管理兼职教师信息，持续跟踪流动情况，实现灵活调度、有序安排、动态管理。建立稳固长期合作关系，构建与学校发展、企业需求相契合的兼职教师发展平台，推动高效培养学生，助力学生适应企业需求，实现个人职业成长。

### 6. 建立有效的考核评价体系

为了持续提高并确保教育教学质量，高职院校应积极构建并优化一套全面且细致的考核评价机制。此机制旨在通过“学生反馈、教师自评及他评、社会评价”这一多元化的三维评价体系，对学校的各项工作展开科学、客观且有效的评估，从而确保人才培养质量稳步提高。通过这一系列精心设计的考核流程，高职院校不仅能够精准衡量教育教学成效，还能有效促进教育教学质量的循序渐进式提高。

（1）学生学业评估体系构建至关重要。此体系兼具检验学生学习成效与激励学生学业进步的双重职能，是教育教学流程中不可或缺的环节。在构建学生学业评估体系时，学校应避免考核方式的单一化，以免导致评估结果的片面性。相反，应着手打造一个多元化、全方位的学业评估框架，该框架需涵盖学生在校学习的各个维度，力求实现对学生学业表现进行科学、立体且全面的评价，从而确保评估结果的客观性与准确性。

（2）教师绩效评估体系之构建至关重要，鉴于教师的教学成效直接关乎整体人才培养的质量及学生的社会适应能力，学校需建立一套科学严谨的教学监督与评估机制。此机制可涵盖多个维度，如通过督导团队随机旁听并评分、教研室负责人听课并给予评价、本教研室同人集体听课并综合评价，以及学生对教师教学反馈等多种方式，全面监控教师的课堂教学表现；同时，亦可通过对教师授课计划的审核与评比，深入监督其课前准备情况。通过上述多维度的教学质量监控及细致的考核评价流程，旨在激励并促进教师持续提升其教学水平，确保教育质量的不断优化。

（3）社会评价是衡量学校教育质量的关键。学生职场表现与职业发展，是评估职业教育质量的核心指标。高等职业教育聚焦于就业导向的人才培养。为此，高职院校需在人才培养目标、专业设置、课程体系、教学方法、师资队伍、评价体系等多维度深入实践，探索构建以就业为导向的新型人才培养模式。该模式旨在培养契合社会需求的高技能复合型人才，回馈社会经济，促进全面发展与繁荣，完成历史使命。简言之，高职院校需不懈创新人才培养各环节，培养高素质技能型人才，担当教育培育责任，推动经济发展，实现高等职业教育的崇高目标。

## 第三节　高等职业教育人才培养模式的发展对策

### 一、培养目标着眼于现在与未来

#### （一）明确人才培养目标

构建高等职业教育人才培养模式，首要是确立清晰的培养目标。目标不明，教育如同无舵之舟，难以推进。我国高等职业教育的目标需紧随时代脉搏，依社会需求适时调整，从技能型向综合型、再向高素质技能型转变，目标指向性日益明确，强调个体成长与职业全面发展。因此，制定目标时，既要立足现实，又要瞻望未来，在培养基本职业素养的同时，注重终身学习能力、创新思维及适应力的提升，为个体成长与社会发展奠定坚实基础。

#### （二）培养适应经济发展的高素质创新型人才

我国高等职业教育在明确的人才培养目标指引下，专业课程与经济结构关联紧密，蓬勃发展，毕业生就业率高，为社会进步注入了强劲动力。面对新时代创新创业号召，高职院校需践行新发展理念，确保人才培养契合社会需求，紧跟时代步伐，助力新质生产力的培育和提升。教育体系的宗旨在于培育全球视野、未来导向的高素质人才。因此，高等职业教育需洞察世界趋势，预见未来需求，更新专业设置，传授前沿知识；并以生产力进步为出发点和归宿，调整学科，革新课程。唯有持续发展，方能领先时代，为生产力发展提供人才支撑，推动社会经济繁荣。

### 二、转变教育思想以及办学理念

#### （一）树立以学生为主体的教育思想

高等职业教育应树立以学生为主体的理念。构建以学生为中心的教育框架，培育其个性发展，激发学习动力、创造性和积极性，点燃求知热情，为学习旅程提供持久动力。面对新机遇，革新高等职业教育人才培养模式，首要在于树立学生为本理念，遵循学生成长规律，促进学生全面发展。此模式下培养的学生，将更适应经济社会发展，满足多元需求，为社会进步贡献力量。

### （二）办学理念由封闭转向开放

学校办学理念作为其发展的精神指引，深刻影响其发展的广度与深度，其发展状况亦与理念开放度紧密相连。近年来，我国高等职业教育理念开放性对人才培养模式革新影响深远。开放性主要体现在：一是校企合作开放，推行校企深度合作，深化产学研融合，打破封闭办学，促进区域经济服务及自身发展；二是教育体系开放，强化社会服务功能，培养符合社会需求的高素质人才；三是机制开放，加强校际沟通协作，借鉴办学经验，定期举办多校研讨会，互派专家师生交流，共促职业教育发展，培育杰出职业人才。

## 三、专业设置以市场需求为发展方向

### （一）以服务区域经济发展为导向

供给侧结构性改革加速推进，教育领域亦需紧随其后。在高等职业教育中，高职院校应摒弃单一模式，围绕地域特色与资源，整合区域信息、人才、物质资源，依托优势，构建特色专业，提升课程灵活性与适应性，强化与地方经济互动。同时，高等职业教育需坚持人才培养与服务社会的宗旨，促进区域经济和谐共生，协同发展，共同繁荣，实现共赢。

### （二）专业设置动态化，满足社会需求

学生所需的核心在于实践能力，因此，课程体系的规划应当逆向推导，从学生必备的技能与素养出发。专业课程架构的革新需紧密贴合就业岗位的实际需求，依据社会及企业对人才的多元化需求与标准，实施分层次、分类别的培养模式。这种培养模式不仅涵盖学历层次的划分，更强调在人才类型上的差异化、特色化培育，以确保每位学生都能获得与其职业规划相匹配的专业技能与综合素质。

专业设置应当紧密贴合市场需求，避免过度细分专业方向，同时，课程的开设不应单纯依据师资现状来决定。若某个专业领域的社会需求量长期且稳定地保持在一个较高水平，那么根据这一需求量来灵活调整专业设置，亦不失为一种可行之策。然而，若忽视社会需求，一味追求专业的过度细分，不仅会导致专业与行业之间的对应关系变得模糊，与其他行业的区分度亦会减弱，进而可能造成所培养的人才与社会的实际需求之间存在显著的偏差与脱节。因此，在专业设置的过程中，务必充分考虑并尊重市场的需求导向，以确保人才培养的针对性与实效性。

同时推行专业设置动态管理，建立市场导向、开放灵活的预警与退出机制体系，引入第三方评价进行动态调整。基于培养质量和就业状况，实施专业预警，撤销就业率低、生源不足专业；缩减就业不畅专业招生；强制退出招生难、前景暗专业。此举旨在解决教育“供需”结构性失衡，寻求平衡点，优化资源配置，提高利用效率。

## 四、建设现代化职业教育体系和课程体系

### （一）构建新时代职业教育体系

我国高等职业教育发展重心在于满足社会对人才的多元需求，构建现代教育体系。高等职业教育的独特优势在当前社会已充分凸显。面对新的挑战，高等职业教育需聚焦人才培养模式创新，革新办学理念，深度改革学科教育模式，剔除不合时宜部分。应综合考量历史、现状与未来趋势对现有职教体系进行评估。专业建设需对接产业发展，探索新型专业集群模式，引领产业升级。

### （二）教学内容方面注重理论与实践相结合

在教学内容上要高度重视将理论知识与实践操作相融合，鉴于高等职业教育在人才培养方面的独特性，其对培养学生的实践能力提出了更为严苛且系统的要求。在构建课程体系及规划教学内容时，应着重强调理论与实践的紧密结合，确保在理论教学告一段落后，能够迅速衔接相应的实践教学环节，从而让学生在扎实掌握基础理论的同时，能够即时运用所学，将理论知识转化为实际操作技能。在整个人才培养流程中，应适度提升实践教学的比重，建议其在总课时中的占比达到半数左右。在实践教学的实施过程中，切忌采取“一刀切”或一概而论的做法，而应依据学生的实际情况进行差异化教学，妥善平衡理论教学与实践教学之间的关系，精心制订出一套符合学生个性化发展需求的实训方案，以确保实践教学活动的有效性与针对性。

为了构建科学且具可行性的实训框架，高等职业教育在课程结构与教学内容的设计上，必须将培养学生的职业能力置于核心地位，并着重强化其实践操作技能的锻炼。基于此，教学活动可被精心划分为初步认知期、技能实操演练期、综合能力培育期及毕业实践应用期这四个紧密相连且相互协调的学习阶段。这四个阶段构成了一个循序渐进、环环相扣的教学链条，通过它们的逐步展开与深入，学生实践能力的培养得到了持续不断的巩固与深化。每一阶段都是对前一阶段的延伸与提升，确保了学生实践技能的全面系统发展。

要积极构建校外实践教育基地。对于高职院校学生而言，将理论知识转化为实际操作技能的过程不可或缺地依赖实践训练环节，而实训基地则成为这一“转化”历程中的关键舞台。除了在校内设立实训场所，学校还应积极拓展与外界社会的连接，建立校外实践教育基地，以便学生能够在校园外的真实环境中进行实践锻炼，从而使其实践内容更加贴近

日常生活与社会实际。值得注意的是，实训基地的建设对于学校而言是一项重大的投资，这就要求学校积极寻求外部合作，审慎选择与人才培养紧密相关的合作伙伴，以确保实训基地的建设既符合教育需求，又能实现资源的有效利用与共享。

### （三）构建以职业能力为核心的课程体系

职业教育初期，受本科教育影响，我国高等职业教育课程体系曾固化为基础、专业基础及专业课程模块，导致学生实践能力培养不足，难以满足新时代社会对高技能人才的需求。如今，高等职业教育课程模式已转向灵活多样，赋予了学校更大的自主权，为培养理论实践兼具、综合素养高的人才奠定了基础。

高等职业教育人才培养方案的核心是构建职业能力为本的课程体系。各专业培养并非孤立存在，而是具有内在联系的网络。其精髓在于强化应用能力锻炼，通过课程逻辑关联分析，科学整合内容，形成条理清晰、系统完备的课程体系，促进学生全面发展。

现代信息技术的进步深刻影响着教育领域。高职院校应拥抱高新科技，借助计算机技术革新课程内容和教学方法。因此，深化校企合作，共创现代化课程体系成为迫切需求。应充分利用信息技术，深度改革创新课程体系和教学内容，建立动态迭代机制，确保教学内容的时效前沿。同时，优化结构，整合资源，打造全面培养创新实践能力的现代化课程体系，适应信息时代对高技能人才的要求。

## 五、改变传统的培养途径，加强校企合作

### （一）由单一办学模式向学校与企业资源共享转变

随着高等职业教育规模扩张加速，资金与资源成为发展的瓶颈。资源匮乏、资金短缺致使基建滞后，制约了高等职业教育的整体发展及人才培养质量。因此，部分高职院校转变理念，反思传统模式，加大改革创新。一方面，寻求政府政策资金支持；另一方面，积极与企业合作，高效整合企业资源。办学模式由封闭转向开放，由单一趋于多元，构建校企资源共享、合作共赢平台，推动了多元化发展。此举弥补了单一模式的缺陷，促进了校企互利共生、协同发展。

### （二）校企联合，促进产学研结合

我国高等职业教育若要实现跨越式发展，就必须摒弃故步自封的陈规陋习，转而“敞开怀抱”，充分发掘并利用广泛的社会资源和条件，实现社会资源与学校资源的深度融合与高效整合，积极探索并实施“产学研”一体化的新型办学模式。在此背景下，为了进一步提高教学质量并弥补校内教师在实践经验上的不足，高职院校可以积极邀请社会上的杰出企业管理者或行业专家走进校园，为教师及学生开设专题讲座或授课，以此拓宽师生的知识边界。同时，学院应定期组织师生前往政府相关部门或企业进行实地考察与学习，以

此拉近学校、社会及企业之间的距离，促进三方之间的深度融合。此外，学院还应邀请知名专家学者来校举办学术讲座，以此开阔师生的学术视野。在办学条件允许的前提下，学院更应积极探索与国外相关大学的合作办学路径，通过学生互换交流项目，不仅与国外高校建立起稳固的合作关系，还能够培养出具备国际视野的高素质人才。

在职业教育领域，学生作为高职院校提供的教育“产品”，其能否契合企业的实际需求，这一评判权掌握在企业手中。特别是在当前社会经济形态日新月异、新业态层出不穷的背景下，高职院校在课程体系的研发、实训基地的构建以及教师队伍的专业成长等方面，均需企业的深度介入与悉心指导。面对新业态的不断涌现，高职院校更需与企业携手，共同探索课程体系的创新、联合修订人才培养规划、协同开发实训基地、合作培育精准对接市场需求的人才，并推动教师资源的双向流动与共享，以期培养出真正符合企业期待的高素质技能型人才。

高职院校在面对企业日益多元化、动态化的需求时，必须勇于革新思维范式，灵活调整人才培养策略，与企业并肩作战，共同参与人才培养方案的修订，不断深化校企合作的内涵，主动贴近企业的实际需求，积极构建校企合作的新平台。在此过程中，学校与企业可依托互联网平台，建立起一套涵盖专业标准、课程标准、技能标准等在内的全方位人才培养体系，通过互联网这一桥梁，实现教育资源与产业需求的无缝对接，共同推动职业教育的高质量发展。

# 第四章　高等职业教育人才培养质量评价

## 第一节　高等职业教育人才培养质量评价概述

### 一、高等职业教育质量

当前，高等教育受到前所未有的重视，而高等职业教育更是引发了公众的广泛关注，成为社会各界热议的焦点之一。由于学者在高等职业教育领域持有多样化的认知视角，故而催生了诸多不同的高等职业教育质量研究学派与见解。这些从不同维度对教育质量进行的深入剖析，对于推动高等职业教育的蓬勃发展起到了至关重要的作用，并作出了不可磨灭的贡献。通过多元化的质量分析框架，不仅丰富了高等职业教育的理论体系，更为实践层面的改革与创新提供了有力的理论支撑。

#### （一）高等职业教育质量基本概念

1. 质量

有学者认为，质量关联工业产品性能与价值评判，而另有学者强调质量体现在消费者全程的主观感受。实质上，质量是客观事物满足需求的效能表现。前者聚焦于产品本身，而后者则重视整体服务体验。陈桂生学者指出，在高等教育领域，学生、高校、企业等构成多元质量标准主体。据此，我们将质量定义为契合实体需求并在附加价值层面发挥作用的综合性评估。

2. 职业教育质量

关于职业教育质量，主要存在以下三个维度的阐释：首先，职业教育的核心宗旨在于推动社会的进步，致力于为社会的发展贡献力量并提供服务；其次，职业教育需紧密贴合社会对其多样化的需求与深切期望；最后，职业教育理论的不断革新与完善亦是其质量提升的关键所在。值得注意的是，职业教育质量并非一成不变，而是会随着时代的变迁而不断演化，以适应时代发展的新趋势。具体而言，职业教育质量在进入现代文明的不同历史阶段，其所呈现的特征与要求存在着显著的差异，这也充分彰显了职业教育质量随时代变迁而不断调整的必要性。

3. 高等职业教育质量

随着时代的演进，高等职业教育正经历着持续的发展与变革，然而，在教育工作者群体中，对于高等职业教育质量的内涵界定依旧未能达成共识。部分学者强调，高等职业教育质量的高低可以通过高职院校毕业生所展现出的综合素养水平来加以衡量；而另一些学者则认为，高等职业教育质量的核心在于其是否能够充分满足当前社会发展的迫切需求。这两种视角分别从个体发展与社会需求两个维度出发，对高等职业教育质量进行了深入的剖析与解读。

### （二）高等职业教育质量标准

一般而言，标准被视为在达成既定目标进程中，用于评估实现程度的一种重要手段或参照。“评估”的过程，本质上为一种衡量活动。随着时代的更迭与演进，高等职业教育的目标亦随之发生转变，与之相适应，其质量评价的标准与体系亦会呈现出相应的差异性与多样性。

## 二、高等职业教育质量评价

### （一）高等职业教育质量评价内容

近年来，我国积极推行国际认可的高等教育普及策略。高等职业教育为广泛满足社会需求，加速推动普及化的进程。在其大众化教育背景下，质量成为社会关注的焦点。因此，在确保质量稳步提高的同时，适度扩招利于高等职业教育长远发展。在此背景下，科学全面评价高等职业教育质量至关重要。

1. 高等职业教育质量评价原则

高等职业教育质量评价，本质上是对教育领域内的评价客体进行的一种深入的价值评估活动。这一评估活动的基石，在于广泛收集的客观、确凿的资料。为确保评价成果具备高度的客观性与实效性，在实施高等职业教育质量评价的过程中，必须恪守一系列核心原则，这些原则构成了评价工作科学性与公正性的重要保障。

（1）在构建高等职业教育的质量评价体系时，需以实操性为主导，理论性为支撑，充分尊重其内在的发展逻辑与规律。此外，该体系还需确保在实际教育教学实践中具备高度的可行性与可操作性。在设计教育质量评价体系时，应着重考虑以下几个方面：首先，需清晰界定教育评价的目标，并确保评价结果与既定目标高度契合；其次，相关理论应能有效验证并支撑教育质量评价体系的科学性与合理性；再次，通过构建实用性的模型、明确的程序及详尽的操作指南，使教育质量评价体系易于被实践者所掌握与应用。最后，所构建的评价体系亦需获得高职院校的广泛接纳与认可，以确保其在实际应用中的有效性与权威性。

（2）在教育质量评价体系的构建中，实效性占据核心地位，而全面性则发挥辅助性作用。一个完备的教育质量评价体系，必须融合全面评价与重点评价、过程评价与结果评价等多种方法，这些方法相互支撑、互为补充，共同构成评价体系的多元维度。在实施教育质量评价时，评价的实际成效与实用性显得尤为重要，是衡量评价工作成功与否的关键。为了确保教育质量评价既系统又全面，评价主体在开展工作时应秉持全局视角，从整体框架出发进行考量。同时，还需紧密结合当地高等职业教育的具体办学实际与现状，坚持从实际出发的原则，确保评价工作的针对性与实效性，从而推动教育质量评价体系的不断完善与优化。

（3）教育质量评价指标体系构建时，动态性居主导，静态性为辅助。体系内容需保持相对稳定性，体现静态特征；而教育过程的不断演进构成动态基础。教学活动变化时，教育质量亦随之动态变化。因此，评价体系需随内外环境动态调整优化，以适应教育新需求与挑战。

2. 高等职业教育质量评价主体

为获取真实可靠的评价结果，评价主体在教育质量评价时应采用多元视角，全面精准收集信息，避免数据局限。高等职业教育领域，评价主体由相关利益方构成。本书将从学生、企业及高职院校三维度，深入剖析评价高等职业教育质量。

（1）从组织理论视角审视，高职院校作为一类组织形态，其存续的根本在于承载着特定的职责、使命或天职。高等职业教育致力于达成的终极愿景，乃是其可持续发展能力的塑造与提升。在当下市场经济蓬勃发展的背景下，高职院校唯有精准定位自身，明确发展方向，并着力培育与彰显其独特、持久且和谐的发展动能，方能实现持续进步，进而确保并增进高等职业教育的整体质量。高等院校的繁荣发展，深深植根于其内在的发展潜力之中，这也是学校教育的坚固基石。在教育实践的日积月累中，教育理念得以不断孕育与滋养，进而催生出这种发展动能。值得注意的是，尽管高职院校可能处于相似的办学层次，但它们所展现出的教育发展力却远非千篇一律，而是各具特色，深受各自独特条件与路径的影响。

（2）企业在高等职业教育中扮演最终用户角色，与用人单位共为主要服务对象。高等职业教育如同熔炉，毕业生能否满足企业需求，关乎学校前景与形象。企业接纳人才的关键在于其是否符合利益。因此，高职院校声誉与毕业生就业受企业满意度深刻影响。毕业生就业情况对高职院校生源吸引力及教育发展意义重大。高校对企业需求的洞察反馈，将引导学生职业选择，影响企业招聘及长远发展。除学生满意度外，企业满意度也成为高等职业教育研究的重要焦点。

（3）学生是高校存续的基石，一旦生源枯竭，高校将面临生存危机，甚至可能走向衰亡。因此，在教育质量评价体系的构建中，必须充分纳入学生的视角，深切关注学生的成长与发展。学生身为教育的接受者，正是高校存在与发展的根本动因。故而，学生学习成果的增进程度，无疑成为衡量高校教师素养及教育水准的重要标尺。基于此，学生在质量评价活动中理应占据核心位置，而非被边缘化处理。在教育这一复杂生态系统中，学生作为核心利益相关者，兼具双重身份。一方面，他们是教育服务的消费者，通过“投资”教育以满足个人学习需求，促进自我成长与素质提升；另一方面，他们又扮演着教育成果输出者的角色，将所学专业知识与技能转化为实践力量，贡献于企业与社会的发展之中。

#### 3. 高等职业教育质量评价指标

评价指标可细分为两大类别：一类为硬性指标，另一类则为软性指标。硬性指标通常指的是那些稳定性较强且精确度较高的评价指标，而软性指标则往往呈现出较大的变动性及相对较高的模糊性。我国高等职业教育质量体现在生源、师资、设施、课程设计及学生实践能力等多维度。教育质量评价指标体系含指标分解、权重分配及评价标准三大子系统。指标分解子系统依据评价目的及理念，细致划分评价指标。权重分配子系统通过赋值反映各要素重要性。评价标准子系统则衡量评价对象达成预定目标的程度。

### （二）高等职业教育质量内部质量评价

#### 1. 现行的高等职业教育质量评价机制

我国现行的高等职业教育质量评价主要依托高职高专院校人才培养工作水平评估。评价标准以教育部《高职高专院校人才培养工作水平评估方案》为依据。由各省教育主管部门对其辖区内的高职院校开展三年一次的教学质量检查。由于其是在教育行业内部开展的工作，因此，它应属于在教育行业内部对教育质量的评价。

表 4-1 列举的是教育部最新公布的并且已经得以实施的高职院校人才培养工作评估指标体系。

**表 4-1　高职院校人才培养工作评估指标体系**

| 主要指标 | 关键要素 | 通过标准 | 重点考察内容 |
|---|---|---|---|
| 1.领导作用 | 1.1 学校事业发展规划 | 学校制订了事业发展、师资队伍建设、专业建设等规划及实施方案，学校事业发展规划符合区域经济或行业经济发展规划 | ①学校事业发展、师资队伍建设、专业建设等规划及实施方案<br>②当地区域社会经济发展规划或行业经济发展规划 |
| | 1.2 办学目标与定位 | ①学校办学指导思想、办学理念、发展目标、办学形式、服务面向等定位准确、思路清晰，专业建设对接行业、区域基础产业或支柱产业或优势产业<br>②全日制普通高职院校办学规模适宜、稳定；短期培训种类、规模逐步增加；全日制中职生、对口升学考试入学学生、五年制学生、“3+2”学生、专升本学生、成人高职学历教育学生规模逐渐减少，比例未超过国家规定的上限要求；未举办全日制或各类成人本科（含专升本）教育 | ①学校事业发展规划<br>②学校年度工作计划与总结<br>③在校生结构<br>④短期培训情况 |
| | 1.3 对人才培养重视程度 | ①学校重视对人才培养的投入<br>②学校领导重视高等职业教育理论研究，积极参与教育教学改革，突出教学中心地位，关心师生工作、学习和生活状况<br>③重视与区域社会及产业合作育人 | ①经费收入与支出<br>②领导关注教学与学生情况<br>③教师培训进修及有关政策<br>④校企合作<br>⑤资助体系 |
| | 1.4 校园稳定 | 校园安全、稳定、和谐 | ①学校有关稳定的规定和应急预案<br>②无校园不稳定事件、违规办学事件发生<br>③和谐校园创建情况 |

续表

| 主要指标 | 关键要素 | 通过标准 | 重点考察内容 |
|---|---|---|---|
| 2. 师资队伍 | 2.1 专任教师 | ①基础课专任教师注重学历、职称提高<br>②专业课专任教师强调技能水平提高及增加企业一线工作经历 | ①专任教师基本情况<br>②师资队伍建设与管理有关规定 |
| | 2.2 兼职教师 | 从行业、企业聘请技术能手，承担实践技能课程的比例逐渐提高，并注重对他们教学能力的培训 | ①兼职教师基本情况及承担实践课的比例<br>②兼职教师队伍建设与管理有关规定 |
| 3. 课程建设 | 3.1 课程内容 | ①课程设置符合高素质技能型专门人才培养目标和专业相关技术领域职业岗位（群）的任职要求<br>②以职业能力培养为重点，与行业企业合作进行课程开发与设计，课程模式以工作过程为导向、以工作任务为主线，实现工学结合，符合职业性、实践性和开放性要求<br>③根据区域、行业经济社会发展需求和职业岗位实际任务，依据职业资格标准，选取课程内容<br>④注重构建并实施了课程评价体系 | ①人才培养方案<br>②课程标准<br>③校企合作开发课程<br>④学生学习指南<br>⑤课程建设情况 |
| | 3.2 教学方法手段 | ①重视学生在校学习与实际工作的一致性，有针对性地采取工学交替、任务驱动、项目导向、顶岗实习、课堂与实训室（场）一体化等体现“教、学、做”合一原则的教学模式<br>②根据课程内容和学生特点，教学方法灵活多样，考核方式灵活、恰当<br>③充分利用现代信息技术进行模拟教学，积极开发虚拟工厂、虚拟车间、虚拟工艺、虚拟实验 | ①课程教学设计<br>②教学方法、手段<br>③考试/考核方法<br>④授课地点 |
| | 3.3 主讲教师 | 基础性课程以具有专业背景的校内专任教师主讲为主；实践性课程主要由企业、行业技术技能骨干担任的校外兼职教师讲授为主 | 授课教师情况 |
| | 3.4 教学资料 | 选用优秀新版教材；与行业企业合作开发实训教材；教辅资料充足，手段先进 | ①选用教材<br>②校企合作开发教材<br>③馆藏图书资料<br>④校园网 |

续表

| 主要指标 | 关键要素 | 通过标准 | 重点考察内容 |
|---|---|---|---|
| 4. 实践教学 | 4.1 顶岗实习 | ①顶岗实习覆盖率高<br>②顶岗实习时间原则上不少于半年<br>③建立了顶岗实习管理机制 | ①顶岗实习计划<br>②顶岗实习记录<br>③校外实习基地 |
| | 4.2 实践教学课程体系设计 | 实践教学纳入课程体系的整体设置中，理论教学应与实训、实习密切联系，实践类课时占总教学时间的50%以上；行业、企业参与教学方案设计 | ①课程设置<br>②产学合作 |
| | 4.3 教学管理 | 校内实训、校外实习、顶岗实习管理制度建设完善；安排有专职校内实训、校外实习指导教师和政治辅导员 | ①校内外实践教学管理<br>②教学质量管理<br>③教学管理人员<br>④学生管理人员 |
| | 4.4 实践教学条件 | 校内实训基地和校外实习基地条件能够满足教学计划的安排，实践教学经费有保障；行业、企业参与实践教学条件建设 | ①校内实训基地<br>②校外实习基地<br>③实践教学经费<br>④专业合作<br>⑤社会捐助 |
| | 4.5 双证书获取 | 有相应职业资格证书专业的毕业生获取“双证书”的人数达到毕业生的80%以上 | 职业资格证书 |
| 5. 特色专业建设 | 5.1 特色 | ①专业教学条件、建设目标、建设规划、培养模式、教学设计、课程体系与教学内容、实践教学、教学方法、教学团队、社会服务以及人才质量等方面特色明显<br>②学校已经形成特色专业，主要表现是：专业设置符合区域、行业经济发展需求；制订的人才培养方案体现工学结合，课程体系体现实践性、开放性和职业性，专业与课程建设取得一定成效；积极参与开发国家或省级规划教材以及特色校本教材建设与开发；生产性实训、顶岗实习、职业技能培训、职业资格标准开发、职业资格鉴定等取得一定成效；专业带头人和骨干教师建设、双师结构的教学团队建设成效明显；毕业生就业率高，就业质量好，形成了重点专业为龙头、相关专业为支撑的专业群；积极开展社会服务，成效明显 | ①专业教学经费<br>②专业设置和调整机制<br>③人才培养方案<br>④特色专业建设规划<br>⑤特色专业剖析<br>⑥就业率、就业质量 |

续表

| 主要指标 | 关键要素 | 通过标准 | 重点考察内容 |
|---|---|---|---|
| 6. 教学管理 | 6.1 管理规范 | ①教学管理制度完备、规范，教学运行平稳有序<br>②管理手段比较先进，管理队伍综合素质高，服务效果好 | ①教学管理基本文件<br>②专职教学管理人员基本情况<br>③教师、管理干部的评价<br>④现代化管理手段的应用 |
| | 6.2 学生管理 | ①制度健全，学生身心健康教育良好，社团管理有成效，校园文化良好<br>②管理队伍结构合理、综合素质高、服务效果好 | ①学生管理制度<br>②校园文化<br>③专职学生管理人员基本情况<br>④学生、家长的评价 |
| | 6.3 质量监控 | 建立了学校、用人单位、社会等多元化教学质量监控机制，运行效果良好 | ①教学与学生管理制度<br>②专职督导人员基本情况<br>③用人单位的评价<br>④质量监控体系的建立与运行 |
| 7. 社会评价 | 7.1 生源 | 第一志愿上线率与报到率高 | ①第一志愿上线率及录取情况<br>②新生报到率 |
| | 7.2 就业 | 就业率高，就业竞争力强，就业质量好 | ①毕业生就业率及就业质量<br>②学校开展就业服务及就业指导情况 |
| | 7.3 社会服务 | ①积极开展面向社会的技能及职业培训，形成了一定规模<br>②积极承担行业、区域的技术开发或技术服务项目<br>③拥有职业技能鉴定站（所），具有对主体专业职业技能鉴定的资格<br>④学校有较好声誉、社会回报高 | ①横向课题、技术咨询、技术推广与应用、专利发明，教师利用专业知识、技术为行业企业服务等<br>②社会技能及职业培训开展情况<br>③鉴定站（所）<br>④社会回报情况<br>⑤产学合作情况 |

### 2. 高职院校的自评机制

构建学校自主评价制度，增强学校的自我评价能力，是推动学校实现自我革新与自我提升的关键策略。院校自主评价机制的构建，从结构上优化了教育质量评价体系的构成，打破了以往仅依赖行业内部质量机制的局限，为质量评价体系的全面完善提供了有力支撑。这一举措不仅丰富了评价维度的多样性，还促进了学校内部质量文化的形成，为学校的持续发展与质量提高奠定了坚实基础。

（1）着手构建自评机制，可着重从以下几个维度进行。

①强化学校自评团队的构建与培育。需成立专门的自评工作指导委员会，精心规划自评工作的蓝图，详细制定自评的执行方案与详细准则，清晰界定各项要求及操作流程。同时，依据学校的部门职责与评估指标，组建多个专项自评团队，确保自评工作的全面覆盖与深入实施。

②深化学校自评团队的专业培训。不仅要提升学校领导与教师对自评工作的认知深度，还需就评价指标体系的内涵、外延，评价标准的解读，以及评价的基本流程、方法策略等内容进行系统的培训，以增强自评的专业素养与实践能力。

③广泛动员全校教职工投身自评实践。鼓励教职工积极参与自评工作，形成全员参与、共同推进的良好局面。

④整合形成专项自评观点。各团队需围绕评估指标，广泛收集数据资料，深入剖析并作出价值判断，提炼出有针对性强的建设性见解。

⑤审核优化自评报告。自评指导委员会综合团队成果，广泛吸纳师生、家长及社会各界意见。据此精心编制自评报告与量表，提交教职工大会审议，确保科学合理性。

⑥提炼应用自评成效。充分发挥自评的多元功能，如激励、导向、调控、改进与评估等。公开自评结果，营造全员参与氛围；表彰优秀，总结推广佳绩；深入剖析问题，提出整改方案；并将自评结果作为新学年规划的重要参考，支撑学校持续发展。

（2）构建评价指标体系时，可遵循以下多维度策略进行深入考量。

①院校战略规划视角。高等职业教育，作为我国高等教育体系的关键一环，其发展模式应立足于学科建设之基，依托基础学科专业之稳固，紧扣社会需求之脉搏，聚焦课程建设之核心，旨在实现能力导向的管理目标。

②业务发展与管理架构。需强化师资建设，融合专职教师提升与兼职教师优化，确保兼职队伍稳定、经验丰富、学术卓越。专业建设应基于深度行业分析与市场需求调研，明确职业导向，凸显特色理念。课程设置需紧密围绕职业能力，强化就业导向与能力本位，实施“双证书”教育。

③实践教学体系需与理论教学相辅相成，强化技术应用型人才培养规律。深化校企合作，共建专业、课程、师资及实训基地，构建服务互动机制。

④学生管理需制度明确，档案完备，分类清晰，反映教学质量动态，并建立毕业生就业跟踪档案。

⑤硬件设施涵盖教学行政面积、图书资源、实验实训场所及设备、多媒体教学、生活设施及文体活动场地等。

⑥学生综合素质评估需考察专业知识掌握程度、技能熟练度及职业素养提升情况等。

⑦社会反馈机制需涵盖学生、家长及用人单位满意度调查，积极参与社会技能培训。

3. 高等职业教育质量内部评价模型的构建

质量的内容十分丰富，随着社会的发展也在不断地充实、完善和深化。因此，需要引入模糊数学的理论，构建高等职业教育质量内部评价的模型，以对高等职业教育质量中院校自评机制进行综合评判。

模糊综合评价理论的基本思路是：在确定评价因素、因子的评价等级标准和权值的基础上，运用模糊集合变换原理，以隶属度描述各因素及因子的模糊界限，构造模糊评判矩阵，通过多层的复合运算，最终确定评价对象所属等级。具体步骤如下：

（1）建立指标集、评价集、权重集。

①指标集 X= $\{x_1, x_2, \cdots, x_n\}$，被评判对象各指标组成的集合。

②评价集 Y= $\{y_1, y_2, \cdots, y_n\}$，评语组成的集合。

③权重集 Z= $\{z_1, z_2, \cdots, z_n\}$，各个指标在评价系统中重要度组成的集合。

（2）建立模糊综合评判数学模型。

①单指标判断。先对每个指标 $x_i$（i=1，2，…，$n$）进行评判，得到 $x\rightarrow(r_{11}, r_{11}, \cdots, r_{im})$。再将每个指标的评判结果按顺序排列，得到模糊评判矩阵：

$$R = (r_{ij})\, n \times m \begin{bmatrix} r_{11} & r_{12} & \cdots & r_{1m} \\ r_{21} & r_{22} & \cdots & r_{2m} \\ \cdots & \cdots & \cdots & \cdots \\ r_{n1} & r_{n2} & \cdots & r_{nm} \end{bmatrix}$$

其中 $r_{ij}$ 是对第 $i$ 个指标作出第 $j$ 种评价的人数比例。

②模糊变换。$B=Z\times R=(b_1, b_2, \cdots, b_m)$，$b_j=\sum_{i=1}^{n} z_i r_{ij}$，（j=1，2，…，m）。该式的运算只需把普通乘法换为最小运算“∧”，把普通加法换为最大运算“∨”即可，这就是综合评判结果。

## 三、高等职业教育人才培养质量评价

### （一）人才培养质量评价的内涵和意义

1. 人才培养质量评价的内涵

人才培养质量评估是一个综合性的过程，旨在特定时段内，遵循国家人才培养的总体战略导向，依据预设的多元化指标体系，对培养的人才进行全面审视与评估，这一过程蕴含着鲜明的考核特性。其核心目的在于检验人才培养工作是否精准契合既定目标，以及所培养的人才是否能够紧密贴合当代国家或区域社会经济发展的迫切需求，确保人才培养的成效与实用性。

#### 2. 人才培养质量评价体系建设的意义

强化人才培养质量体系的建构，构成了国家教育改革蓝图中不可或缺的一环。随着时代的变迁、科技的日新月异，以及我国高等职业教育规模的持续扩张，社会各界对高等职业教育的期待越来越高，同时要求也越来越严格。构建一套科学严谨、切实可行的人才培养质量评价机制，不仅是高等职业教育管理工作中的核心构成部分，更是推动其迈向科学化、规范化管理轨道的关键举措。

人才培养质量评价体系的不断完善与优化，是积极响应社会人才结构变迁与技能型人才需求升级的内在要求。在科技迅猛发展的浪潮下，社会对技能型人才的素质要求与技能标准正不断演变。因此，着手建立并持续优化高等职业教育人才培养质量评价体系，对于高职院校精准定位、精准施策，培养出与社会需求高度契合的技能型人才具有重大意义。从学生个体的角度出发，这一体系的完善也将为其未来的职业生涯规划与成长发展奠定坚实的基础，助力其在职场竞争中脱颖而出。

### （二）高等职业教育人才培养质量的评价基准

#### 1. 以全面性的发展角度为核心

纵观近现代中国教育的发展历程，教育理念的演进日益趋向于“全面化”的终极追求。对国家而言，拥有在各专业领域内出类拔萃的创新型人才，无疑是推动整个专业体系革新升级的无价之宝。然而，当这些创新型专业人才仅在特定专业范畴内展现出卓越水平，却在常识认知或综合素养方面未能达到社会普遍认可的标准时，他们便难以被誉为“全才”。人的成长之旅，从起步奋斗至最终成功，历经多个至关重要的转折点，其中能力与探索欲固然占据一席之地，但真正决定个体能否持之以恒地奋斗并最终取得成功的关键，在于其综合素养的积淀。教育界正是深刻洞察到这一核心理念，才矢志不渝地将培育全面性人才作为引领国家教育事业发展的根本指针。

国家大力推进全面化人才培养战略，各高校及高职院校纷纷响应，取得了颇为积极的成效。众多院校普遍反映，近几届毕业生的综合素养与持续发展能力相较于往届，已展现出显著的优势。这一事实充分表明，在构建职业教育人才培养质量评价指标体系的过程中，将学生全面性成长的状态作为核心评价基准，无疑具有深远的实践意义与广泛的应用价值。

### 2. 以社会需求角度为主

相较于其他类型的人才培养机构，职业教育所培育的专业人才在毕业后更倾向于直接投身社会实践，这一特性构成了其独特的存在价值。鉴于此，在制定评价基准的过程中，高职院校必须将社会需求视为一个至关重要的考量维度，确保其评价体系的实用性与针对性。然而，对于学生个体而言，若能接受与自身条件相匹配的教育，其社会适应能力与社会认可度将随着教育质量的稳步提高而显著增强。反之，即便学生在专业领域内取得了极高的成就，但若其个人技能与综合素养未能与社会需求保持同步，那么高职院校的毕业率以及学生的就业质量均可能遭受负面影响，呈现出下滑趋势。

基于上述紧密相关的逻辑关系，各高职院校的教育管理者在构建人才培养质量评价指标体系时，必须给予与社会需求紧密相关的评价指标以充分的重视与关注。这不仅要求评价体系能够准确反映学生的专业技能水平，还需深入考量其综合素养与社会需求的契合程度，以确保所培养的人才能够真正满足社会发展的实际需要，从而有效提升学生的就业竞争力、拓宽职业发展空间。

## （三）高等职业教育人才培养质量评价的必要性

### 1. 高等职业教育人才培养质量评价是推动高职院校进行人才培养体制改革的重要保障

在市场经济的大潮中，高职院校也是市场竞争主体之一，其所培育的人才宛如其精心打造的“产品”，而在这场没有硝烟的战争中，决定胜负的关键无疑在于人才培养质量的高低。因此，人才培养质量不仅是高职院校立足市场、谋求长远发展的核心竞争力，更是其可持续发展的坚固基石。鉴于此，高职院校的管理层需深刻树立竞争意识与危机意识，将人才培养质量评价视为提高办学水平、增强综合竞争力的关键途径。

面对人才培养质量评价这一课题，高职院校不仅要正视存在的问题，还要勇于修正，更要深刻把握评价过程中的阶段性与层次性特征。在评价结果的反馈环节，应以学生的实际培养质量为切入点，精准定位问题所在，有针对性地提升教师的教学能力，调整课程知识体系，优化专业布局并凸显专业特色。同时，还需加强学校行政管理、后勤服务等部门的协同配合，形成合力，推动高职院校在学生、教师、课程、专业、学校等多个维度建立起全方位、一体化的人才培养质量评价机制，确保人才培养工作的每一个环节都能得到科学、系统的评估与改进，为高职院校的持续发展注入不竭动力。

### 2. 高等职业教育人才培养质量评价是提升高职院校服务经济社会能力的基本要求

相较于普通高等教育，高等职业教育的宗旨聚焦于培育高技能应用型人才，其核心在于精准对接行业企业对技能人才的实际需求，其人才培养的质量高低，直接映射出高职院校在服务经济社会发展大局中的效能与贡献。行业企业，作为技能人才的直接需求主体，在高职技能人才的质量评价体系中占据着举足轻重的地位，其意见与反馈具有不可估量的参考价值。

高职院校务必深刻认识到行业企业在人才质量评价中的关键作用，高度重视并积极吸纳来自行业企业的信息反馈，致力于构建并深化校企之间的良性互动机制。在此过程中，应将产教融合、校企合作的理念深深植根于高等职业教育人才培养的每一个环节，使之成为贯穿始终的核心理念。以服务区域经济、回应社会需求、提升毕业生就业竞争力为指引，高职院校需勇于探索并实践新型的人才培养模式，携手行业企业共同研发实验实训项目，协同制订人才培养质量评价方案，力求实现教育链与产业链的深度融合与无缝对接，共同驱动高等职业教育与行业企业的协同进化与繁荣发展。

## 四、高等教育人才培养质量评价导向的基本遵循

在构建与完善高校人才培养质量评价体系的过程中，需进一步凸显价值导向、创新驱动、动态适应及深度融合等核心原则，并以此为基石，增强体系的系统性、整体协调性与高效协同性。唯有深刻转变固有的思维模式，方能从根本上对评价体系的优化成果产生深远而积极的影响，确保其在实践中发挥出应有的效能与价值。

### （一）强化价值导向

在提升人才培养质量的进程中，首要任务在于进一步凸显价值引领的核心地位，精准把握“造就何种人才”的实质，其精髓在于确立清晰的价值导向。价值观的培养与塑造，作为立德树人这一宏伟实践的关键，构成了高质量人才培养不可或缺的先决条件。审视当前的人才培养质量评价体系，不难发现，以市场化、指标化为显著特征的数量化倾向颇为突出。这一趋势在很大程度上促使相关部门及主体更加聚焦于那些易于量化的指标，将其视为评判高校人才培养成效的重要标尺，进而在实践中不断强化其作为衡量标准的权威性，却忽视了对人才道德品质及思想境界的考量。

### （二）强化创新能力评价

经济发展模式的转型升级，其核心驱动力无疑在于创新，这显然加剧了对创新型人才的需求。人才，作为驱动经济发展的核心要素之一，其质量层次、结构布局以及国际竞争力在当下均面临着更为严苛的要求。在评估高等教育的人才培养质量时，必须将创新思维与能力培养置于评价的核心位置。课程教学，作为人才培养的核心场域，其品质的高低在很大程度上决定了人才培养的整体质量。从某种程度上讲，课程教学的卓越性是推动高等教育迈向内涵式发展的坚实基石。

面对知识更新速度日益加快、知识融合趋势愈发明显的时代背景，高职院校亟须革新

传统的课程教学模式，实现从以专业知识传授为主导向以培育学习能力和创新能力为核心的教学范式转变。同时，注重在各类课程教学活动中，灵活融合讲授、探究、讨论、调研等多种教学策略，充分激发学生的主观能动性，在培养其学习兴趣与探究热情的同时，也锻造其自主学习的本领，并且还需高度重视课程之间、专业之间乃至学科之间的系统性关联，在考核评价机制中，充分考量课程设置的架构及其内在逻辑联系，以此推动高等教育人才培养质量的全面提高。

### （三）强化动态学习能力评价

高等教育的发展必须紧跟复杂多变的内外部系统要素的演进步伐，持续不断地进行自我调整与优化。在塑造人才的过程中，一方面，需着重培养学生的终身学习理念与能力，确保人力资本的学习进程与社会的进化节奏保持同步。另一方面，高等教育体系自身也需不断地实现动态的系统性优化，以适应时代变迁的需求。

在构建人才培养质量评价体系时，应当高度重视特色化培养指标的设计与权重配置，以此激励对多样化、多元化人才培养模式的深入探索。值得注意的是，人才培养质量的评价不应仅仅局限于对相对静态要素的考量，而应更加注重对学习过程中各个环节的深入剖析，特别是这些环节对于不同类型学生能力提升的促进作用，从而确保评价体系能够全面、准确地反映人才培养的实际成效。

### （四）强化包容性评价

在高等教育系统内，各类行为主体展现出了鲜明的异质性特征，它们通过并行不悖的决策行动，汇聚成了各式各样的“集合形态”，从而使不同高校在多维度上呈现出显著的差异性。鉴于此，在推进高等教育网络化进程、整合并有效利用“离散化”教育资源的同时，还需致力于推动学科布局、教学活动、教材编制以及管理体系等各环节的协同联动，着重强调系统性、整体协调性以及协同合作的重要性，以期推动高等教育迈向更高质量的发展阶段。

高教系统应当促进专业集群的蓬勃发展，凸显区域特色与高校专业优势。通过强化不同高校间在专业建设层面的联动效应与互补优势，实现教育资源的共享与共建，这无疑是打破人才培养资源瓶颈的关键举措。构建一个异质性教育主体深度融合的教育生态系统，是应对复合型高端人才需求持续增长挑战的必由之路。

高校还需着手构建一个个性化、灵活多变的人才培养体系，为不同类型的学生营造一个包容性极强的成长空间。在此过程中，应充分关注学生的个体差异，精心打造适宜于不同类型人才成长的生态环境。在教学管理层面，诸如学分制、选课制以及转专业制度等环节，应积极探索高效且富有弹性的机制，力求在维护教学秩序的同时，充分满足学生的个性化发展需求，从而实现教学管理与个体成长之间的和谐共生，有力推动高等教育实现内涵式的深度发展。

# 第二节 高等职业教育人才培养质量评价体系

教育评价体系犹如教育教学工作的“导航灯塔”，在现代教育治理体系中占据着举足轻重的地位。高等职业教育不仅承载着德技双修、产教深度交融、校企协同合作以及育训紧密结合的历史使命，还肩负着强化思想政治教育、激励学生投身社会实践、促进毕业生综合素养全面提升的重大责任。因此，针对高等职业教育的评价改革对于我国培育技艺精湛的大国工匠、能工巧匠群体，以及构建健康和谐的教育生态环境，不仅具有深远的现实意义，也是迫切的时代需求。

## 一、高等职业教育人才培养质量评价体系的逻辑起点

### （一）实现企业参与产教融合的价值目标

企业参与产教融合的驱动力源自其价值追求的实现。以人才培养作为工作核心，对高职院校至关重要。高职院校通过产教融合能够满足学生实习实训及就业的核心目标，因人才培养终极目标是就业，故高职院校愿与企业合作应对就业挑战。

从企业角度看，招聘途径多样，产教融合并非唯一渠道。企业对高技能人才的需求以实效为评判标准，需其能够驾驭高端岗位，提升企业效益。因此，产教融合需契合企业需求，方能激发企业合作热情。

在产教融合背景下，高职院校需构建科学的人才培养质量评价体系，确保人才满足企业需求，助力企业实现价值目标，达成双方合作共赢。

### （二）发挥高职院校培养高技能人才的功能价值

高技能人才在技能人才体系中至关重要，是技能型社会发展的核心动力。那么，哪些机构应承担培养高技能人才的职责？在职业教育领域，探究高职院校培养高技能人才的独特优势及其作为主力军的潜力，是研究的重点。高职院校精准对接行业需求，培养紧缺高技能人才，是产教融合推动经济社会发展的重要途径。

从产教融合视角出发，高职院校应构建科学的人才培养质量评价体系，旨在充分彰显其在培育高技能人才方面的独特价值与作用，进而为经济社会发展贡献更多高质量的人才资源。

### （三）提升高技能人才在劳动力市场的竞争力

在探讨产教融合框架下人才培养质量评价体系的构建时，不仅要着眼于企业与高职院校双方的价值实现，更需将逻辑原点回溯至高技能人才本体。人才培养，作为产教融合中校企合作的基石与目标导向，其核心关切在于所培育的高技能人才能否适应并胜任日益复

杂多变的工作场景。

为确保高职院校所培养的高技能人才在劳动力市场中具备强劲的竞争力，构建一套行之有效的质量评价体系显得尤为重要，它能为高技能人才的成长提供坚实的保障。实质上，高技能人才作为高职院校人才培养的核心焦点，需在产教融合进程中达成自身的价值追求，即通过质量评价体系的建立与完善，不断精进自身的专业技能水平。

面对当前经济社会数字化转型的浪潮，高技能人才正置身于前所未有的挑战与机遇并存的环境之中。为了有效应对技术迭代加速、工作岗位需求频繁变动的现实，高技能人才不仅需精通专业知识与技能，更需注重培养一系列关键能力，以适应技术变革的新常态。鉴于此，为了促进高职院校学生在关键能力上的全面发展，建立一套有针对性的质量评价体系，以确保其能力提升得到切实保障，已成为当务之急。

### （四）职业教育人才培养质量评价体系构建的必要性

构建涵盖多元主体的职业教育人才培养质量评估体系显得尤为迫切且至关重要，这一体系能够整合多重视角，提供兼具客观性、公正性与独立性的评价，进而显著增强评价的公信力与权威性。多方参与的评估机构，通过对职业教育人才培养质量的深度剖析，能够为政府机构、教育机构、企业及社会各界提供富有价值的决策参考。政府可据此制定更为科学、精准的职业教育政策导向；教育机构则能依据评估反馈，优化教学模式与课程体系，进而提高人才培养的整体质量；企业可借助评估结果，遴选出更为杰出的毕业生人才；而社会大众也能通过这一窗口，更为清晰地洞察职业教育的发展脉络与成就。

构建这一多元主体参与的评估体系，对于推动职业教育的改革与创新同样具有深远意义。独立的第三方评估机构，通过其专业的评估工作，能够为职业教育的革新提供宝贵的参考坐标与数据支撑。因此，在设计这一多方参与的职业教育人才培养质量评估体系时，必须审慎考量各类相关因素的综合影响，确保评估结果的全面性与客观性，以期实现培训质量的实质性提升与成效优化。

在具体规划职业教育人才培养质量评价体系时，需细致考量以下几个核心环节。首先，明晰评价宗旨，即确立职业教育人才培养的总体目标，并紧密结合不同行业与专业领域的实际需求，量身打造一套全面且细致的评价准则。此套准则应广泛涵盖教育培训的多个维度，诸如教学资源的丰富性、师资队伍的专业素养、毕业生的就业状况以及学生的创新能力等。还需深度对接行业专业需求，确保评价体系能够紧密贴合产业发展的步伐。

其次，需精确界定评价的对象与范畴，系统梳理学校、企业及行业三方亟待评估的关键绩效指标，以此确保评价工作的精准度与可操作性。在评价方法的运用上，鉴于职业教育人才培养的独特性，应秉持多元化的原则，融合综合评价、实践操作评估、能力检测以及教学效果评价等多种手段，以期获得更为全面且深入的评价结果。

再次，强调多方协同参与评价的重要性，积极吸纳企业、社会组织等利益相关方的力量，构建一套职业教育与实际社会需求紧密对接的评价架构。在此基础上，还需致力于评价机制的完善，建立一套科学严谨的数据采集与分析流程，确保评价结果的客观真实与可靠，同时，规范评价流程，建立有效的质保管理体系，以保障评价体系的稳健运行。

最后，构建正向的激励机制同样不可或缺，通过及时反馈评价结果，激发教师与学生的教学与学习热情，不断提高教学质量与学习成效。还应秉持持续改进的理念，持续追踪评价结果的动态变化，灵活调整评价标准与方法，以期不断优化职业教育人才培养质量评价体系，为职业教育的长远发展奠定坚实基础。

## 二、高等职业教育人才培养质量评价体系的构建原则

### （一）促进学生全面可持续发展原则

教育的核心服务对象聚焦于学生群体，因此，针对高等职业教育的人才培养质量评价体系的构建，需全面审视并综合评价学生在德育、智育及能力等多维度上的综合发展状态。在评估学生对系统性专业知识的掌握程度时，应着重考查其是否能够将所学知识灵活应用于实践之中，以此作为评判学习效果的重要标尺；在衡量学生对专业技能的习得情况时，则需以其能否创造性地应对并解决职场中的实际问题为基准，进行深度考量；而在评判学生职业素养的培育成效时，则需细致观察其是否能在工作中展现出诸如吃苦耐劳、团队协作、善于沟通以及勤奋好学并善于应用所学等优秀品质，以此作为衡量职业素养的关键指标。这一系列综合评价体系旨在全方位提升学生的就业与创业能力，助力学生在日益激烈的市场竞争环境中，具备持续成长与发展的强大潜力①②。

### （二）社会需求的适应性原则

高等职业教育致力于达成的核心使命，乃是为行业企业的蓬勃发展培育出高质量的高技术应用型人才。而衡量这些人才是否真正“契合市场需求”，其关键在于行业企业对于这些人才的整体满意度评价。换言之，人才培养的质量是否符合行业企业的实际需求，主要取决于这些用人单位对人才的实际反馈与认可程度。

### （三）评价指标的可操作性原则

构建高等职业教育人才培养质量评价体系的根本宗旨，在于驱动高职院校人才培养机制的创新与升级，并着力提升人才培养的整体品质。为确保该体系不沦为表面文章，必须坚守评价指标的实操性原则，力求使评价结论能够真实无误、精确详尽且全方位地映照出

---

① 陈容．中高职衔接背景下机电一体化专业人才培养质量评价体系构建研究［J］．岳阳职业技术学院学报，2017（4）：54-57.

② 张明媚．应用型大学人才培养质量评价体系的作用、意义及原则［J］．理论观察，2015（6）：153-154.

高职院校在人才培养方面的实际成效与质量水准。

## 三、高等职业教育人才培养质量评价体系的构建过程

### （一）设定职业教育人才培养质量评价的主体结构

在高等职业教育人才培养质量评价体系中，评价主体的构成呈现为两个维度。一是聚焦于校内教育机构，具体涵盖了由专业教师、实训指导教师、学生辅导员及院系教育行政人员所构成的评价架构。此架构内的所有评价成员均需累积丰富的教学实践经验，并对创新创业理论、职业规划知识及岗位实际需求拥有一定程度的亲历体验。这些评价主体依据其职责分工，部分专注于评估学生的专业技能水平，而另一部分则侧重于考量学生的专业素养、工匠精神及专业契合度。

二是转向社会视角，社会评价架构相对繁复，但多数高职院校为规避冲突，倾向于将外部评价主体限定在外部企业、人才市场及职场前辈这三个核心范畴内。外部企业的范畴广泛，涵盖了所有企业实体，无论其与高职院校是否存在合作关系，均应纳入外部评价主体的考量范畴。职场前辈的评价视角针对已就业的学生展开，他们能够从更为感性与深入的层面剖析职业教育人才的真实能力与心理状态，然而，多数前辈的评价往往缺乏直观性与全面性。因此，在高职院校的教育评价体系中，将人才市场与外部企业视为主要评价主体的院校仍占据主导地位。

### （二）评价指标体系的范围选定及体系内容

（1）关于人才评价指标的选择范畴，其确定过程需严格遵循校内教育机构为主导的原则，并充分吸纳专业教师和各评价主体的个人见解。具体操作时，可采用实况调研的手段，直接邀请相关教师及辅导员回溯并提炼他们在课堂教学中最具代表性的评价标准。随后，研究人员需将这些评价标准中的教师表述进行专业化提炼，运用严谨且正式的语言风格进行总结与归纳，直至初步构建起校内评价体系。在此过程中，评价体系应避免使用任何口语化表达，对于需采用专业术语的部分，则应准确运用相应的官方语言表述。唯有如此，方能从语言表达与内容实质两个层面实现深度整合，进而将职业教育人才培养相关的评价指标系统转化为更为专业且系统的形式。

（2）指标体系，主要表现在三个方面。关于基础知识的评价标准，可将其细化为两大方面进行深入探讨。一方面聚焦于文化专业的基础知识范畴，涵盖了诸如文学、艺术、语言学等领域的专业知识。对于职业教育领域的人才培养而言，若某类基础知识与所学专业的直接关联性不强，那么，综合成绩便成为衡量其掌握程度的核心指标。在职业教育领域内，公共英语课程、礼仪规范教育以及军事理论课程等，均可被视为具有代表性的文化类基础知识课程实例。

这类知识与通识教育课程有着本质的区别，它带有“必修”的强制性属性。换言之，学生若要顺利从所学专业毕业，就必须全面且深入地掌握职业基础知识，这是其学业完成不可或缺的一环。

作为评价焦点的职业能力的评价标准在职业教育体系中占据着举足轻重的地位，故而其相应的评价准则也应当具备高度的关键性。职业能力可进一步细化为两大组成部分，首要的是一般职业能力，它主要围绕学生的专业领域而展开，表现为以专业为核心的各种能力。

关于综合素质的评价标准，可将其全面归纳为四个方面，主要聚焦于个体身心素质的评价。其中，心理素质的评判需依据学生当前的心理状态，并具体参照心理学专家的专业评估结果。心理评价细分为健康状况与心理素质两大维度，若学生能保持乐观向上的心态，且经专业测定确认无心理疾病，则可判定其心理素质为优秀。

大家高度关注的职业素质，涵盖了工匠精神与职业道德两大要素。在此评价环节，带队教师及企业前辈将作为核心评价主体。他们在进行评价时，要避免仅依赖个人主观臆断，而应结合具体实例来给出判断。只有当实例经过核实无误后，才能据此判定职业教育人才的职业素质水平。职业素质应被视为关键性考查内容，纳入教学档案体系之中，并应引起所有教学人员的充分重视。

随着教育部的积极倡导，公民意识及社会责任感等要素也被纳入人文素质的评价指标体系。然而，对于职业教育院校而言，是否将这些要素纳入评价体系，还需深入剖析学校具体的人才培养方向，确保其科学性后，方可予以采纳。

## 四、高等职业教育人才培养质量评价体系的基本框架

### （一）质量评价体系的制定原则

#### 1. 政府主导质量评价体系的顶层设计

在职业教育与产业深度融合的进程中，政府所发挥的关键作用不容忽视，这尤其体现在其对人才培养质量评价体系顶层设计的引领与塑造上。首先，政府是推动产教融合迈向持续繁荣的核心驱动力，其在搭建企业与高职院校合作桥梁、供给产教融合所需空间资源以及为这一进程注入财政血液等方面，均展现出了不可或缺的贡献。其次，产教融合的长足发展还需仰赖一系列政策文件的强有力支撑，这些文件如同导航灯塔，引领校企双方不断破浪前行。

作为产教融合宏伟蓝图中不可或缺的一环，高职院校人才培养质量评价体系的构建，亟须政府层面持续不断地完善相关制度规范，以确保这一体系的科学性、有效性与前瞻性。在此过程中，政府的角色不仅是规则的制定者，更是监督者与优化者，构建一个既能

反映职业教育特色，又能与产业发展需求紧密对接的评价框架离不开政府的支持。

高职院校是现代职业教育体系的关键部分，其发展理念需与体系整体导向高度协同，而政府作为体系构建的核心，则引领着高职院校的全面发展。政府从宏观战略出发，精准定位高职院校人才培养在经济社会的核心作用，制定发展规划与政策导向，强化人才培养质量评价体系的宏观指导与精细管理。政府主导的顶层设计，可确保体系对接经济社会发展需求，促进职业教育与产业深度融合。

政府所具备的构建产教融合桥梁的能力，对高技能人才培育至关重要。高技能人才的数量、素质及分布随产业结构动态调整而优化。政府会依据产业发展现状，精准调控高技能人才供给质量，支撑技能主导型社会构建及人才队伍壮大。尤其在高新技术领域，政府更应在质量评估体系中占核心地位，确保高技能人才培育满足国家战略需求，推动经济社会高质量发展。

#### 2. 企业细化质量评价体系的内容维度

职业教育与产业融合背景下，企业对高技能人才需求成为高职院校人才培养目标的决定因素。高技能人才需遵循明确的职业资格准则，这些准则依据企业岗位实际制定，成为高职院校构建人才培养质量评价体系的重要参考。企业应细化评价体系内容，确保高职院校精准培育所需人才。

除制定准则外，企业还需评价高技能人才岗位表现。产教融合视角下，构建质量评价体系的目的是确保人才实践效用。企业参与细化评价内容，旨在促进高职院校培养的人才在工作中创新技术，提高效率与效益，驱动企业转型升级与可持续发展。

### （二）质量评价体系的价值目标

从产教融合的视角来看，高职院校人才培养质量评价体系的构建应以价值共创为导向。价值共创是激发参与方积极性、确保体系建设成效的关键。在产教融合框架下，人才培养对校企双方均至关重要，是维系合作的基石。因此，构建评价体系时，校企需携手，以价值共创为目标，推动体系完善。

相较于社会招聘，产教融合能高效对接企业高技能人才需求。但前提是高职院校严控人才培养质量。只有在培养流程中嵌入质量评价体系，提升培养成效，才能使企业在产教融合中达成价值目标，激发其参与人才培养的动力。因此，构建质量评价体系需兼顾校企双方价值诉求，通过价值共创，实现共赢，满足各自发展需求。

### （三）质量评价体系的实施模式

在产教融合的视野中，高职院校人才培养质量评价体系的运作应当采纳一种交互式的实施模式，此模式强调高职院校、学生与企业三者间互评互鉴，形成良性循环。这种交互式的实施策略深刻体现了产教融合价值共创的核心追求，有力保障了各参与方的切身利益。

从企业评估的维度观察，企业若欲深度融入产教融合的人才培养流程，就必须对高职院校开展全面而细致的质量评估。作为高职院校人才培育成果的直接受益者，企业不仅要能够精确界定评价的具体内容与标准，还需敏锐指出高职院校在产教融合实践中存在的种种不足。从产教融合人才培养的时间序列特性来看，高职院校往往先于企业介入，这在一定程度上导致了企业在多数情况下处于成果接收的被动地位，特别是在学校学习与工作场所学习如何有效衔接的问题上，企业面临着诸多挑战。因此，企业对高职院校的质量评估显得尤为重要，它是推动前期学校教育与后期职场实践无缝对接的关键。

产教融合框架下的高职院校与企业之间并非单向依赖的关系。高职院校作为产教融合的积极推动者与实施主体，同样需要对企业在人才培养过程中的表现进行客观评价，指出存在的问题，并清晰表达自身在合作中的价值主张与利益诉求。这种双向互动的评价机制，有助于构建更加平等、高效的产教融合生态，推动双方共同迈向更高水平的合作与发展。

交互式的实施模式深刻揭示了产教融合进程中人才培养的动态演变特性，特别是在高技能人才的培育路径上。高技能人才所需的专业知识、精湛技能及综合能力并非遵循简单的线性增长模式，而是需要多元主体在人才培养的各个环节中提供指导与评价，以促进其实现全面而有效的个人成长。

高技能人才需在技术实践活动中不断发掘疑难问题，进而掌握应对这些问题的核心技能。技术实践活动的设置应紧密贴合企业的实际生产情境，以展现其复杂性与不确定性，从而确保学生具备解决现实难题而非单纯理论问题的能力。因此，在产教融合背景下的人才培养质量评价流程中，应充分发挥高职院校与企业的各自优势，共同对学生的问题解决过程进行全面评估。

高技能人才作为创新技能精英，应摒弃传统被动评价模式，发挥主观能动性。在高质量的产教融合中，无论是高职院校学习还是企业实践，学生均可与教师、企业导师共建学习及技术研发共同体。这要求学生主动提出学习见解与建议，促进高职院校与企业审视并优化人才培养策略，实现自我完善。

### （四）质量评价体系的客观规律

#### 1. 高技能人才的职业生涯发展规律

在构建高技能人才的培养体系时，需紧密围绕其职业生涯发展的内在逻辑，设计一套与之相匹配的质量评价框架。从职业生涯发展的脉络来看，高技能人才往往会遭遇从职业生涯筹备期至初期阶段的适应性挑战，具体而言，即从高职院校的学习阶段向企业工作阶段的平稳过渡问题。其根源在于高职院校与企业对于高技能人才评价标准的不一致性，导致在高职院校中表现优异的学生，在进入职场后可能无法获得同等水平的认可。鉴于此，在产教融合的宏观视角下，高职院校在构建人才培养质量评价体系时，必须深刻认识到并高度重视高技能人才职业生涯发展的阶段性特征及其适应性问题，以确保评价体系能够精准对接其成长需求。

2. 高技能人才培养的环境氛围

在高技能人才的培育历程中，构建一个优质的成长环境是至关重要的，这也是构建质量评价体系时必须遵循的一项基本原则。成长环境作为塑造高技能人才的关键因素，通过时间规划、职场氛围、组织归属感及即时反馈等多个维度，深刻影响着高技能人才的个体发展轨迹。在时间规划层面，需为学生设定适度的压力阈值，确保既不过度压抑其潜能，也不因压力不足而削弱培养成效。在职场氛围的营造上，应力求打造一个自由开放、鼓励探索的工作环境，以激发学生的创新思维与实践能力。在组织归属感与即时反馈方面，则需对学生的积极表现给予充分的认可，并及时反馈，以此助力学生技能水平的持续提升。

## 五、高等职业教育人才培养质量评价体系的内容维度

### （一）校内人才培养质量评价

1. 实训平台质量评价

实训平台的质量评估是产教融合背景下高职院校人才培养质量评价体系中针对实训活动实施状况的关键考量。实训平台作为高技能人才培养不可或缺的资源支撑，其质量评估应聚焦于以下几个核心维度。首先是实训平台的技术先进性。高职院校需携手行业领军企业，尤其是那些在技术革新方面处于前沿地位的企业，共同构筑校内实训平台，确保实训平台能够吸纳行业最新的技术成果。

其次是实训平台的自主运行效能。高职院校运用实训平台时，应以模拟企业真实岗位为基础，设计任务强化学生技能训练。产教融合虽为实训平台运作的基石，但平台亦需展现其自主性，表明高职院校在产教融合中不完全依赖企业，而是在发挥教育职能的同时，与企业深入持久的合作。实训平台应能独立执行培训任务，而非完全复制企业模式，且能根据人才培养需求，让学生在校园内完成培训。

最后是实训平台的实用性。高职院校构建实训室时，需审慎考虑专业适用性。实训室与专业应明确对应，需紧密围绕专业需求进行设计，并规划教学项目，确保学生在实训中积累知识、精进技能、提升能力。

2. 教师教学质量评价

教学质量评估体系中的教师表现评价，是校内实训质量评价不可或缺的一环，同时也是衡量高职院校人才培养成效的核心指标之一。在实训教学这一关键环节，高职院校的教

师需展现出卓越的实践能力，方能胜任实训指导的重任。具体而言，实训中所设计的各项任务与挑战，均是以企业实际工作中的复杂问题为原型进行精心设计的。因此，高职院校的教师在实训教学中，需扮演起类似企业导师的角色，能够应对并解决那些复杂多变、充满不确定性的技术难题。

### 3. 学生实训质量评价

学生实训成效评估是对学生在校内实训阶段综合表现的系统考量，涵盖认知层面与素养维度两大方面。就认知层面而言，首先是学生在实训期间需对高技能人才的工作特质形成全面且准确的认知框架。高技能人才以其卓越的技能水平和解决复杂技术难题的能力，在技能型人才群体中占据举足轻重的地位，展现出独特的高端化特质。这种高端化不仅体现在工作操作的高难度、工作情境的不确定性以及工作领域的广泛性上，更彰显了高技能人才在技术革新中的引领作用。

从素养维度审视，主要包括创新素养与社会责任感两大组成部分。学生需具备强烈的创新意识，能够在技术实践中勇于探索未知，不断突破既有知识与技能的边界，以维持自身在技术迭代升级中的竞争优势。

## （二）企业参与人才培养质量评价

### 1. 实习管理制度的质量评价

实习管理规范性的质量评估，是指企业针对实习生管理制度所开展的综合质量评价活动，其具体内容可从以下三个维度进行深入剖析。首先聚焦于实习管理制度的严谨程度，即企业在实习生培养过程中，是否严格遵循了企业学徒管理的标准化流程。当高职院校学生以学徒身份踏入企业迈进实习阶段时，为确保实习成效，企业需一丝不苟地依照学徒管理标准来执行，涵盖学徒的工作时长、劳动强度、薪资结构、福利待遇等多个方面，以期全方位保障实习质量。

其次，实习管理制度的支持效力亦不容忽视。实习阶段作为高技能人才培养的关键转折点，是职业生涯预备期的核心环节，企业在管理制度中应充分展现出对高技能人才个体的关怀与支持，尤其要关注那些在实习初期面临困境的新手学徒，通过提供必要的帮助与指导，最大限度地助力其攻克难关，确保实习效果的最大化。

最后，实习管理制度的发展导向性同样至关重要。它关乎学徒在企业实习期间能否深刻感知到个人职业发展的广阔前景。当前，产教融合面临的挑战之一是高职院校学生升学意愿强烈，实习后多选择深造而非留企。职业身份发展是一个渐进的社会化过程，从实习期间学徒即开始塑造。实习生对职业发展前景的悲观态度，常致其不愿从事技能工作或留企。因此，实习管理制度应强调高技能人才个体发展的潜力，使学徒实习中明晰企业内部晋升空间，体会技能工作的价值与魅力。

2. 工作场所学习效果的质量评价

高职院校学生企业实习成效评估，是对工作场所学习效果的全面审视，涵盖两大方面。一是工作场所学习功能性，即其作为高效学习平台的价值。企业以生产为主，学习为辅，尽管两者相互促进，但目标的差异导致二者相互矛盾。二是工作场所与学校学习的融合度。由于企业与高职院校属性不同，工作学习重实践，学校学习重理论。因此，深入评估两种学习模式融合的效果至关重要。

课程设计需遵循职业教育规范，缩小工作与学校学习的差距，确保学生掌握全链条学习过程，整合两环境知识、技能与能力，增强其内化效果。最后，知识、技能与能力分配应具备逻辑性与规律性，避免冗余，充分发挥各自优势，最大化学习效果。

### （三）多方参与人才培养质量评价

1. 评价指标体系构建

基于广泛深入的调研与严谨的论证过程，致力于将社会、产业界、教育机构等多方主体进行有机融合，细致剖析了学生、家长、第三方评估机构等利益相关者的多元化评估需求。在此基础上，进行了多维度、多层次的设计考量，不仅涵盖教学质量、学生综合能力、就业品质等多个关键领域，还充分兼顾了学校的地域特色与个性特征。由此，我们精心构建了一套全面而适宜的人才培养质量评价指标体系。此体系具备高度的灵活性，能够根据不同主体的特定需求，灵活设置相应的评价指标子集。表 4-2 详细列出了针对不同主体所设计的评价指标体系的构成情况。

**表 4-2　评估指标**

| 学校主体评估指标 | | | | |
|---|---|---|---|---|
| 一级指标 | 专业评价 | 师资队伍 | 教学质量 | 社会影响力 |
| 二级指标 | 管理制度 | 年龄分布 | 教学水平 | 学校所处地域 |
| 三级指标 | 学校文化 | 教学经验 | 教学资源 | 社会声望 |
| 四级指标 | 办学思想 | 教学能力 | 课程设置 | 合作企业数量 |
| 毕业生、家长和社会评估指标 | | | | |
| 一级指标 | 学校管理 | 教学条件 | 教学培养过程 | 教育经营 |
| 二级指标 | 知名度 | 师资力量 | 实习基地数量 | 校企合作单位数量 |
| 三级指标 | 认可度 | 基础设施 | 课程设置 | 专业招生人数 |
| 四级指标 | 信任度 | 教学方法 | 实习实训设置及日常教学管理 | 毕业生去向及薪资待遇 |
| 用人单位评估指标 | | | | |
| 一级指标 | 一般基础知识 | 办公软件操作能力 | 语言表达能力 | 人际交往能力 |

续表

| 二级指标 | 专业知识 | 电脑操作能力 | 口语表达 | 团队合作 |
|---|---|---|---|---|
| 三级指标 | 综合技能评估 | 相关仪器操作能力 | 理解能力 | 社交礼仪 |
| 四级指标 | 荣誉和奖状 | 办公软件操作能力 | 写作能力 | 词汇运用能力 |

（1）在教育质量评价的框架下，学校作为核心评价主体的角色不容忽视。作为人才培育的首要阵地，高职院校在构建与实施职业教育人才培养质量评价体系的过程中发挥着举足轻重的作用。它们依托自身的专业知识积淀与丰富的教学资源，专注于对学生学习内容的全面性、学术能力的深度、实践技能的熟练度以及自主学习能力的强弱等多个维度进行综合考量。鉴于此，高职院校在评价体系中的主体评价需着重强调职业教育的实践应用导向及其与市场需求的高度契合。在此逻辑基础上，评价体系的构建还应广泛纳入诸如社会影响力、学校地域特色、公众认可度、实习基地资源的丰富程度以及校企合作单位的数量与质量等多重因素，以期形成更为全面、客观且富有前瞻性的评价体系。

（2）社会反馈与多方评价视角。毕业生反馈、家长评价及社会公众的观感共同构成了对高职院校及其专业教育的广泛认可与充分信赖的基础，同时，家长与学生群体还针对高职院校的教学设施、培育流程、教学策略及教育管理等多个维度进行了深入的情感倾向性评估。具体而言，毕业生的就业状况成为关键的评价指标之一，涵盖了就业比率、就业岗位的品质以及就业后的薪酬福利等多个方面。在此基础上，高职院校所在地的政府机构可以依据本地的经济社会发展态势、市场需求状况以及教育资源的配置情况，科学合理地制定高职院校的综合评价指标。更进一步，政府可以调动相关部门及业内专家的力量，共同参与并推动职业教育人才培养质量评价体系的科学构建与优化升级。

（3）职场雇主视角的评价参与。作为职业教育人才培育流程中的核心利益相关者，职场雇主在评价体系的架构搭建、执行推进及运作维护等方面扮演着至关重要的角色。首先，职场雇主应积极投身于评价体系的初创阶段，依据自身的实际需求，对人才培育质量评估指标进行精挑细选与深度优化，确保评价体系的实用性与针对性。其次，在职业教育人才培育的进程中，职场雇主亦需深度介入评价体系的实施与运作，通过对学生的实际工作表现进行持续追踪与详尽记录，提出具有针对性的优化策略，为培育出与市场需求高度契合的高素质技能型人才提供坚实的数据支撑与全面保障。最后，职场雇主还需积极参与评价体系成效的剖析环节，共同探讨在人才培育过程中所显露出的各类问题，并集思广益，探索出更加贴合市场需求的人才培育路径。

在构建涵盖多元主体参与的职业教育人才培养质量综合评估体系时，需坚守公正性、公平性、透明性的根本原则，以确保所有相关方的权益得到充分的尊重与维护。借助多元主体的深度介入，能够实现对职业教育质量的更为全面且客观的审视，从而推动专业人才素养的显著提升。因此，构建一个多元主体共同参与的评估体系显得尤为关键，因为不同主体能够基于其独特的视角提供客观、公正且独立的评价意见，这对于增强评估结果的公信力与权威性具有不可估量的价值。

2. 具体流程

图 4-1 描绘了人才培养质量评价体系的具体构建流程。我们以某所高职院校为实例，详细说明如下。首先是组建一个专业的评价委员会。借助问卷调查、深度访谈等手段，系统性地收集并分析数据，旨在全面把握当前职业教育专业人才培养质量的评价现状，精准识别存在的问题，并科学预测未来可能面临的挑战。随后，基于多元化的评价主体，我们明确了具体的评价指标，并通过与企业、机构等多方的深入沟通与协作，充分考量社会经济文化等多重因素，积极借鉴国内外前沿的评价理念、模式与手段，从而构建出一个囊括评价宗旨、评价主体、评价方法、评价结果反馈等核心要素的人才培养质量评价体系。在此过程中，我们亦明确了多方参与的目的、原则及范畴，致力于构建一个紧密协作的评价共同体。

紧接着，我们根据既定的评价内容，精心规划了具体的实施步骤，并提出了一系列针对性的完善建议。最终，我们成功构建了一套紧跟国家政策法规及社会经济发展需求的多方参与的高等职业教育人才培养质量评价体系，旨在为社会培养更多符合时代要求的职业教育人才。

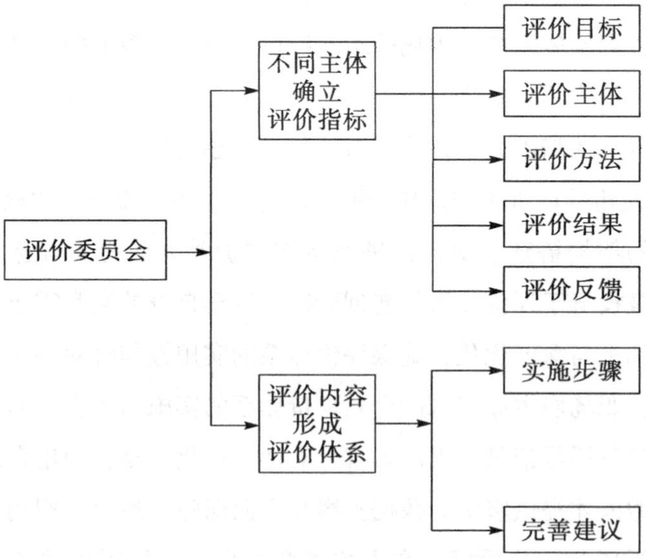


**图 4-1　人才培养质量评价的具体流程**

3. 相关建议和措施

针对当前高等职业教育人才培养质量评价制度所面临的诸多挑战，提出了以下旨在优化与改进的相关策略与建议。

首先，构建一个全面且高效的职业教育人才培养质量评价信息平台与数据支撑体系显得尤为关键，此举将显著提高评价工作的执行效率与透明度。在此基础上，还需进一步深化对行业需求的细致调研与综合分析，紧密结合不同行业及企业的实际需求，循序渐进地优化和完善评价指标体系，以确保评价内容与实际需求的紧密贴合。

其次，积极引入多元化的评价主体，并灵活运用多样化的评价方式，这对于提升评价的全面性和准确性具有不可小觑的作用。

再次，推动产教深度融合发展是提升职业教育人才培养质量的有效途径。为此，需集合多方力量，构建一个全方位、多层次的保障体系，为产教融合的顺利推进提供坚实的支撑与保障。

最后，建立一套灵活且具备动态调整能力的评价制度与机制同样至关重要。这一制度与机制需紧密跟随职业教育改革创新的步伐，及时捕捉并反映产业发展的最新趋势以及行业人才需求的动态变化，确保评价体系的持续优化与完善，以适应不断变化的社会与经济环境。

## 第三节　高等职业教育人才培养质量评价制度

### 一、高等职业教育质量评价制度存在的问题

在高等教育质量评价体系不断迈向专业化的背景下，高职院校作为高等教育体系结构中不可或缺的一环，正积极借鉴高等教育评价领域的丰富经验，并紧密结合自身独有的属性与特色，精心设计与实施一系列评估活动。这些评估活动旨在全面审视并提高高职院校的教育质量，确保其教育服务能够精准对接社会发展的实际需求。

#### （一）评价制度有待完善

当前，我国高职院校的质量评估体系主要以教育部为主导，采取五年为一个周期的院校评估模式。然而，鉴于高职院校在办学宗旨与使命上各具特色，且在课程设置、专业建设及院系架构等方面存在显著差异，加之我国地域辽阔，各区域经济发展水平参差不齐，因此，采用统一的评估框架往往难以避免存在“一刀切”的现象，进而可能导致评估结果与院校实际情况存在偏差。鉴于此，亟须持续优化评估内容，推动评估体系向多元化、差异化方向发展，以确保评估工作的精准性与有效性。

1. 评估目标狭窄

评估的主旨不仅在于为教学活动的实施确立明确的导向，而且引领着教学评估的未来走向。从雇主对高职院校毕业生满意度的视角审视，毕业生在专业知识掌握方面表现尚

可，但实践操作技能相对薄弱。当前，我国教育评估的核心聚焦于学生的学业成就，从而使人才的培养目标趋于单一化，这与高职院校秉持的教育理念存在一定的偏差。鉴于高职院校办学的独特性，它既与本科教育存在共通之处，又有着明显的差异。因此，在构建高职院校教育质量评估体系时，既不能简单复制本科院校的评估模式，也不能沿用陈旧的方法进行评估。在实施评估的过程中，高职院校必须充分考量其办学的独特性以及就业市场的实际需求，以确保评估制度的合理性与有效性。

针对高职院校的教学独特性，必须确立清晰明确的办学理念与目标定位。具体而言，其办学目标应涵盖专业技能的精进、就业竞争力的提升、社会适应能力的增强，以及用人单位对学生满意度的提高。教育教学的有效保障在于构建一套完备的教学评价体系，该体系应能够充分彰显教育的社会价值与教学结构的合理性。为此，学校管理层需具备宏观的战略视野，确保高职院校的培养目标与国家和地方的政策导向保持高度一致，并紧密贴合时代发展的脉搏，从而为社会经济的持续进步输送符合要求的高素质技能型人才。

鉴于高职院校所承载的独特教育使命，相较于本科院校，其教学目标呈现出更为鲜明的针对性，强调在课程设置及教学理念中深度融合实用操作元素。因此，在构建国家层面的评价制度时，必须充分考量高等职业教育的办学宗旨与目的。当前的高等职业教育评估体系主要聚焦于课程体系构建与就业率指标，然而，对于学科内容的深度专业性、学生学习能力的实践适用性等方面却缺乏具体而明确的评判标准。这一现状导致部分毕业生在步入社会后，其实践操作能力与理论知识相脱节，即便在专业成绩上表现优异，但在实际操作中却显得力不从心，需要较长时间的社会适应期。这种现象不仅影响了毕业生的职业发展，还加剧了当前就业市场的困境，使得一部分看似具备专业素养的毕业生在就业市场上受到冷遇。

### 2. 评估的专业化不够

随着我国高等职业教育质量评价体系的持续优化，其评估规模已初具雏形。然而，随着社会各界对评估期望值的持续攀升，评估的专业化升级已成为当务之急。从外部视角审视，吸纳相关行业企业深度介入高职院校的评估流程，对于提高教育质量具有显著效用。这一做法的合理性在于，行业企业凭借对高职院校特质与优势的深刻洞察，以及对当前社会发展所需人才的精准把握，能够提出更具针对性的改进建议。因此，行业企业在高等职业教育中的参与深度，直接关乎教育质量的提高幅度，其提出的见解与建议对评估体系的完善至关重要，有助于共同设定教学目标、规划人才培养路径，并构建更为专业的评价体系。

再从内部评估层面来看，专业化的制度建设需紧密围绕提升办学特色这一核心展开，方能真正促进院校教学质量的跃升。这意味着，在制度设计中需充分彰显院校的独特性与优势，确保评估机制既能精准反映教学现状，又能有效引领未来发展。

3. 自我评估仍需改进

高等职业教育质量评估体系的核心在于，对高职院校在教学质量、教育资源配置、教学活动实施、组织架构管理以及专业布局规划等多个维度的教学活动进行综合考量与评判。以高职院校本身作为评估的焦点，源自院校外部的评估活动被定义为外部评估，而源自院校内部的自评则被称为内部评估。通常而言，外部评估与内部评估的有机结合能够更有效地保障评估工作的整体质量。当前，我国主要采用以外部评估为主导，内部评估为辅助的评价机制。国家层面依据高职院校的发展现状，精心制定了相应的评价制度，并组建专业的评估委员会，定期执行院校评估任务。然而，对于高职院校而言，外部质量评估更多扮演的是行政监督的角色，院校往往处于被动参与的地位。相比之下，内部质量评估才是院校自主发起并主导的自评活动，通过这一机制，院校能够直观地洞察自身存在的问题，并依据当前的办学实力与状况，提出有针对性的改进策略，为教育活动的重新规划提供具有可行性的见解与建议。内部评估实质上是一种自我审视与严格要求的过程，它体现了院校对自我提升的积极态度。

（二）重形式轻效果

1. 对教育质量关注度有待提升

在评价制度的实际执行过程中，其与最初设定的评估宗旨之间仍存在一定的偏差，且当前的评估手段仍有待进一步的精进。教育评估活动完成之后，评估结果并未如预期般有力地推动教育质量的提高，而是更多地聚焦于教育设施与教学环境的改善，这在一定程度上偏离了国家推行评估的初衷。对于高职院校而言，对待评估的态度往往过于功利化，这种评估不仅耗费了大量的财力、物力与人力资源，而且未能充分实现评估本身应有的价值。从表象来看，教育评价制度的设立旨在确保教育质量的稳步提高，并优化教学环境，然而在实际操作中，却演变成了对大量资金的投入以及表面层次的改进。

2. 评估与问责隔离

为了应对教育质量评估的挑战，高职院校纷纷增加了资金投入，致力于优化办学条件、强化教学管理流程，并持续改进学校的硬件设施，这些举措无疑体现了教育质量评估所带来的积极影响。值得注意的是，尽管评估与问责在概念上相互独立，但问责机制无疑是教育评估体系中不可或缺的一环。评估为问责奠定了坚实的基础，前者负责揭示存在的问题，而后者则专注于问题的解决，两者之间呈现出一种相互关联且有序的关系。然而，目前我国高职院校的评估工作大多仅限于问题识别阶段，对于如何改进问题、具体的改进措施以及改进责任的归属等问题，尚缺乏深入的研究与探讨。相比之下，英国的高等职业教育评价制度则有着更为完善的规定：评估结束后，各院校需在限定时间内完成整改工作，并接受二次评估，最终的评估结果将被公开发布于评估网站上。这一做法有效地将问责与评估两项制度融合在一起，两者相辅相成，共同推动高等职业教育质量的稳步提升。

### （三）第三方评价制度不完善

教育体制改革作为全面深化改革的重要组成，一直备受社会关注。教育活动的实施受教育质量评价制度的深刻影响。当前，我国教育质量评价制度虽已较为完善，但随着改革深化和国际先进制度的引入，正面临巨大挑战。全球教育评估现状亦呈现出快速变化的趋势，单纯依赖政府主导评估的模式已难以确保评估结果的公信力。在此背景下，独立的第三方教育评估机构的参与已成为大势所趋，这对于提升评估的公正性、客观性与专业性具有重要意义。

#### 1. 评估主体单一化

随着高等职业教育质量评估体系的多元化趋势日益显著，一个由政府、高职院校、社会及学生等多方力量共同参与的评估格局已然形成。在传统观念里，政府与高校被视为高等职业教育质量监控与评估的主导力量，而社会与学生的角色往往被边缘化。由于各评估主体的关注点与价值导向存在差异，高等职业教育的质量评估标准亦呈现出多样化的态势。行业企业侧重于评估教育成果能否满足市场需求，而政府则更为关注毕业生的就业率。

#### 2. 第三方评估机构专业性不够

在评估活动中，多方主体的参与至关重要，尤其是第三方评估机构作为社会评估的重要力量，但其现状却令人担忧。目前，这些机构普遍面临专业知识储备不足、管理效能低下的问题，且在很大程度上对政府存在过度依赖，就连评估实施的具体方案也大多由教育行政部门与各院校协商确定，这极大地限制了第三方评估机构主动权的发挥，进而引发了对评估结果准确性和可信性的广泛质疑。鉴于此，为了切实增强评估结果的权威性和社会认可度，第三方评估机构亟须在专业知识层面实现质的飞跃，其独立性亟待得到根本性的加强，同时，其治理能力也需迈向新的高度。

从角色定位的视角来剖析，高等职业教育评估体系中的第三方评估机构应该是与政府及高职院校并肩作战的专业评估实体，它们专注于为评估需求方量身打造定制化服务，替代政府执行评估职能，为高职院校的内部评估体系搭建结构框架，并确立专业的评估标准。同时，这些机构还需积极收集教育服务流程中的反馈信息，成为连接政府与院校之间沟通互动的桥梁与纽带。然而，当我们审视当前国内的实际状况时，可以发现第三方评估机构尚处于成长发育的初期阶段，尚未成长为独立且成熟的评估实体，依旧在很大程度上依赖政府来开展评估工作。鉴于此种情况，我们不仅要充分激发第三方评估机构在高等教育管理领域的专业优势与技能，还需要着手制定统一且明确的准入门槛与激励机制，以构建一个完善的第三方评估体系。此举旨在促使第三方机构能够充分展现其在行业企业中的独特价值与作用，并接受来自社会各界的全面监督与严格检验。

#### 3. 评价制度的有效性不高

在实施评估之后，评估能否有效达成既定目标，是衡量其有效性的关键所在，具体涵盖评价体系的效能及目标实现程度。此观点强调，评估的目的不应仅局限于开展质量评估活动，更在于推动教育质量的全面提升与优化，且后者占据核心地位。评估的每一步骤均须严格遵循预设的评估规划有序推进，最终提出的改进建议需切实有利于高职院校的长远发展及整体建设，唯有如此，方可称之为有效的评估。同样地，评估活动的每个实施阶段都需设定清晰明确的目标导向，特别是在评估执行环节，有效的评估能够激发学习动力，为评估的每一环节提供明确的行为准则。这样一来，评估工作便不再仅仅聚焦于最终结果的呈现，而是同样重视评估过程的完备性，确保评估能够持续发挥服务教育质量提高的功能。

评价制度本质上属于一种承载着行政职能的规范性框架，它呼唤学校、政府及社会各界的广泛参与，构建一个多元利益主体协同合作的互动过程。评估流程的实施不仅激发了评估机构及其利益相关者的持续创新活力，还有力推动了评价制度的日臻完善以及高职院校教育教学活动的不断精进。在社会问责层面，评估的有效性具体展现为通过沟通与协商机制，激励利益链上的相关人员追求进步与创新。为了达成评估的有效性目标，我国高职院校的评价制度亟须进行适应性调整，切不可轻视主体质量的核心价值，而应充分认可评估的不可或缺性，将评估内化为教育教学工作中不可或缺的有机组成部分，进而营造一种积极有效的评估文化氛围。

第三方评估机构的创立初衷在于辅助政府高效执行评估任务，借助其专业视角，能够产出更为客观、精确的评估结论，从而显著增强评估结果的有效性和可信度。对于高职院校而言，依据此类评估结果进行改进工作，能够展现出更强的针对性和实效性。鉴于此，第三方评估机构应当致力于提升评估结果的有效性，确保评估结论不仅准确无误，而且具备高度的导向性和说服力，以便为高职院校提供更为坚实的改进依据。

## 二、高职院校教育质量评价制度改进的对策

### （一）制度向专业化发展

#### 1. 注重职业导向

鉴于高等职业教育目标的独特性，其与本科教育存在显著差异。统一评价标准“一刀切”评估教育问题，将阻碍高职院校发展。职业教育旨在培养适应社会经济趋势、满足市

场需求的技能型人才。因此，高职院校应坚持“职业化”导向，培养无缝对接岗位、技能实践强的毕业生。优化评价制度时，需凸显职业教育特色，深入考察专业课程设置、教学质量、实用性及操作水平，确保评价体系科学有效。

历经较长时期的演进，高职院校教育质量评价制度已逐渐将评估焦点重新聚焦于专业知识的深度学习之上，愈发强调教育活动与学习过程的实施，教育发展的战略重心正由量的扩张向质的飞跃转型。以往，人们关注的是能否踏入校园门槛，而今则更为看重能否接受更高质量的教育。正如古人所言，“闻道有先后，术业有专攻”。当前，评价制度将学习者对专业技能的掌握水平作为核心考量要素，对职业技术院校的学生提出了包括生产作业能力、设备操作与维护技能、技术创新力、突发事件应对等在内的多项能力要求，旨在全方位、多角度地培育具备综合性专业技能的人才。

2. 注重自我评估

高职院校推行内部评估举措，是其致力于自我革新与完善的鲜明体现。内部评估是高职院校教育质量保障体系中的关键一环，而自我评估则是推动院校自身持续进步的重要驱动力。在实施内部评估时，充分吸纳教师的见解与建议至关重要。同时，学生作为教育成果的直接接收者，对于高等职业教育质量的评判拥有无可替代的话语权。鉴于学生所需知识技能随其学习阶段的不同而有所差异，因此在吸纳学生参与教学质量评估时，评估指标的设计需体现个性化原则。具体而言，应依据学生的在校时长及毕业阶段的不同，对评估对象进行合理分类，并各有侧重地开展评估工作。考虑到高等职业教育的核心价值不仅在于知识的传授，更在于职业技能的培育，因此，在制定自我评估内容时，务必确保其内容贴近实际、具有针对性。

内部评估应秉持全局视角，深入探究评估制度的设计路径，以确保其能够精准契合教学活动的初衷及整体质量体系的构建要求。特别是在教学层面，评估制度应构建成一个闭环系统，将内部评估无缝融入日常教学活动的每一个环节，从而推动教学内容与计划的持续优化与升级。在探索内部质量管理的优化策略时，可以从英国内部评估制度中汲取灵感，鼓励各高职院校根据自身的发展实际，量身定制评估方案，并付诸实施。通过这一过程，不仅能够对教育质量进行全面而深入的评估，还能够基于评估结果的细致分析，精准识别存在的问题与不足，进而制订出科学合理的整改方案，以期实现问题的根本性解决与质量的全面提高。

3. 注重同行评估

构建一个涵盖国家、社会及学校三大主体的职业教育质量评估体系，旨在通过“以评促建、以评促改”的机制推动职业教育的持续发展。在教育评估的众多方法中，同行评估无疑占据着一席之地，其凭借自身深厚的专业知识底蕴及对行业动态的精准把握，能够更为有效地执行职业教育质量评估任务。比如，为了促进各成员国职业教育质量的协同提高，欧盟教育理事会创新性地引入了“同行评估”机制，将其作为职业教育质量评估体系的重要组成部分，这一举措极大地丰富了职业教育保障体系的内涵与外延。

在完成评估流程之后，被评估的高职院校需在既定时间内精心筹备并召开反馈会议，对业已实施的改进措施进行详尽汇报。一旦其改进成果获得认可，评估小组将着手整合自评概要、评审结论以及有针对性的整改建议，共同编纂成一份详尽的评估报告。此报告随后将被递交给地方教育行政部门进行备案，同时由院校自行妥善保管，以备未来评估工作之需。此举旨在促使院校在未来的评估实践中，能够深入参考并吸纳同行评估的宝贵意见，为持续提升高职院校的教育质量奠定坚实基础。如此安排，不仅确保了同行评估的透明度、公正性和实效性，还充分尊重了被评估院校对评估结果的认可程度，引导其有的放矢地推进整改工作，以期实现教育质量的稳步提高。

#### 4. 注重“个性发展”

教育健康发展的关键在于评估机制，其核心在于践行以学生为中心的理念，目的在于提高教育质量。评估需将学生置于首位，教育目标是人的全面发展，需以人本理念为指导，组织多元评估，推进素质教育，强化学生职业技术能力，适应创新与市场需求。为此，需构建公正评价体系，以学生核心素养为基准，制定针对性教育质量标准。鉴于评估的复杂性，需融合内外因，根据学生特性设计差异化评估内容，尊重并促进其个性化发展。评估不应仅看重学业成绩，而应采用多元模式，激励学生展现个性。

### （二）提高第三方机构的参与度

一个体系若想稳健运行，离不开一个高效且强有力的监管架构作为支撑。为了规范评价主体的行为，确保其具备卓越的水准，进而保障评价结果的公正性和精确度，最终赢得广泛的社会认可与效益，亟须构建一个独立的社会评价制度监督实体。在此，我们可以借鉴美国外部评估制度中的成功案例，其中多元主体积极参与、相互协同的机制尤为值得学习。基于此，可以为我国职业教育的繁荣发展，精心打造一套严密且科学的制度框架。

该框架的核心目标是将高等职业教育的教学活动与发展轨迹，全面置于政府、社会各界以及第三方机构的广泛监督之下，形成一种积极的督促与引导力量。这不仅是对高等职业教育进行单纯的监督，更是为高职院校提供具有前瞻性和建设性的意见、开展全面而深入的专业评估等服务，助力其破解实际发展中遇到的各种难题，鞭策其发现并改进存在的问题，从而持续提高办学质量与教育水平。

第三方机构的嵌入，不仅有效规避了政府评估可能带来的行政化倾向，还克服了学校自身存在的盲目性和主观随意性。通过第三方机构的深度参与和积极贡献，外部评估体系将变得更加多元化、开放包容且富有活力。

1. 增强第三方评估机构的自身竞争力

为确保评估工作的客观公正性，国外在进行教育质量评估时，普遍依赖第三方评估机构。然而，当前我国高职院校在教育评估领域内尚缺乏此类健全的监督机构。在借鉴国外评估制度的过程中，必须紧密结合我国的实际情况，避免盲目模仿和简单移植。第三方评估机构的核心职能在于提供专业的评估服务，这就要求其评估人员必须掌握扎实的专业知识，包括但不限于心理学、教育学、管理学、统计学、心理测量学以及计算机科学等领域的理论与应用。对于我国第三方评估机构而言，要实现预期成效，不仅需要强化外部评估的效能，还需着力提升自身的综合竞争力。这就要求评估机构必须深入理解相关政策导向，积极学习最新的理论成果，不断更新技术手段，从而在激烈的市场竞争中占据优势地位，脱颖而出。

2. 注重行业企业的评估

第三方评估机构作为专业的评价实体，其角色定位于政府与社会之间，擅长在教育服务供需两端之间搭建需求反馈的桥梁，扮演着联结社会与国家教育的纽带角色，有效促进了供需双方的紧密沟通。然而，当前我国独立的第三方评估机构处于发展初期，尚需进一步完善，目前主要依赖政府主导评估工作。构建高等职业教育质量评估制度的初衷，在于更好地顺应产业发展结构的变迁，通过评估精准把握社会当前的人才需求结构，进而依据需求导向设置相关专业，培育符合社会发展需求的职业技能型人才。行业企业的积极参与，能够迅速将社会就业趋势反馈给高职院校，据此推动产教融合的深入实施，加深学校与企业之间的合作关系。只有高度重视行业领军企业的意见，吸引其投身于高职院校的评估工作中，实现多方高效协同，才能从根本上纾解毕业生就业中的供需结构性矛盾。

我国高等职业教育体系已完成规模上的快速扩张，成功构建起全球范围内规模最大的高等职业教育架构，并已初步具备大规模培育高素质劳动者及技术技能型人才的综合实力。当前，提高高职院校的人才培养质量已成为亟待解决的首要议题。然而，值得注意的是，我国高等职业教育质量评价体系的完善程度仍有待加强，这不仅是提高教育质量的关键所在，也是推动我国高等职业教育持续健康发展的必由之路。

# 第五章　高等职业教育人才培养与产教融合

## 第一节　高等职业教育产教融合发展概述

### 一、产教融合的内涵

“产教融合”这一概念，指的是产业界与教育领域之间展开的深度合作，旨在协同推进人才培养、社会服务以及科技创新等一系列活动。其主体构成涵盖了教育机构、物质生产资料生产者、社会服务提供者以及科技研发实体等多元化新型组织。这一模式展现出主体构成多元、合作形式多样以及产出成果丰富的显著特征。从本质上看，产教融合构成了一种综合性的行为集合，它强调产业与教育两大领域间资源的共享与互换。在这一框架下，企业向教育机构的学生开放其技术资源，从而帮助学校降低学生的岗前培训成本；同时，教育机构也为企业员工提供继续教育的机会，双方携手制定岗位规范、质量标准等，实现深度的协同研发。

探索我国产教融合历程，历经了“教育结合生产劳动”“工学交融”及“产教深度整合”等阶段，虽各具形态，实则均为产教融合细化深化之体现。在政策上，产教融合政策由单一部门发文转向多部门联合发布，职责划分比较明晰，配套措施基本完备。在实践中，产教主体由一企一校简单合作，迈向产业链与专业群深度融合，融合程度进一步加深。在教育领域，产教融合范畴自中职、高职院校向应用型本科及“双一流”高校不断拓展，教育层次显著提升。

在育人主体的交互作用中，双向交流与地位平衡至关重要。产教融合并非学校单向渗透于行业企业，而是基于双方平等的双向互动与合作。此模式需学校与企业并肩同行，共赴人才培养全程。具体而言，学校提供系统理论教育，企业则提供实践平台与真实工作环境，让学生在校期间即能亲身体验实际工作场景，进而有效提升其实践技能。通过校企深度合作，学生能在实操中迅速掌握并灵活运用所学知识，实现理论向实践的顺利过渡。同时，企业能从学校科研成果中汲取创新动力，助力产业结构优化。这种协同育人模式，既能全面提升学生综合素质，又能增强其就业竞争力，实现学校、企业与学生共赢。

在构建合作关系的过程中，应着重强调校企之间的深度融合与全方位协作，确保企业能够全面参与人才培养的各个环节。这种全面融合不仅涵盖了体制机制与育人模式的整合，还深入观念与文化层面的交融。学校方面，可以积极吸纳企业文化的精髓，将企业的核心价值观、管理理念等要素有机融入日常教学之中，以此培养学生的职业素养与团队协作精神。与此同时，企业亦可在学校中广泛传播自身的企业文化，以此加深学生对企业的认知与情感认同，进而增强学生的企业归属感。

在利益诉求层面，产教融合的终极目标在于实现学校与企业之间的互利共生与共同发展。通过合作育人、资源共享以及协同创新等一系列举措，学校能够不断提高教学质量与科研实力，进一步强化其社会服务功能；而企业则能够借此获得更为丰富的人才储备与创新资源，进而提升自身的核心竞争力。这种互利共赢的合作模式，不仅有助于推动教育与经济的深度融合与良性互动，还能够为社会的可持续发展注入强劲的动力。

## 二、产教融合人才培养

产教融合的人才培养模式，是指在政府宏观调控与行业协会专业指导下，学校与企业深度协作，双方共谋利益的人才培养流程。对高职院校而言，该模式核心涵盖以下维度。

### （一）人才培养方案市场化

人才培养蓝图是界定教育总体架构与标准的指导文件，为教学活动组织、任务部署及实践实施提供根本依据。蓝图需全面覆盖人才培养各环节，包括专业设置、入学要求、学制、培养目标、课程安排及毕业条件等。在产教融合背景下制定蓝图时，可特邀行业协会专家来校指导。在专家引领下，校企要紧密协作，依据国家高等职业教育标准，精心制定出一套符合我国高等职业教育实际的人才培养规划，深度融合双方的需求。此规划的核心在于精准对接行业岗位需求，以市场为导向，能力培养为核心，着重提升学生基础素质、职业技能及综合素养，旨在培育适应市场的高素质技能型人才。

### （二）人才培养过程职业化

人才培养的流程涵盖了课程的构建与研发、教学材料的编纂与甄选等诸多环节。课程体系作为学校教学架构中的核心组成部分，指的是各类课程类型及其具体科目经过精心组织与合理搭配后所形成的和谐关系与适当比重，它是一个有机整合、全面系统的整体。课程体系是人才培养的基石，一个科学合理的课程体系对于确保人才培养的高质量具有决定性作用。在产教融合的人才培养进程中，特别强调课程体系与企业实际生产流程的紧密结合，通过精心设计的课程布局与教材遴选，力求最大限度地模拟并还原生产一线的真实场景，使学生在校园学习期间就能亲身体验到企业生产的实际操作流程，从而为他们的未来职业生涯奠定坚实的基础，为日后的职业发展铺平道路。

### （三）人才培养方式实践化

人才培养的模式涵盖了教学模式、教学策略与方法，以及支撑教学实践顺畅进行的各类设施与环境条件。在产教融合的人才培养框架下，所倡导的教学模式是“以行动为指引、以任务为驱动、以项目为引领”的“教学与实践深度融合”的一体化教学模式，其中，实训基地教学在此框架下占据了举足轻重的地位。实训基地作为职业学校依托自身资源与行业、企业紧密合作，专为培育技能型人才而精心打造的专业平台，其形态又可细分为校内实训基地与校外实训基地两大类。

实训基地的教学实践，能够最大限度地促进学校教育资源与企业生产资源的优势互补，使学校成为孕育企业所需技术技能人才的重要摇篮。同时，这一模式也为学生提供了近距离观察行业、企业最新发展趋势的窗口，使他们能够深入了解具体岗位的技术规范与要求，从而在提高个人技术水平与职业能力方面取得显著成效。

### （四）人才培养质量评价专业化

人才培养质量的评估机制是人才培养流程中不可或缺的保障环节，尤其在产教融合的人才培养模式下，其评估更是依赖于行业标准引领下的校企协同评价机制。该评估机制的主体由学校与企业双方共同构成，旨在既体现学校人才培养的诉求，又契合企业的人才需求，同时还要与行业规范保持高度一致。针对高职院校而言，亟须摒弃以往传统的、单一维度的评价方式，转而构建一套专业化、多元化且具有高度针对性的人才培养质量评估体系。

## 三、高等职业教育产教融合人才培养理论基础

### （一）协同创新理论

在产教融合的实践进程中，创新的核心在于企业、高校、政府机构及科研单位等创新主体的积极参与，并充分利用各自的优势资源，通过主体间的资源优化配置与深度合作，遵循协同研发、利益均衡分配及风险共同承担的原则框架，携手推进技术创新项目的实施。这一过程旨在激发各创新主体的潜能，促进资源的有效整合，最终实现协同创新效应的最大化，即达成超越单一主体能力范畴的“整体大于部分之和”的显著成效。

### （二）利益相关者理论

随着经济持续不断的繁荣发展，社会各界对高等教育机构在人才培养方面的期望与需求呈现出显著增长的趋势，这促使高校不得不启动一系列深刻的变革，从原先单一聚焦于教学活动的目标，逐步转向积极寻求外界的协作与支持。为此，高校正逐步探索与政府机关、企业实体、科研机构、行业协会及具有影响力的社会各界人士建立互利共赢的合作模

式。在此背景下，利益相关者理论在指导高校与企业合作、推动产教融合改革中的重要性及其独特优势日益彰显。部分学者指出，在高职院校的语境下，利益相关者群体广泛涵盖了政府机关、企业组织、行业协会、高职院校本身、学生群体、专任教师以及企业导师等七大主体。鉴于此，在推进产教融合的过程中，应充分利用利益相关者理论，全面考量企业、政府、学生及教师等核心利益相关者的立场与诉求，深刻认识并充分发挥他们在产教融合进程中的关键作用与积极影响，通过激发他们参与产教融合的内在动力，为高等教育机构产教融合的顺利推进打下更为坚实的基础。

## 四、高等职业教育产教融合人才培养取得的成效

产教融合是职业教育的核心特质，而深化产教融合则是推动职业教育改革的核心脉络，是确保职业教育高质量发展的关键环节，同时也是构建教育强国宏伟蓝图的关键举措。截至目前，职业教育在推进产教融合方面已经取得了显著且令人瞩目的成就。这些显著成就具体体现在以下关键维度上。

### （一）实现了教育与产业深度对接

行业产教融合共同体的构建，极大地强化了职业教育与业界、企业间的紧密联系，确保了人才培养与产业发展需求之间的精准匹配。这些共同体在链主企业的引领下，高效整合产业链上下游的各类资源，携手学校及科研机构，共同推进优势互补、资源共享、协同育人、创新协作及融合发展。与此同时，积极倡导企业深度介入院校的专业布局规划、教材内容的研发、教学活动的设计、课程体系的搭建、实习实训的组织等关键环节，推行校企联合招生机制，并广泛开展委托式、订单式及学徒制等多种人才培养模式，从而确保企业实际需求能够全面融入人才培养的每一个细微之处。此外，职教机构还致力于建设一批具备高水准、专业化及开放特性的产教融合实训基地，为学生搭建起更为广阔的实践舞台，进一步提升他们的动手操作技能与职业素养。

### （二）产教融合下对职业教育的认识不断深入

职业教育领域内，校企合作与产教融合被视为教育实施的根本范式，而妥善管理产教关系则是推动职业教育高质量发展的核心所在。历经职业教育界的长期实践探索，产教关系的内涵已不再局限于学校单方面对人才培养的需求，而是逐步演进为学校与行业企业间更为广泛且深入的双向互动与融合。从产教合作到产教融合的演变，不仅彰显了人们对职业教育与产业融合内在规律认知的持续深化，也反映了对职业教育基本运行模式理解的逐步升级。在这一过程中，校企合作与产教融合愈发稳固地确立为职业教育的基石，通过不断的实践摸索，产教关系已经超越了学校人才培养的单一维度，拓展成为学校与行业企业间更为全面且深刻的双向协作与融合。

历经长期探索实践，国家在构建政府、行业、企业与学校四方协同机制及央地良性互动、区域协同推进的基础上，不断优化产教融合的制度架构与发展规划。其间，国家着力打造产教融合型城市与市域深度融合联合体，同时积极培育产教融合型企业与行业共同体。由此，逐步形成以城市为节点、行业为支点、企业为主体的产教融合革新路径。该路径起到了有效整合资金、技术、人才、政策等资源，显著增强各主体协同，深化产教融合等作用，为区域经济繁荣提供了坚实支撑。

### （三）产教融合的形式更加多样化

在国家颁布的一系列产教融合政策法规的指引下，各地区纷纷探索并革新产教融合的运作机制以及校企协作的新范式，进而催生出了一系列丰富多元的产教融合实践形态。

### （四）统筹规划人才改革

各级人民政府教育管理部门承担着统筹协调各教育机构招生录取工作的职责，确保各院校遵循既定的招生名额与专业导向有序开展招生活动，旨在拓宽并增强各院校的生源基础及社会影响力。同时，积极倡导并支持高职院校采取自主招生与集中招生并行不悖的录取策略，依据产业发展趋势及院校特色，主动申报开设贴合市场需求的专业。同时，强化院校与企业间的互动交流，邀请行业组织、协会及企业专家共同参与院校专业设置、课程规划及人才培养方案的制定，并提出富有建设性的见解。

随着高职院校自主招生权限的扩大，各院校得以吸纳更多优质生源，这一变革恰好契合了行业发展的迫切需求。通过增设企业亟须的专业，有效促进了学生就业时的供需平衡。政府教育部门则通过对各高职院校招生专业与规模的全面规划，实现了对相关产业人才供给结构的宏观调控与优化。

## 第二节　“互联网+”时代背景下高等职业教育产教融合人才培养

将“互联网+”理念视为驱动人才培养的核心引擎，致力于构建一个以学生为中心，旨在促进其综合素养全面提升，并追求所有利益相关者互利共赢的人才培养生态，是高等职业教育产教融合人才培养的创新之举。在此过程中，强调人才培养流程的数据化转型、开放性构建、动态性调整、个性化定制以及柔性化管理。借助互联网技术，通过对政府、行业、企业及学校等多维度系统中的跨界元素实施深度整合与重构，以此触发学校教育系统的结构性革新，进而塑造出契合信息时代特征的产教融合人才培养新型范式。

基于前文对“互联网+”内涵及特性的深入分析，我们提出了一种涵盖培养目标多元化、课程体系灵活化、教学活动交互化、教学资源共享化以及学习评价机制综合化的“五维一体”产教融合人才培养创新路径。

## 一、课程体系动态化

当前经济社会正深刻烙印着“互联网+”的时代特征，伴随着产业结构深度变革与经济发展模式根本转型，社会分工日益精细，新旧职业加速更替，因此对个体知识结构、专业技能及职业素养提出了全新挑战。课程体系构建与完善，必须基于长期教育实践，遵循教育规律与学科建设逻辑，蕴含深厚历史传承并且具有相对稳定性。然而，面对科技迅猛发展及知识快速更新，职业教育产教融合人才培养课程体系亟待适时革新，以应对经济新常态下人才需求快速变化的趋势。

### （一）以用户思维为中心，构建无缝对接需求课程体系

在互联网思维下，用户中心理念至关重要，因此，课程体系构建需首要考虑企业需求。高职院校应充分利用云计算、大数据等先进技术，广泛收集企业人才需求及行业技术动态。通过细致分类与深度聚合分析，建立实时捕捉需求、动态反映职业能力的信息库。基于此，前瞻预测并分析人才需求涉及的专业知识、布局及能力构成，紧密贴合行业特性与企业需求，建立人才需求与行业发展的联动机制。旨在实现专业设置与产业需求的精准匹配，课程内容与职业标准的深度融合，显著提升职业教育产教融合人才培养的适应性与精确度。

### （二）搭建校企合作平台，建立课程体系动态化调整管理机制

随着产业结构的不断演进与转型升级的深化，其对人才的需求亦在持续演变，这一动态趋势对高职院校在课程构建上也提出了更高要求：必须紧密贴合需求变迁、紧跟时代潮流、灵活调整形式，旨在构建一个极具动态适应性的课程体系。为了建立健全课程体系动态调整的管理机制，高职院校应充分利用大数据技术的强大潜能，广泛收集并深度整合包括特定岗位需求、能力构成要求、行业发展趋向及从业人员职业准则在内的多元化信息，以此作为基石，定期开展岗位人才需求的前瞻预测，并据此对课程体系的专业名录进行及时且周密的修订与完善。

针对高职院校专业课程的设置，必须实施严格的监管与管理举措，以确保其能依据科学合理的办学需求，灵活且审慎地调整专业设置。为此，亟须构建一套完备的新增专业审批机制，以及一套高效的过时专业淘汰机制，从而确保课程体系的调整能够紧密追随产业转型升级的步伐，与知识的更新换代保持高度同步，持续提升职业教育的适应力与竞争力。

### （三）创新课程组织形式，丰富课程体系内容

互联网时代的到来，极大地加快了知识更新的速度，并促使知识的本质属性和内在结构经历了前所未有的深刻变化。因此，在选择课程内容时，不仅要重视针对特定岗位所需

的专业技能知识，还应将那些对学生未来从事各种职业至关重要的通用性知识和综合性知识纳入考虑范围，同时，将职业资格教育深度嵌入产教融合的人才培养体系之中。在此基石之上，遵循生产实践、创新创业活动以及学生的认知发展逻辑，对课程体系进行根本性的再造与重构。

为了推动理论知识与实践知识的无缝对接与深度融合，应巧妙地将与工作场景及流程紧密相连的知识要素融入课程模块或学习单元，以此打破不同专业领域间教学与技术应用的界限。此举旨在让知识的构建过程变得更为鲜活、多元且贴近真实情境，进而增强学习者在同一专业内部、跨专业领域间以及理论与实践维度上的知识整合与迁移能力，确保他们能够实现对知识的全面贯通与灵活应用。

## 二、教学活动的互动化

目前，高职院校的学生群体主要成长于互联网信息化的环境之中，他们被形象地称为“数字原住民”，这样的生长环境深刻地影响了他们的大脑认知结构，具体体现在思维方式、行为习惯及认知模式等方面均发生了显著变化。根据对当前高职院校实践教学现状的深入调研，可以发现，那种传统上单纯以教师为主导、缺乏有效师生互动的教学模式，已远远无法适应“互联网+”时代背景下对高素质技术技能型人才培养的迫切需求。因此，变革现有教学模式、强化师生互动并致力于构建一种全新的师生关系，已成为一项亟待推进的紧迫任务。

### （一）转变教育理念，构建以学生为中心的个性化教学模式

互联网技术的迅猛发展正逐步解构传统的教学模式，在此过程中，“互联网+”所带来的丰富数据与信息资源已成为不可或缺的核心要素。依托大数据技术对学习需求进行深度剖析，互联网技术的运用推动了学习向个性化、智能化的方向迈进。教师通过全方位地收集学生在学习过程中的各类数据，并对这些数据进行细致入微的分析，从而可深入理解学生的知识结构、情感倾向、价值观念以及认知特性，进而能精准把握当前学生群体的学习状态、偏好及规律等宏观趋势。运用“痛点识别”理念，教师可以精确锁定学生在学习过程中遇到的难题与挑战，并及时提出具有高度针对性的学习指导方案。

通过诊断性分析进一步收集关于学生综合素质、能力倾向及职业志趣等辅助性信息，借助先进的筛选与智能匹配技术，把学习资源能够自动且精准地推送给每一位学生，从而实现真正意义上的个性化学习定制。这一过程不仅提高了学习的效率与质量，更彰显了教育的人性化与智能化。

### （二）搭建“互联网+”教学平台，促使教学过程网络化、互动化

鉴于“互联网+”教学平台所展现出的跨越时空界限的独特优势，高职院校要致力于

将定制学习、跨界学习及规模学习等多种学习范式的精髓与特性进行深度融合，精心打造一种将理论学习与实践操作紧密结合、在线教育与线下体验无缝衔接的混合式学习新生态。此模式旨在促进学校与企业两大主体间的资源共享，推动教学过程与生产过程的高效协同，进而实现教育资源的最优配置与学习成效的最大化提升。通过这一创新路径，力求打破传统学习模式的界限，开启教育数字化转型的新篇章。

在“互联网+”教学平台的推动下，师生关系的传统模式正经历着深刻的转变。这一平台不仅赋予了课堂教学交流互动以更高的灵活性与生动性，还促使师生之间以及学生之间的信息沟通与传递方式向全方位、立体化的方向迈进。课堂内的互动不再是唯一的交流渠道，师生们可以充分利用虚拟技术模拟出的现实场景，借助教学平台在任何时间、任何地点进行信息的交换与互动。这种互动模式呈现出持续性、立体性、高效性以及多元性的特征，它跨越了时空的限制，实现了教与学的全方位交融。在此基础上，演化出了一种全新的师生关系，这种关系以更加平等、开放和互动为核心，突出了学生的主体地位，进一步提升了教育的质量与效果。

### （三）借助现代远程教育，着力推进“互联网+”教学

在“互联网+”时代背景下，现代远程教育以其汇聚优质教育资源的平台优势、高效便捷的网络学习通道、即时的双向互动机制，以及个性化、定制化、智能化的教学流程等显著特征，为产教融合人才培养的教学创新提供了广阔的拓展空间与全新视角。高职院校应当深入挖掘现代网络信息技术的巨大潜能，借助现代远程教育的独特模式，推行信息化、交互化、开放化、多元化的教学活动，致力于构建一套以网络为基础的教学资源体系、教学互动平台及教学管理服务系统。在此过程中，应将线上网络教学与线下实体教学深度融合，实现优势互补与资源共享，从而为培养具备高素质的技能型人才奠定坚实而全面的基础，进一步促进教育与产业的深度融合与协同发展。

## 三、教育资源共享化

以当前数字化信息技术为工具，共享教育资源正逐步瓦解着封闭且保守的传统教育模式的壁垒。开放教育资源的共享特性彰显于：它使得学习者能够挣脱时间、地域、职业及年龄等多重束缚，自由无碍地获取并使用这些资源。尤为重要的是，这一共享机制确保了学习者间的独立性，即任何一位学习者在利用开放资源时，均不会对其他学习者的使用造成任何干扰或影响。开放教育资源的这一共享特性，极大地拓宽了教育者与学习者的参与范畴，将高等教育学习的边界推向更深远的境地。它赋予了教育者与学习者真正的自主权，使他们能够自由地探索与利用高等教育资源，进而在全球范围内实现了教育的共享与终身学习的愿景。

结合当前职业教育资源建设的实际情况，产教融合的人才培养体系内的所有管理实体和参与方均需积极促进自我革新与转型，有效融合内外部各类资源要素，着力深化教育资源合作与共享机制。各主体应精确捕捉市场动态与需求趋势，在确保构建高品质的教育资源库，并达成资源最大化共享效益的基础上，进一步提升职业教育人才培养供给的精准度与针对性。通过这一系列举措，旨在推动职业教育资源的高效配置与利用，以适应并引领产业与教育的深度融合发展。

### （一）结合“互联网+”开放共享理念，积极推进教育资源库建设

政府在职业教育资源建设中的首要职责，在于深刻领会其重要性，并在观念层面树立正确认识。参照国家标准，政府应引领各区域根据自身经济发展的实际需求，同时融入地方职业教育的鲜明办学特色，构建既彰显区域特色又高度契合实际需求的职业教育资源体系。进一步而言，政府需增强对数字化教育资源的财政支持力度，并加大对专业技术的引进与吸纳，旨在构建一个集开放性课程资源、共享性信息交流平台和高效性学习支持服务于一体的远程教育教学服务体系。在此过程中，应充分发挥网络云计算技术的分布式存储优势，推动形成由多元共享主体协同参与的优质资源共建共享联盟，构建一种多元主体广泛参与、共同享有优质资源的“资源库”共建共治新模式。

面对“互联网+”的蓬勃发展态势，各高职院校应当积极拥抱变革，主动出击，通过深化跨区域合作策略，有力促进校企双方的紧密携手，进而致力于信息化资源共建共享机制的建立健全。在此基础上，应着力打造一系列以互联网理念为引领的优质教育资源库，涵盖行业人才需求标准库、实习实训基地资源库、技能比拼赛事资源库以及杰出教学范例库等多个维度，旨在全面丰富和提升教育资源的品质与内涵。

### （二）提高教师学历层次与信息化素养，组建“互联网+”优质教师队伍

为了全面提升高职院校教师队伍的综合素养，首先，通过优化薪酬福利体系，吸引更多高学历人才加入高职院校的教育行列。其次，普通高职院校应深化与示范性重点院校的交流合作，精心选派具备潜力的教师前往这些顶尖学府参与科研项目，深入研习所教学科的前沿动态与最新成果，以此强化教师队伍的科研实力与创新潜能。最后，高职院校应积极延揽企业界的杰出技术专家担任兼职教师，推动理论教学与实践教学的深度融合，为构建“双师型”教师团队奠定坚实基础，确保教育内容与行业需求的高度契合。

为了切实提升教师的信息化能力，教师们需紧密追随“互联网+”背景下职业教育人才培养的新趋势，充分利用既有的数字化教学资源库，灵活运用多样化的信息化教学策略，对教学活动进行富有创新性的规划与设计。在此过程中，教师们应有针对性地精选并推送各类优质的数字化教学资源给学生，旨在为学生提供全面且高效的知识学习与技能锤炼支持服务，从而有效提高学生的专业技能水平。在实践探索的道路上，教师们应持续强

化自身的信息化素养，勇于突破传统教育观念的束缚，并着力增强对网络资源的检索、整合、处理及应用能力，以适应信息化教育时代的新要求。

## 第三节　高等职业教育产教融合人才培养优化对策

产教融合在职业教育人才培养中扮演着至关重要的角色，它深度融合了产业实践元素，旨在构建一个既能保障高职院校与企业双方权益，又能精准对接产业与行业需求的人才培养框架。这一体系从培育与产业、行业相匹配的专业技能着手，精心打造了一个将理论知识与社会生产实践紧密结合的教育生态，旨在全面提升职业人才的职业素养与专业应用能力。通过这一途径，职业人才将能够更加高效地服务于产业升级与社会发展，为经济社会的高质量发展贡献智慧与力量。

### 一、树立科学的产教融合人才培养理念

#### （一）树立互利共赢的人才培养理念

秉持互利共赢的核心理念，推动职业教育向更高层次转型与升级，是培育应用型人才的核心所在。通过高职院校与企业的深度合作，实现教育与产业的深度融合，实用型人才的独特优势便得以凸显。近年来，国家高度重视职教转型战略的实施，政府层面在政策及资金方面给予了职业教育的大力扶持，促使职业教育办学实力迅速跃升，产教融合进程持续深化。这一过程中，企业参与职业教育的偏见与误解逐渐得到消解。面对产教融合的深化需求，学校与企业已携手迈出坚实步伐。然而，如何继续稳健前行，确保双方能够牢固树立互利共赢的人才培养观，成为当下亟待解决的关键议题。

首先，聚焦于企业的视角进行阐述。在推进产教融合的进程中，学校与企业需不断深化合作，共同秉持互利共赢的人才培养核心理念。要转变过往的片面认知，避免企业仅处于被动参与的状态，而应积极引导企业主动投身产教融合的大潮之中，实现从被动向主动的角色转换。企业应从根本上认识到，产教融合不仅能够提升其社会地位，还能使其全面融入产教融合的每一个环节。在此框架下，学校与企业共同构成了产教融合的两大核心主体，双方均需牢固树立产教融合互利共赢的科学观念，携手并进，共创辉煌。

其次，从高职院校的立场出发，深化产教融合理念的实践同样至关重要。高职院校需摒弃固有的传统观念，积极主动地融入产教融合的浪潮之中。为深化与企业的交流与合作，高职院校可采取多样化措施，如举办专题座谈会、组织师生赴企业实地考察、加大对学校的宣传力度等，旨在消除企业的偏见与疑虑。同时，高职院校亦可邀请不同性质及规模的企业走进校园，让其亲身参与人才培养的全过程，并对企业提出的宝贵意见给予充分

的重视与考量。

再次，在对待企业时，高职院校应保持一视同仁的态度，无论是国有企业、私营企业，还是小型企业，均应平等对待。经过深入考察与评估后，高职院校应努力与这些企业建立起稳定且长期的合作关系。在此基础上，根据各企业对人才的特定需求，定制化地培养符合企业发展需求的高素质人才，从而有效提升产教融合的实际成效，推动教育与产业的深度融合与发展。

最后，从更广泛的视角审视，产教融合人才培养模式的深入实施，不仅需要企业与高职院校的共同努力，也离不开政府及其他相关部门的积极作为。这些机构应采取一系列有效措施，以讲解、推介、普及等多种形式，增进企业与学校对产教融合人才培养模式的认知与理解，明晰该模式的独特优势及产教融合互利共赢理念为双方带来的广泛益处。在此基础上，发挥桥梁与纽带作用，积极协助学校与企业达成合作共识，促成双方签订合作协议，为产教融合人才培养模式的顺利推进提供坚实保障，确保这一创新模式能够在实践中落地生根、开花结果。

#### （二）树立合作创新的人才培养理念

无论企业与高职院校在产业融合上探索得多么深远，都需在政府宏观调控的引领下前行，以确保合作创新的人才培养理念得以牢固树立。在我国社会经济蓬勃发展的过程中，职业教育扮演着举足轻重的角色。因此，无论是教育机构还是企业界，都应当深刻认识到职业教育的重要性，积极培育职业教育意识，将优质资源进行有效整合，从而为校企合作的顺利开展奠定坚实基础。唯有如此，方能汇聚更为强大的教育合力，促使双方的合作共赢达到最佳状态。

同时不应忽视实践的价值所在，因为实践是检验知识掌握程度的唯一标尺。在职业教育的实施过程中，学校与企业务必重视应用能力的培养，切勿轻视这一关键环节。此外，政府亦需勇于担当社会责任，致力于职业教育的宣传推广，积极引导企业与学校建立正确认知，纠正社会对高职院校的偏见，共同致力于培养符合时代需求的创新型社会人才。

### 二、优化产教融合人才培养的沟通与协调模式

#### （一）完善产教融合人才培养沟通机制

在职业教育产教融合的人才培养进程中，鉴于多元主体的广泛参与，构建高效沟通协调机制显得尤为重要，它不仅是维系整个体系顺畅运作的关键纽带，也是确保各方意见得以充分传达与协调的重要保障。为此，亟须完善一套科学合理的沟通反馈体系，将反馈环节视为沟通流程中的核心组成部分，通过持续收集并反馈各方的沟通信息，从而稳固产教融合关系的长期稳定发展。

在产教融合的实践模式中，各参与主体间难免存在意见上的分歧与差异，这就要求必须进行持续不断的沟通与协调。然而，在实际操作中，许多沟通努力往往因未能及时获得有效反馈或根本缺乏反馈机制而难以真正落地实施，这严重制约了产教融合人才培养工作的深入推进。鉴于此，必须专门设计并建立一套沟通反馈机制，明确规定反馈的实现方式与存档要求，并定期进行检查与评估，以期提升沟通的有效性，确保产教融合的各项工作能够顺利推进并取得实效。

### （二）提高产教融合人才培养协调效率

为了提高产教融合过程中的协调效率，首要任务是精确界定并明晰各方主体的管理权责，进而理顺并优化各方的协调路径，构建一个既包含双向互动又涵盖多向协同的综合性协调框架。在此过程中，应深度挖掘并充分利用“互联网+”技术的独特优势，搭建起一个高效便捷的网络交互平台，该平台需清晰界定并赋予各方相应的沟通权限。在严格遵守权限规定的前提下，实现信息的多向流通与直接互联，从而大幅度提升产教融合人才培养工作中各方主体的协调效能。

借助“互联网+”平台，能够精确获取并严格甄别各方提供的真实数据信息，进而实现数据的精准供给。再通过对这些真实数据信息的全面整合与深入分析，不仅能够显著提升产教融合人才培养过程中各方协调的精准度，还能够有效提高协调效率，为产教融合的深入发展奠定坚实基础。

## 三、构建适配产业形态的课程与教学体系

### （一）构建产教融合课程体系

在专业布局层面，高职院校的首要策略在于主动契合相关产业与行业企业的特性，以此为基石构建课程体系，乃培育适配人才的核心途径。具体而言，于产教融合课程体系的蓝图规划中，需深度剖析产业发展现状与未来展望，全面审视产业及行业企业的人才需求特征，并结合高职院校毕业生的就业分布与就业成效等核心指标，重新审视并优化各专业的招生规模、课程构造及师资力量部署。在课程设计的精细化过程中，需赋予其前瞻性视野，确保专业设置与课程内容能够精确对接区域产业结构转型需求、前瞻产业蓝图及新兴产业的崛起态势。

同时，构建专业淘汰预警机制显得尤为关键。高职院校需对其专业设置实施整体性规划与量化考量，针对产业需求衰退、面临淘汰边缘或就业率长期低迷的专业，应采取严格的招生规模调控举措，并发布预警信息，旨在优化专业布局与课程设置，增强课程的实效性。

各高职院校应精准捕捉自身教学资源与产业、行业企业资源的独特禀赋，致力于锻造

一批具有竞争力的优势专业，同时精简一批非核心领域的课程。在此基础上，紧密围绕地区产业发展态势，积极推动专业课程体系的迭代更新，力求凭借特色鲜明、实力卓越的专业引领产教融合课程体系的深化演进。

在课程设置的具体实施中，高职院校的首要职责在于积极探索并构建一套纵向递进的课程体系。其中，基础课程聚焦于教师的直接教学活动，侧重于专业理论与知识的传授，强调在教学过程中，教师通过详尽的阐释及对产品、数据的深度剖析，为学生们奠定坚实的理论基础，同时激发他们的学习兴趣，增强主动学习专业课程的动力。进阶课程则致力于理论知识与实践能力的深度融合，它通过将基础课程中的知识细化为若干小知识模块，在专业教师的精心指导下，引导学生们定向探究与分析相关工艺、产品等知识，并加强师生间的互动交流，形成一系列以实际应用为导向的课程群组。至于实践课程，则完全聚焦于实操环节，它高度重视并着力锤炼学生们的实践能力，教师通过设计一系列贴近实际的案例，引导学生们在模拟的真实产业、行业企业环境中进行现场演练，从而实现理论知识与产业实践的深度融合，极大提升了课程的针对性和实效性。

高职院校还应致力于拓宽横向的综合性课程体系。在设置课程时，既要确保达成本课程大纲的基本要求，又要善于将课程内容延伸至相关产业和技术范畴，以此构建一个既专业深入又知识广博的课程体系，为学生们提供更全面、更深入的学习体验。

### （二）构建产教融合教学体系

面对新时期的产教融合人才培养体系，传统的职业技术教学模式已逐渐显露出其局限性，难以全面满足当前需求。传统模式往往过分强调教师的单向讲授，无论是在理论知识的传授上，还是在实践操作技能的培训中，均显得较为刻板。为此，有必要创新性地颠覆传统“先理论、后实践”的教学框架，转而从一开始就借助专业实践环节作为教学的切入点，以此激发学生的探索兴趣与学习热情。在此过程中，教师可巧妙地提出问题，激发学生的思考，并适时穿插理论知识的讲解，将理论与实践课程巧妙地分割成若干模块。随后，通过教师主导的课程评估环节，针对学生在各个模块中展现出的薄弱环节进行有针对性的强化训练。这种教学模式的革新，不仅能够极大地调动学生的主观学习能动性，还能够促使学生深入了解并思考最新产业生产环节中的实际问题，进而提升他们的分析与解决问题的能力。

### （三）实践创新基地培养模式

在职业教育产教融合人才培养的实践中，实践创新基地的硬件建设不仅是高职院校与企业之间衔接的桥梁，更是实现人才培养的重要载体。具体而言，实训基地的构建不仅充分满足了专业课程实践教学的需求，更为学生提供了一个高度仿真、贴近实际的模拟环境，对于提高人才培养质量具有不可估量的价值。然而，在现实的产教融合人才培养进程中，尽管企业与高职院校已经携手合作，共同致力于对口专业人才的培养，并且企业也向高职院校开放了宝贵的实训机会，但这种单纯以企业项目为依托的培养模式存在着显著的局限性。

为了弥补这一不足，在实践创新基地的软件建设层面，高职院校与相关企业应立足自身特色，紧密结合实践创新基地的硬件条件，对管理机制、课程教学体系等方面进行深入的规划与调整。这一过程旨在确保课程内容与实践基地的资源能够持续相互匹配、相互促进，从而最大限度地发挥实践创新基地在产教融合人才培养中的核心作用，推动人才培养质量的全面提高。

## 四、优化产教双优型教学队伍的管理机制

### （一）培养并引入产教双优型教师队伍

在职业教育产教融合人才培养的深入探索中，教师队伍的构成与质量成为确保人才培养高品质的关键要素，尤其强调那些兼具丰富产业实践经验并亲身参与过实践生产的教育者的重要性。除了持续引进具备专业素养的专职教师，高职院校还应拓宽思路，积极吸纳兼职教师资源，依据各院校、学院及专业的独特属性，从对口产业与行业企业中精心挑选并引入前沿领域的佼佼者，以此彰显产教融合的互补优势，实现教育资源的最优化配置。

构建与行业企业的定向交流机制显得尤为重要。这一机制旨在不仅引进具备双师素质的优秀人才，而且鼓励并安排教师深入企业实践，通过参与企业的实际运作，促进理论与实践的深度融合。此举不仅加强了人才资源的互通与共享，更为产教融合背景下双师型教师队伍的建设持续注入活力与新鲜元素，为人才培养质量的稳步提升奠定坚实基础。

### （二）优化教师队伍的评价机制

优化教师队伍的首要之务在于构建一个健全且完善的评价体系，该体系对于保障教师队伍有效执行教学任务与管理职责起着至关重要的作用。评价体系不仅是教师职业发展路径规划与工作成效量化评估的基石，而且与高等教育体系相比，高职院校教师的评价机制需更加注重多维度考量。具体而言，除了对现有工作绩效与科研成果产出进行全面评估，还应着重加强对教师在学生实践能力与创新素养培育方面的成效评价。

在产教融合人才培养模式下，教师的角色远不止于专业知识的传授者，他们还需担当起协同育人的重任，将培养学生的实践创新能力视为不可或缺的一环。鉴于此，针对职业教育教师队伍的评价，亟须构建一套与产教融合人才培养相契合的评价机制。该机制应综合考虑教师的专业教学能力、企业实践经历以及解决实际复杂问题的能力，将其作为核心评价指标，以确保评价体系能够全面、准确地反映教师在产教融合人才培养中的实际贡献与综合效能。

在产教融合人才培养模式下，针对教师队伍的评价体系还需进一步深化对具备企业工作经历教师的专项考量。对于职业教育教师群体而言，他们极为关注个人职业生涯的长远规划与成长，然而在实际操作中，参与企业实践往往会大幅度占用教师的时间资源，且其企业实践经验与专业技能往往难以在高职院校现行的考核评价体系中获得应有的认可与体现。从教师的角度出发，这无疑会降低他们投身于企业实践的积极性。

在构建产教融合人才培养模式下的教师评价机制时，亟须强化对拥有企业实践背景教师的考核与激励措施，通过设立专项加分项等方式，充分彰显其企业实践经历的价值与意义。此举旨在激发教师参与双师型学习与发展的内在动力，鼓励他们积极将企业实践经验融入日常教学与科研活动中，从而进一步提升产教融合人才培养的整体效能。

### （三）优化教师队伍的激励机制

在推进职业教育产教融合人才培养的师资队伍建设的过程中，构建一个既科学又合理的激励机制，不仅是提升教师教学能力、激发其个人成长与专业发展潜能的核心策略，同时也是评估职业教育师资队伍整体效能的关键指标。鉴于此，高职院校可以推行一系列富有创新性的措施，将教师队伍的企业实践参与度、科研成果产出以及学生实操技能的实际提升幅度进行精细的量化评估，并将其直接与教师的薪酬福利体系挂钩，从而打造一套公正且透明的绩效奖励机制。此机制的核心目的在于，通过为教师提供与其企业实践经验相匹配的实质性物质回报，来契合教师的合理心理预期，进而充分点燃“双师型”师资队伍发展的内在活力与积极性，为师资队伍的持续进步注入不竭动力。

针对兼职教师队伍的激励策略，高职院校应携手企业共同规划与实施。在确保兼职教师享有与专职教师同等待遇的基础上，还需在企业绩效奖励层面制定出一套详尽且富有吸引力的薪酬激励机制。这一机制的设立，旨在通过经济杠杆的作用，进一步激发兼职教师参与产教融合人才培养的热情与投入度，为师资队伍的整体优化与提升注入新的活力。

职业教育，作为国民教育架构中不可或缺的一环，承载着培育专业技能型人才、贴合产业发展需求、驱动经济社会前进的重任，并且，它还是人力资源开发的关键要素。鉴于我国“世界制造中心”的地位，对应用型人才的渴求日益凸显。为了高效推进职业教育产教融合的人才培养进程，必须采取全面考量的策略，主动汇聚多元化的主体资源，紧密协同并精准对接产业、行业及企业的实际需求。在此基础上，构建并依托企业实践基地，旨在达成产教深度融合、互利共赢的局面，从而确保这一进程拥有持久且可持续的发展动力。这一举措不仅有助于填补应用型人才的需求缺口，更为我国经济的稳健前行提供了坚实的人才支撑。

# 第六章　高等职业教育人才培养与创业就业

近年来，我国高等职业教育领域面临着日益严峻的就业挑战，整体就业形势不容乐观，就业供需矛盾愈发凸显。随着高等职业教育毕业生人数的逐年攀升，而就业岗位却呈现出缩减的趋势，这无疑为高职院校毕业生的顺利就业增添了重重阻碍。面对如此紧迫的就业形势，高职院校毕业生亟须未雨绸缪，通过系统性地学习职业生涯规划、就业指导以及创新创业的相关知识，深入掌握职业规划与就业创业的策略与技巧。在此过程中，树立正确的成才观念与就业观念显得尤为重要，同时，不断提升个人的专业技能、实践操作水平以及就业创业能力亦不可或缺。唯有如此，高职院校毕业生方能科学合理地规划自我发展路径，为赢得更加光明的未来奠定坚实基础。本章将深入剖析高等职业教育人才培养与就业创业之间的内在联系及相关议题。

## 第一节　高等职业教育人才职业生涯规划

随着科学技术的日新月异与时代的瞬息万变，世界的发展正呈现出前所未有的广阔前景与无限可能。置身于这样一个快速变革的时代之中，无论是国家、社会还是个人，若要维持持续稳健的发展态势，都必须敏锐地把握时代的脉搏，勇敢地迎接挑战。作为高职院校毕业生更要积极地培育创新创业精神与就业意识，同时高度重视职业生涯规划的制定与个人素质能力的全面提升。无论我们是否愿意正视，时代的考题已然摆在我们面前，是选择随波逐流，淹没于时代的浪潮之中，还是勇敢地站在时代潮头，成为引领潮流的先锋，这对于作为青年人杰出代表的高职院校学生而言，无疑是一个必须认真思考与抉择的重大课题。

### 一、职业生涯规划与素质能力提升的时代背景

#### （一）宏观环境的转换

1. 国家经济战略转型

国家经济发展的轨迹指向经济转型，这一进程标志着社会经济迈入了一个崭新的发展阶段。经济转型期间，尽管经济发展速度可能会呈现放缓态势，但这实际上是国民经济与

商业经济步伐协调的一种体现，旨在更精准地对接社会需求，进而提升经济发展的整体品质。面对转型所带来的新课题与挑战，国家层面需着手优化经济结构，深化经济体制改革；企业则需摒弃传统商业模式，积极探索创新转型之路；个人亦需着力培养创新意识，不断锤炼创新能力；而整个社会则需秉持创新创业的思维方式，敢于在变革的浪潮中率先尝试，勇于创新实践。这一系列举措共同构成了经济转型时期国家、企业、个人乃至整个社会应对挑战、把握机遇的关键路径。

### 2. 供给侧结构性改革深入推进

供给侧结构性改革往往会导致劳动力供需匹配失衡的矛盾更加显著，从而在某种程度上加剧了高职院校学生的就业困境，而突如其来的意外事件更可能使这一局势雪上加霜。然而，长远来看，随着产能过剩问题得到妥善解决，资源配置得以优化，企业能够顺势调整其发展战略，这一系列积极变化终将释放出改革的红利，对缓解高职院校学生面临的就业压力起到至关重要的作用。

达成供给侧结构性改革的目标，离不开对创新的深刻重视，尤其是科技创新这一关键要素，它在推动国民经济整体进步与保障综合国力稳步提升方面起着举足轻重的作用。创新的精髓，实质上在于培育具备卓越创新能力的人才队伍。构建一个健全且高效的创新型人才培育与管理机制，扩大人才的培育规模与供给，对于国家实现长期稳健的发展具有决定性意义。

在改革的深入推进过程中，产业结构的优化调整与市场环境的复杂变化，无疑会对高职院校的学科建设与发展带来一定的冲击与挑战。这可能导致部分专业的学生面临就业难题，甚至在某些情况下，个别专业可能不得不面临被调整或取消的境遇。

企业具备将科技成果迅速转化为实际应用的能力，并且能够为创业者提供必要的资金扶持，这为高职院校的毕业生开辟了大量高质量的就业途径与岗位。为了构建一个和谐的生态，企业应积极与高职院校建立起稳固的互动合作关系，实现相互服务、相互支撑的局面，从而促使人才供需进入一个良性的循环轨道，有效减轻高职学生在就业上面临的困境。与此同时，通过这一过程，企业不仅能够推进技术创新与成果转化，还能加速产业结构的优化与升级，从而在根本上缓解因劳动力供需不匹配所引发的结构性失业难题。

### 3. 高职院校学生就业市场发生转变

高职学生就业市场的构建旨在实现学生资源的合理配置，推动高职院校学生达成高质量就业的目标。在这一复杂而精细的过程中，高职院校、企业及高职院校学生三者间必须构筑起一种积极、互动且协同的关系框架。具体而言，高职院校扮演着人才培养与教育服务供给者的角色，是人力资源市场中的供给源头；企业则作为就业岗位的创造者与接纳实体，构成了人力资源的核心需求方；而高职院校学生，则是人力资源市场中的关键要素，他们积极参与并推动着人力资源的各项活动，是这一市场不可或缺的参与主体。

在招生阶段，高职院校即需要前瞻性地考量毕业生的供给规模与质量，以及专业结构与市场需求之间的契合度，确保高等职业教育能够精准对接社会经济发展的迫切需求，并强化与企业在人力资源供需领域的互动交流。在人才培养层面，高职院校应坚守市场引领的原则，致力于培育符合国家发展战略与市场需求紧缺的人才类型，以此驱动专业设置的优化、人才培养模式的革新、学术创新的深化以及科研攻关的推进。对于高职院校学生而言，树立积极且理性的就业观与择业观至关重要，他们应主动增强社会实践能力和职业素养，将个人的职业生涯规划紧密融入国家发展的宏伟蓝图与市场需求的变化趋势之中。

### （二）微观环境的调整

创新创业的新纪元已然开启，每个人在这个时代中都将不可避免地确立自身的定位，是选择被动地顺应潮流，还是主动地引领时代风潮，这已成为每个人亟待正视的现实课题。自改革开放以来，高职院校学生在就业与择业观念上经历了多次深刻的变革，这些变化对创新创业的微观环境产生了深远的影响。

（1）就业模式经历了由国家全面包揽分配向个人自主选择职业的转变，并逐渐展现出向自主创业迈进的趋势。高职院校毕业生的就业路径，历经了由国家统一分配到双向选择、再到自主决定职业的一系列深刻变革。近年来，随着高职院校招生规模的不断扩张，毕业生人数显著增长，这一变化直接导致了就业率的下滑，使得就业压力愈发沉重，进而促使就业观念发生了显著的调整。以往一次就业定终身的观念，已被多次就业、自主择业所取代，而自主创业也逐渐成为被广泛接纳的理念。面对这一形势，高职院校学生应当迅速调整自身的就业认知，积极面对就业市场的挑战。创业，作为解决就业难题的一种灵活策略，正逐渐成为许多高职院校学生的现实抉择。

（2）职业选择的趋向已从全民所有制单位向三资企业转移，进而演变为不再受单位性质束缚的特点。市场环境瞬息万变，外部环境中的不稳定性和不确定性因素层出不穷，这导致各类性质的单位所面临的压力与竞争态势呈现出显著的差异性。在此背景下，高职院校学生在选择就业单位时，往往倾向于优先考虑国家机关、事业单位以及国有企业，紧随其后的是合资企业与外资企业，而私营企业，特别是规模较小的中小企业，则往往成为备选方案中的最后选项。近年来，越来越多的高职院校学生倾向于选择国有企业与国家事业机关作为就业去向，他们期望能够在这些单位中获得更为稳定的工作环境与收入保障，以此应对外部环境的种种不确定性。

（3）薪酬期望的演变历程，经历了从侧重职业发展向过度追求高薪的转变，进而迈向了对个人价值实现的深切追求。伴随高职院校招生规模的不断扩张，高职院校学生毕业群体的数量连年攀升，这一变化直接导致了人力资源市场供需格局的深刻调整，进而影响了毕业生对于薪酬的认知态度。如今，毕业生对于岗位的要求更加宽泛，他们更加看重专业对口性、职业发展路径的畅通性以及个人价值的彰显程度。“先立足职场再寻求理想岗位”的心态，映射出就业心理的逐步稳健与成熟。与此同时，高职院校学生中日益增多的创新创业活动，也充分表明了创新意识与创新思维正逐渐获得广泛的认可与推崇，成为推动就业市场活力的重要力量。

（4）地域偏好的变迁，已从东南沿海地带转向那些更具需求或更能使自身价值展现的舞台，这一趋势愈发显现出理性之光。高职院校学生所面临的就业困境，不仅是摆在眼前的现实问题，更是触及社会深层的广泛议题。随着社会主义市场经济体制的逐步确立与完善，以及产业结构的持续优化升级，我国高等教育体系正经历着前所未有的冲击与挑战。在这一社会转型的关键时期，高职院校学生就业遭遇了重重难关，绝大多数学生已深切感受到了就业市场的严峻压力。面对客观环境的制约与自身条件的局限，高职院校学生就业形势显得愈发不容乐观。因此，必须在认知层面打破传统的束缚，以创造性的视角审视问题，勇于探索破解就业难题的新路径。

## 二、职业生涯规划的含义与内容

### （一）职业生涯的含义

职业生涯涵盖了所有与职业相关的行为与活动，以及伴随这些经历而形成的态度、价值观与愿望的持续演变历程。它不仅涉及职业选择、职位变动及职业目标的达成等关键环节，还蕴含着个人职业路径的全面发展。职业规划，则是对这一历程进行系统性、持续性规划的过程，它强调个人与组织间的紧密结合。在深入剖析职业生涯的主客观条件，包括对个人兴趣、爱好、能力及特性的全面审视与权衡后，结合当下的时代特征，个体需明确自身的职业倾向，进而确立最为适宜的职业发展目标。这一过程要求个体不仅要有清晰的自我认知，还需根据目标制订出切实可行的行动计划，以确保职业理想的顺利实现。

### （二）职业规划内容

职业规划的构建基于能力自评、职业锚定、目标界定及实施蓝图四大支柱，其细化流程涵盖了六个关键步骤。

（1）个体自我审视阶段。此阶段深入剖析个人的需求结构、能力范畴、兴趣所向、性格特质及核心优势，旨在明确个人的能力图谱与适配的职业路径及岗位定位。

（2）环境与组织剖析阶段。鉴于人是环境的塑造物，职业规划需细致考察组织微环境，尤其是短期规划；而对于长期视角而言，则需宏观审视社会环境，以全面把握职业发展的外部条件。

（3）职业发展综合评估阶段。此阶段涵盖了对职业发展的长远蓝图与短期策略的考量。通过对宏观社会环境的深度分析，结合个体的自我评价，评估职业的长远发展轨迹；同时，通过对组织内部环境的细致剖析，评估个人在组织内部的短期成长路径。

(4) 职业生涯目标界定阶段。职业生涯目标体系包括长远愿景、中期目标及短期任务，从实施层面又可细化为战略导向的具体目标与操作性强的细化目标，它们分别与长期、中期及短期规划紧密对应。

(5) 职业规划策略制定与执行阶段。此阶段致力于将职业生涯目标转化为可操作的策略与行动计划，具体行动涵盖职业路径的选择、职业领域的定向，以及职业教育与培训计划的精心规划。

(6) 效果评估与反馈调整阶段。职业生涯规划的评估与反馈机制是个人对自我及职业认知不断深化的过程，同时也是对组织及社会环境的持续洞察、理解与适应过程，它是确保职业规划有效实施与达成的关键机制。

## 三、职业生涯发展的过程

### （一）成长阶段

在个体成长的过程中，自我概念的构建是一个逐步累积的过程，它源于与家庭成员、友人及师长间互动所获得的认同与反馈。此阶段中，角色扮演占据着举足轻重的地位，孩童们会尝试多样化的行为模式，这些尝试不仅使他们形成了对周遭人际反应的深刻印象，还促进了独特自我形象或个性的塑造。当这一阶段步入尾声时，迎来青春期的青少年们，已初步形成了关于个人兴趣、能力及技能的若干基本认知，他们开始以一种更为现实的态度审视职业领域，萌生了初步的职业意识，这标志着他们职业认知的萌芽。

### （二）探索阶段

在职业探索的进程中，个体将深入且审慎地考量多种潜在的职业路径，他们会将个人的职业倾向与通过学校教育、日常生活及社会交往等多种渠道积累的职业认知、个人兴趣及能力相结合。此阶段，个体往往会作出一系列试探性的、较为宽泛且尚未明确的职业抉择，这些选择如同实验一般，为其后续的职业规划奠定基础。随着个体对职业选择与自我认知的深入理解，这些初步的、试验性的职业探索将经历重构与细化。在此过程中，那些与个人兴趣及特质更为契合的职业领域将被明确，并随之启动相应的准备工作。职业探索阶段的核心使命在于，个体需对自身的能力及天赋形成客观且真实的评估，并依据这一评估结果，作出与教育路径选择相匹配的决定。在此阶段，学习不仅是核心任务，更是推动个体职业认知深化与能力提升的关键驱动力。

### （三）确立阶段

在职业确立这个关键阶段，作为个体职业生涯的核心组成部分，个人需致力于发现并投身于一个既具体又明确，且与自身职业愿景及个人特质相契合的职业领域，此阶段标志着个体职业发展的实质性推进，尽管这一过程依旧伴随着设想与尝试，但却在不断地选择与自我完善中，其历经了三个显著不同的阶段。

首先是职业试水阶段。在这一阶段，个体将检验当前所选择的职业是否与既定的职业目标相吻合，一旦发现偏差，即准备进行必要的调整与转向，以确保职业路径与个人愿景的一致性。

其次是职业稳固阶段。此时，个体已明确自身的职业定位，并据此制定出详尽的职业发展蓝图，旨在挖掘潜在的晋升机会、评估工作变动的必要性，以及规划为实现职业目标所需的教育进修、实践锻炼等一系列活动，从而稳健推进职业生涯的发展。

最后是职业中期反思与调整阶段。在这一时期，个体将依据最初的职业设想与规划目标，对当前的职业发展状况进行全面的再审视与评估。这一过程可能揭示出职业理想与现实的高度契合，也可能发现尽管职业发展势头良好，但与既定的职业目标存在偏差，甚至促使个体对职业在人生旅程中的价值与重要性进行全新的考量。面对这一现状，个体需作出新的抉择，为职业生涯的下一阶段设定目标，并基于目标实现的可能性及所需投入的成本进行投资收益的深入分析，从而作出必要的调整与规划，以确保职业生涯的持续健康发展。

### （四）维持阶段

在职业生涯的维持阶段，个体已步入职业发展的后期，于所从事的行业与工作范畴内累积了相当的成就与价值，确立了稳固的行业地位。因此，在这一时期，大多数人倾向于将主要精力聚焦于维持并巩固已获得的职业地位，而非积极追求新的职业愿景或制定详尽的行动蓝图。相应地，他们较少提出全新的职业目标或具体的实施策略，转而更加注重于在现有岗位上保持并提升自己的专业影响力与行业地位。

### （五）下降阶段

在职业生涯步入衰退期之际，随着退休年龄的日益临近，个体逐渐从工作岗位上淡出，迎来了职业生涯的下降阶段。在这一阶段，个人需正视权力交接、职责缩减的现实状况，并努力适应角色转换，将传授丰富经验视为职业发展的新重心。与此同时，职业生涯的衰退期也成为个人从日常生活中重新发掘兴趣爱好、填补退休生活空缺的关键时期。这一过程不仅要求个体在心理上做好调整，还需积极寻找新的生活寄托，以确保退休生活的充实与满足。

## 四、高职院校学生职业生涯规划的路径

随着教育改革的不断深化，一系列新颖的教学内容为学生开辟了新的发展机遇，但同

时也给他们带来了诸多挑战与疑惑。为了引领学生走出困境，亟须通过精心规划的职业生涯路径，实施详尽而周全的安排与设计，旨在开辟出全新的教育模式与教学途径，推动整体教育教学的革新与实践，从而全面把握并指导学生的成长轨迹，引导他们进行有针对性的学习，以期促进学生的全面发展与成长。在具体的高等职业教育实践中，高职院校需针对学生的实际状况，全面开展职业生涯规划的部署与设计，深入剖析学生对于这一领域的认知程度，制定出与学生个人成长紧密相连的具体目标与实施方案。目的是帮助学生真正明确自身的发展方向，深化他们对未来成长道路的认识，使他们能够科学规划自己的成长蓝图，进而实现全面的自我认知与自我提升。

### （一）制定合理化的职业生涯规划目标和计划，奠定牢固的基础

任何任务的执行均须以清晰的目标为指引，科学合理地规划与学生相关的行动方案，方能引导学生对工作作出详尽的规划，使学生的学习路径更为清晰，进而更有效地激发学生的内在动力。在全力推动高职院校学生职业生涯规划教育时，鉴于部分学生对此项活动了解不够、热情不足，因此在实施过程中，务必紧密结合学生的实际状况，进行有针对性的设计，完善相关计划，旨在协助学生确立恰当的人生追求，推动学生全面认识并明确个人的成长道路，助力学生作出明智的职业抉择。在此过程中，需全力激发学生的积极性，将学生置于中心地位，加强与学生的沟通交流，鼓励学生自由表达对于职业的看法与见解，并针对存在的错误认知给予及时的引导与纠正。唯有如此，方能确保学生有计划、有目标地学习，为未来的职业生涯奠定坚实的基础。

### （二）研究和拓展职业生涯规划的发展方向，铺设广阔的路径

鉴于学生在知识吸纳与课程掌握能力上存在的显著差异，在组织各类教育教学实践活动时，应深化对职业生涯规划的探究与剖析，致力于构建与学生实际情况相契合的研究导向，力求其内容紧贴时代脉搏，精准捕捉学生的成长规律，确保所传授的知识既独特又新颖，从而打破职业界限的束缚，摒弃学生固有的思维定式，为他们铺设一条更为宽广的成长路径。从详尽的数据分析中不难发现，学生对于职业生涯规划的认知尚显模糊，众多规划方案的可行性有待商榷，难以进行深层次的剖析，这在一定程度上削弱了学生的兴趣。在此情境下，唯有积极探寻新的研究方向，方能赋予高职院校学生职业生涯以更多彩、更丰富的内涵，及时填补知识与实践的空白，确保理论与实践的紧密结合，推动高职院校学生的长远发展，助力他们在职业生涯规划的征途上取得更为显著的进步。

### （三）深度挖掘职业生涯规划的丰富资源，创造良好的契机

众多学生在职业生涯规划的探索上并未能与家长展开充分的交流，且参与的诸多活动欠缺实践深度，致使学生难以明晰职业规划的真正目的，进而阻碍了他们作出科学合理的决策。针对这一现状，唯有广泛拓展并深化资源利用，方能有效解答学生的疑惑，助力他

们克服重重难关。通过让学生亲身参与实践性活动，深化其对职业生涯规划的认知，并为其创造成长契机，引领他们稳步前行。在此过程中，还应引导学生合理安排时间，积极投身于各项研究探索之中，使他们在学习过程中深刻体悟职业生涯规划的教育价值。同时应充分利用家长这一宝贵资源，全方位地探索与分析职业生涯规划。家长的资源不仅限于其个人的职业背景，更可借助其广泛的社会关系进行进一步拓展。具体而言，可构建家长资源库，并依托家长的社会网络构建行业资源库，以此作为职业生涯规划教育课程资源的有效补充，极大地丰富教学内容与实践机会。

## 第二节　高等职业教育人才就业能力培养

高职院校学生正面临着前所未有的机遇与挑战并存的局面。为了积极顺应社会发展的潮流，并有效响应人才强国战略的迫切需求，高职院校学生必须对自身的就业能力进行深入的理解与全面的准备。唯有通过不断提升个人的就业竞争力，方能在毕业之际顺利融入社会，实现高质量就业。本节将深入探究在人才强国战略的大背景下，如何有效培养与提升高职院校学生的就业能力，并为其铺设一条切实可行的成长路径。

### 一、高职院校学生的就业权益保护

鉴于当前高职院校毕业生就业市场规范化程度尚待提升，部分用人单位常基于自身利益考量，侵犯毕业生的合法权益。每个公民的合法权益都受法律的保护。对于高职院校毕业生而言，在求职过程中，一旦遭遇个人合法权益受损的情形，应毅然决然地运用法律手段来捍卫自身权益。具体而言，毕业生可通过以下多种途径来有效保障自身权益。

#### （一）毕业生就业主管部门的保护

毕业生就业管理机构制定相应准则，以明确界定毕业生的各项权益，并针对侵害毕业生权益的行为，采取有效的抵制措施或进行相应的处理，从而切实维护毕业生的合法权益。

#### （二）高职院校的保护

高职院校能够通过实施一系列举措，来标准化透明化毕业生的就业指导与推荐流程。针对招聘单位在选拔毕业生环节中出现的任何不公正、不平等的做法，学院拥有权力进行有力的抵制，旨在捍卫毕业生平等享有被录用的权益，确保他们在就业市场上得到公正对待。

#### （三）毕业生自我保护

高职院校毕业生的权益保障构成了一个复杂而系统的工程，其中，毕业生本身占据着核心地位。每位高职院校的毕业生都应当掌握自主维护自身权益的能力，避免过度仰仗学校及社会各界的力量。鉴于此，毕业生亟须强化自我保护意识，学会运用法律武器来捍卫自己的合法权益，确保自身利益不受侵害。

## 二、高职院校学生的就业准备

### （一）就业信息的准备

1. 收集就业信息的内容

（1）关于就业市场的形势信息，涵盖了社会经济发展的总体态势、国家的宏观经济发展策略以及产业结构的调整与变迁等诸多方面。对于大学生而言，深入了解并掌握这些就业市场的形势信息至关重要，因为这有助于他们不断拓宽知识视野，提升个人综合能力，进而使自己成长为能够契合社会发展需求的高素质人才。

（2）关于就业招聘活动的具体资讯。此类资讯涵盖了企业说明会及宣讲会的举办时间、地点详情，招聘会或供求洽谈会的具体日程与地点安排，以及网上招聘活动的具体操作流程及详细规划。

（3）就业政策的相关资讯概述。就业政策资讯主要指的是政府为应对当前大学生就业问题所制定并实施的一系列策略与举措。

（4）针对用人单位的全面信息解析。用人单位的信息涵盖了其名称、地址、运营状况、未来发展蓝图、企业文化氛围、薪酬福利体系等多个维度。唯有对用人单位进行全面而深入的了解，毕业生方能选择出更适合自己的就业单位，并在入职后迅速定位自己的角色，不断提升自我，以便更好地融入团队并发挥个人价值。

2. 收集就业信息的方法

在收集就业信息的过程中，可以运用特定的策略，总体而言，这些策略大致可以分为以下两大类。

（1）地域定向收集策略。这一方法侧重于求职者所倾向的特定地理区域，依据个人职业选择的地域偏好来有针对性地收集相关信息。

（2）行业导向收集策略。行业导向收集法则是以个人的实际情况及个人兴趣为依据，将特定行业作为首要考虑对象，专注于收集与该行业范畴紧密相关的信息。

3. 收集就业信息时应克服的心理误区

具体而言，大学毕业生在收集就业资讯的过程中，应当规避两大心理层面的误区。

（1）惯性思维的影响。在日常生活中，人们常因习惯而形成固定的思维模式，而在收集就业资讯时，这种惯性思维同样存在，具体体现在以下几个层面。

他们可能仅局限于收集与自身专业直接相关的信息，忽视了跨学科或相关领域的就业机会。

部分毕业生可能仅仅关注具体的招聘信息，而忽略了就业政策、咨询指导等更为广泛的资讯内容。

他们在选择信息收集的渠道和方法时，往往倾向于自己熟悉的方式，而忽视了其他可能更为高效或全面的途径。

他们可能过于偏好那些看似工作稳定的就业资讯，然而，在当前竞争激烈的社会背景下，职业转换已成为一种常态，每个人都可能面临职业路径的调整。

（2）盲目依赖与从众心理。盲目依赖与从众的心理误区具体体现在以下几个维度。

部分大学生在收集就业资讯时展现出强烈的依赖性，他们倾向于依赖父母及教师的协助，期望这些长辈能够直接提供既现成且实用的信息，并代为筛选，这种心理倾向实则是一种典型的盲目依赖，对个人的职业发展构成了显著的阻碍。

另一部分大学生在信息的收集过程中呈现出明显的从众倾向，他们盲目跟随他人的步伐，他人收集何种信息，自己也盲目跟进，最终导致所收集的信息与个人实际情况大相径庭，难以发挥实效。

上述心理误区严重制约了求职者收集信息的效率与质量，进而对其职业选择构成了不利影响。因此，每位大学毕业生在求职过程中都应高度重视自我心理状态的调整，积极克服这些负面影响，以积极乐观的心态迎接人生旅途中的重大挑战与机遇。

### （二）就业知识的准备

为了在当下竞争激烈的就业市场中占据优势地位，当代大学生需构建一套科学合理的知识体系。值得注意的是，虽然这一知识体系并非一成不变的标准模板。然而，从大学生顺利就业的角度出发，他们应当具备以下几类关键领域的知识储备。

#### 1. 宽厚的基础知识

在毕业的关键阶段，大学生应当致力于巩固自身的基础知识体系，并积极寻求知识面的广泛拓展。唯有如此，他们才能够有效地拓宽职业选择的范围，从而为毕业后的求职就业增加更多的机遇与可能，在择业与就业的过程中占据更为有利的地位。

#### 2. 广博的相关知识

大学生知识面相对局限的问题由来已久。作为求知若渴的大学生，应当充分利用在校学习的宝贵时光，不断充实并优化个人的知识结构体系。若知识面过于狭窄，将难以胜任未来工作的多样化需求。缺乏对所从事行业的专业知识掌握，将难以有效执行具体的工作任务。因此，在大学期间的学习过程中，应当将知识面的拓宽与专业深度的挖掘紧密结合，致力于成为具备多方面能力的复合型人才。与此同时，大学生不能仅仅满足于对过往及现有知识的继承、累积、理解与运用，更需追求知识的持续更新与迭代，以适应瞬息万变的知识经济时代所带来的新挑战。

3. 系统的马克思主义理论知识

对于高校大学生而言，不仅需具备深厚的文化素养底蕴，还应当系统掌握马克思主义理论的相关知识框架。唯有如此，他们方能成长为社会主义事业的合格建设者与可靠接班人，同时，在日益激烈的竞争中稳操胜券，立于不败之地。

4. 精深的专业知识

专业知识构成了大学生在校学习期间必须深入掌握的学科核心内容，它是大学生步入社会、实现顺利就业的重要基石。唯有具备扎实且深入的专业知识功底，大学生方能满怀自信地在其职业领域不懈追求卓越，进而不断完善自我，成就更加出色的自己。

### （三）就业能力的准备

1. 良好的创新能力

为了培养出卓越的创新能力，大学生首要之务在于培育出色的创新思维。创新思维，作为一种能够挣脱固有观念束缚、催生新颖见解、在认知领域实现飞跃的高级思维活动，是人类智慧的璀璨结晶。它巧妙融合了抽象逻辑思维与具象形象思维的精髓，实现了分析思维与直觉思维的和谐共生，促进了顺向思维与逆向思维的相互补充，融合了发散思维与聚合思维的双重优势，同时也兼顾了智力与非智力因素的均衡发展。若思维活动陷入惰性，创新将无从谈起，犹如无源之水，难以涌现新的灵感与突破。

2. 健美的身心素质

在追求先进科学技术知识与适应快节奏社会生活及工作的双重压力中，强健的体魄是不可或缺的基石。对于高等学校的学生而言，体质达到既定标准，是顺利毕业的一项核心要求。大学生应当展现出正常的生长发育状态、拥有强健的体格、出色的耐力与敏捷的反应力、卓越的体能以及健康的身体条件。这些方面的综合表现，主要通过对身体形态的科学测量、身体机能的全面评估、身体素质的严格测试、体育课程成绩的客观分析以及课外体育锻炼的积极参与等多个维度来综合评判。

3. 良好的学习素质能力

唯有将各异的知识体系科学融入一个合理的架构之内，方能确保其静态时各安其位、动态时遵循规律、各自发挥所长、实现优势互补。知识结构的构建需依据人才的类型与层次而灵活调整，并无一套固定且普遍适用的模式。当前，学术界已归纳出三种颇具代表性的知识结构模型。

注重基础理论宽厚坚实与专业知识广泛且深入的宝塔型知识结构，该模型强调基础理论的稳固支撑与专业领域的深入探索。

网络型知识结构则侧重于知识广度与深度的和谐统一，致力于构建一个既宽广又深邃的知识网络。

帷幕型知识结构则突出个体知识与整体知识间的有机融合，强调个体认知与全局视野的紧密结合。

尽管这三种知识结构模型各具特色，但它们均展现出广博而不芜杂、专业而不偏颇、基础坚实且适应性强的共同特质。

4. 与他人团结协作的能力

中华民族在人际交往中，历来将合作精神视为一项关键的伦理原则，它不仅是维系国家统一与社会和谐的精神支柱，更是推动社会正向发展的不竭动力。在当今这个竞争激烈的时代背景下，竞争精神业已被赋予了新的道德品质内涵。尤其值得强调的是，竞争与合作之间实则相辅相成，互为依存。既不能在追求团结合作的过程中，放弃正当且有益的竞争，也不能因过度的竞争而破坏了原本和谐团结的人际关系。对于当代大学生而言，在处理复杂的人际交往关系时，合作精神无疑是一项不可或缺的道德素养，它要求我们在竞争中寻求合作，在合作中促进竞争，以实现个人与集体的共同发展。

### （四）就业材料的准备

1. 收集材料

在确立以明确的择业目标为核心导向后，应聚焦于对该目标所要求的专业技能、知识结构及综合能力等方面的信息进行全面收集与整理。在此过程中，需着重关注专业特性与个人能力禀赋的契合度，以及这些要素与特定行业特点的有机统一。通过细致比对与分析，确保所收集的信息能够精准匹配择业目标，为个人职业生涯的顺利起航奠定坚实基础。

2. 分类整理

对收集到的海量原始资料进行细致的分类，具体可划分为个人履历资料、专业学习档案、兴趣特长记录、社会实践经历以及表彰评价材料等几个维度，以确保信息的条理化与系统化。

3. 编辑审查

在完成对各类材料的细致分类之后，需着手进行汇总编写工作，并严格审查以确保无一遗漏。针对那些表述模糊或是与实际情况存在偏差的材料，应当及时予以剔除或进行必要的修正与完善，以保障整体材料的准确性与可靠性。

4. 汇总分析

将同类材料加以归并整合后，针对这些材料的使用价值与重要性要开展深入的自我评估与分析。在此基础上，依据评估结果对材料进行价值评分，明确区分其主次关系，并将这些材料按照价值从高到低的顺序逐一详尽地列举出来。

5. 合理编撰

针对具体的应聘目标，需进行细致的考量与分析，以便明智地筛选与整合相关信息，从而全面且突出地展现择业者的核心优势与独特专长，确保信息的呈现既精准又富有说服力。

## 三、高职院校学生的就业技巧

### （一）择业笔试的应对策略

招聘单位通常采用笔试这一书面形式，作为对应聘者进行全面考查与评估的重要手段，它在高校毕业生求职历程中占据着举足轻重的地位。笔试的考查范围广泛，涵盖了基础知识、专业技能、文化素养以及心理素质等多个维度，实质上是对应聘者综合素质的一次综合检验。鉴于笔试成绩所具备的真实性、客观性、公正性以及易于排序等显著优势，它已成为各类招聘机构普遍青睐的考察方式。因此，对于即将步入社会的高职院校毕业生而言，深入了解并熟悉求职过程中的笔试环节显得尤为重要。

1. 笔试的形式

从考查形式的维度来审视，笔试可被细分为现场集中式作答与远程在线式作答两大类别；同时，它亦能依据作答条件的不同，被进一步划分为开卷考查与闭卷考查。大致有以下三种常见模式。

（1）公务员选拔所采取的笔试模式。

（2）事业单位招聘所应用的笔试方式。

（3）企业招募流程中的笔试环节。

众多企业在对应聘者进行评估时，极为注重其纪律性与诚信品质。因此，在笔试过程中，严格遵守监考人员的指引显得尤为重要。任何未经许可而擅自翻阅试卷的行为，均可能导致笔试资格的剥夺。对于广大毕业生而言，需深刻认识到，笔试绝非单纯的测试活动，它更是求职旅程中的一个关键环节。在考场上的言行举止，很可能会对后续的面试机会产生深远的影响。

2. 笔试的准备

不论是公务员选拔考试、事业单位入职考试，抑或是企业招聘考核，笔试均作为一种衡量考生能力的重要工具而存在。考生应当高度重视日常的知识积淀与综合素质的培育。针对毕业生而言，为笔试所做的准备可从多个维度深入展开。首要的是，需不断深化对基础知识的掌握程度，并在此基础上促进专业知识框架的构建与完善。同时，毕业生可以凭借外语及计算机技能的优势，拓宽信息获取的渠道。尤为关键的是，在学习过程中，要注重将专业知识融会贯通，形成系统的认知体系，并以此为契机，持续提升个人的综合素质，为未来的职业发展奠定坚实的基础。

### （二）择业面试的应对策略

面试，是招聘单位采用面对面交流的形式对应聘者进行综合评估的一种手段。它不仅为招聘方提供了一个直观了解应聘者求职动因、职业倾向及沟通表达能力等关键信息的有效途径，同时也为应聘者创造了一个深入了解就业背景、岗位职责、薪酬福利等细节的宝贵契机。面试环节在招聘流程中具有举足轻重的地位，应聘者的面试展现往往成为招聘单位作出最终抉择的核心依据。本节内容将详尽阐述面试的多种形式与内容构成、面试前的充分准备以及面试中的有效应对策略，旨在为应届毕业生在面试竞技场上脱颖而出提供有力的支持与指导。

#### 1. 面试的准备

在求职面试的情境中，多数面试官倾向于要求应聘者进行一番个人陈述，此举旨在初步掌握应聘者的概况，并同步评估其言语表达能力、应变能力、心理韧性以及逻辑思维的缜密度。切莫轻视这一自我介绍环节，它不仅是叩开面试官心扉的第一块敲门石，更是应聘者展现自我、推销个人优势与潜力的绝佳时机。故而，应聘者务必珍视并妥善利用这一机会，以期留下深刻而积极的印象。

#### 2. 面试的应对方法

随着社会的持续进步与人类文明的不断提升，企业文化与企业形象日益受到高度关注。因此，在招募人才的过程中，企业愈发注重应聘者的礼仪风范与举止态度，因为这两点在很大程度上能够映射出个人的综合素养。

（1）守时赴约。守时是衡量职业道德的一项关键指标，同时它也是个人信用的直观体现。应聘者宜在面试通知时间前约十分钟抵达面试地点，过早或迟到皆不宜，因为求职者到达面试地点的时机能够在一定程度上反映出其时间管理的能力。

（2）礼貌通报入场。在踏入面试场所之前，务必礼貌地通知负责面试的工作人员。若门呈关闭状态，则应先轻叩门扉，待获得许可后再行进入。

（3）恰当问候开启面试。一旦进入面试室，主试人随即开始对应聘者进行考察，这也意味着面试的序幕已经拉开。

（4）文明交流彰显素质。在对话过程中，要避免轻易反驳，而应适时点头以示赞同。发言时不宜有过多的手势或口头禅，以免令人感到不适，更不可使用不文明用语。普通话应力求标准，尽量避免使用方言，若应聘涉外单位，则应做好外语面试的准备。

（5）适时礼貌告别。当主考人员暗示面试结束时，应聘者应微笑起身，向用人单位表达感谢其给予的面试机会，随后礼貌地道别。

（6）掌握倾听艺术。在交流中，倾听是一项至关重要的技巧，应聘者应学会倾听。

（7）注重语言表达技巧。在语言表达上，应聘者需做到两点：一是清晰准确地传达信息，确保通俗易懂；二是语言富有感染力，真实动人，能够吸引听众的注意。

### （三）考察考核的应对策略

在招聘流程中，所谓的考察与评估环节，是指招聘机构依据既定的条件、规范及流程，针对潜在的录用对象实施的一项专业性审查与评价活动。这一环节对于招聘单位而言，具有极其重要的意义，因为它能够协助单位全面且客观地掌握应聘者的实际情况，从而为后续根据应聘者特长进行岗位分配提供有力的依据。

#### 1. 考察考核的方式

在招聘实践中，招聘单位对应聘者的评估手段通常涵盖两大类：针对性考察与情境模拟评估。

（1）针对性考察，具体而言，是指招聘机构亲自前往应聘者所在的高等教育机构的相关部门，进行深入细致的调研，以全面把握应聘者的综合状况。这一过程包括对应聘者学习成绩、所获荣誉与证书、各类证明文件的核实，以及通过与任课教师、辅导员及同窗的交流，对应聘者的道德品质、人际交往能力、组织协调能力、应急处理能力、身心健康水平等进行全方位的了解。

（2）情境模拟评估，则是招聘单位将应聘者划分为多个小组，借助小组讨论或执行特定任务的形式，对应聘者在模拟情境下的表现进行评估与考查。

#### 2. 考察考核的内容

（1）对于应聘者学习能力的综合评估，可以从品德修养、智慧素养、体质状况、审美情趣以及劳动能力这五个维度来全面考量。品德修养方面，主要考察应聘者是否具备高尚的道德情操与正确的政治价值取向；智慧素养方面，则侧重于评估应聘者是否掌握了系统的科学文化知识及精湛的专业技能；体质状况方面，关注的是应聘者是否拥有健康的体魄；审美情趣方面，旨在评价应聘者的审美观念、鉴赏美的眼光以及创造美的潜能；而劳动能力方面，则是衡量应聘者劳动观念的正确性以及实际操作技能的高低。

（2）应聘者的实践能力涵盖了基础社会实践能力和专业实践技能两大层面。基础社会实践能力具体体现在认知领悟力、语言表述能力、人际沟通交往技巧、组织规划与协调能力、自我驱动学习能力以及外语与计算机技术的基础应用能力上。而专业实践技能则着重考察应聘者的专业动手操作水平、问题剖析与解决策略的制定能力，以及展现其开创性思维与革新能力等方面。招聘机构在对应聘者进行实践能力评估时，将综合上述多个维度进行深入考量。

（3）团队协作效能，这一概念根植于团队构建的基础之上，它强调的是团队成员间发挥集体智慧、彼此扶助，以期实现团队工作效率最大化的能力表现。对于团队中的每一个人而言，除了需具备扎实的个人能力，更需在各自的角色定位上充分发挥所长，同时展现出与其他团队成员默契配合、协同作战的能力。团队协作能力，已然成为众多招聘机构在遴选应聘者时尤为看重的一项关键指标。

### 3. 考察考核的原则

考核评估环节，作为招聘单位甄选人才流程中的关键一环，对于确保招聘流程的严谨性、高效性以及招聘成果的优质性具有举足轻重的作用。在实施考核评估的过程中，应当坚守以下几项基本原则：

（1）录用与考核相衔接的原则。招聘单位针对潜在录用对象的考核结果，将直接影响应聘者后续的岗位配置、培训计划以及薪酬福利等安排，因此，对应聘者而言考核评估结果具有举足轻重的意义。

（2）秉持客观、公正、透明的原则。客观原则要求招聘单位实事求是地对应聘者作出全面而准确的评价，充分展现其学习与实践能力，避免主观臆断；公正原则则强调考核评估过程需严格遵循既定程序与规范；透明原则则意味着招聘单位应公开考核评估的目的、内容及评判标准，广泛接受社会各界的监督与质疑。

（3）全面评估与重点评估相结合的原则。全面评估旨在对应聘者的道德品质、智慧素养、体质状况、审美情趣以及劳动能力等多个维度进行逐一审视；而重点评估则是在全面评估的基础上，针对应聘者某一或某些关键能力进行更为深入的考察与分析。

### 4. 考察考核的准备

应届毕业生在初入职场时，通常尚未具备直接胜任业务操作岗位的能力，因此，系统性的培训成为其必经之路。在此背景下，学习能力和旺盛的求知欲便成为企业重点考察的核心要素，同时这一原则也被众多企业所坚守。在准备应聘材料时，应届毕业生需注意以下两大方面。

准备个人身份信息、教育背景证明及专业资格凭证。尤其注意的是，即便应聘者提供了学历证书，招聘单位仍需借助官方渠道进行核实，以确保其真实性。为此，应聘者需提前与毕业院校学籍管理部门取得联系，支付必要的查询、复印及邮寄费用，确保能及时向招聘单位提供准确无误的毕业信息。同时，应聘者还应主动向招聘单位提供其专业资格的相关详情，以便招聘单位通过专业认证网站进行查验。

准备社会实践经历证明。为确保信息的可靠性，招聘单位通常会通过应聘者曾参与社会实践或工作的单位负责人，了解其社会实践及工作情况。因此，应聘者最好事先与实习单位的负责人进行充分沟通，请其在接到招聘单位的查询请求时，能够积极配合并提供翔实、正面的反馈。

### 5. 考察考核的应对策略

考察评估体系包含两种主要形式，而情境模拟评估则是应聘者主要参与的一种。以下将详细介绍情境模拟评估的一般执行流程。在情境模拟评估环节，招聘机构会将应聘者划分为多个小组，借助小组讨论或特定任务完成的形式对应聘者进行综合考察。评估地点通常选择可容纳多人的会议室进行。评估开始前，主持人会向应聘者详细介绍即将探讨的议题，并讲清楚发言规则，同时解答应聘者的疑问。待所有事项说明完毕后，应聘者将展开自由讨论。讨论环节结束后，应聘者需遵循既定的发言顺序进行陈述。在整个评估过程中，考官既可以作为旁观者观察应聘者的表现，也可以直接参与应聘者的发言，与其进行互动交流。情境模拟评估旨在通过自由讨论环节，全面考察应聘者的团队协作能力、领导协调能力以及语言组织与表达能力等。针对情境模拟评估，应聘者需掌握的应对策略与技巧概述如下。

（1）在评估考核的流程里，应聘者的发言积极性及其表达策略显得尤为重要。其发言的具体内容、择机发言的敏锐度、在遭遇反驳时的应变能力，以及在倾听他人见解时所展现的态度，均能深刻反映其个性特征与教养水平。因此，在评估考核的过程中，应聘者需格外注重自身的言行举止，发表见解时需眼神专注，避免流露出无意识的肢体小动作，同时也需克服因对他人观点持异议而流露出的轻蔑态度。在参与互动讨论时，应聘者应保持冷静与沉着，运用恰当的言辞，既要做到以理服人，又要秉持客观公正的原则，与其他应聘者展开充分的意见交流，切忌展现出自以为是、故作姿态的不良姿态。

（2）在参与讨论时，应聚焦于核心要点，力求表述精练而富有深意。面对议题，应聘者需深入思索，进行全面且细致的剖析，从中提炼出发言的核心内容，并条理分明地从多维度出发，对问题进行系统阐述与论证。在发表见解时，态度需诚挚恳切，面对其他应聘者所提出的异议，应聘者应积极展开深入的对话，以开放的心态分享各自的观点与见解，促进思想的碰撞与交融。

（3）在评估考核的流程中，对应聘者的发言技巧有着较高的要求。当遇到其他应聘者提出与自己相左的观点时，应聘者需灵活掌握发言的艺术，以巧妙的方式表达出自己的不同看法。可以先对对方的观点表示一定程度的认可，随后再进行适度的转折，进而提出自己的异议。在此过程中，应聘者需谨记，切勿在对方情绪高涨、心绪不宁的时刻试图改变其观点，因为在这样的情绪状态下，情感往往会超越理智，过度施压反而可能使对方更加坚守其原有的立场，不易接受新的观点。

## 四、高职院校学生的就业路径探索

### （一）优化高职院校学生就业服务体系

#### 1. 健全“以人为本”的就业服务管理机制

高职院校应将“学生满意度”视为评判其就业服务管理工作成效的关键指标。在确立这一基准之后，基于这一核心理念，高职院校在学生事务管理上，应当引领各级学生工作团队共同构建一套以精细化服务推动就业工作高效开展的创新体系。为进一步提升服务的针对性和有效性，学校应充分利用就业微信服务平台及微信服务公众号，向学生提供“量身定制”的个性化职业指导服务，旨在提高指导与服务的实际成效。在此过程中，高职院校需秉持“以人为本”的教育理念，致力于解决学生个体所面临的就业难题，从而有效应对管理上的挑战。

#### 2. 创新就业服务管理平台

构建就业服务平台的初衷，在于全面贯通高职院校学生就业服务的各个环节，精准对接高职院校学生在求职过程中对于“软件”服务的多样化需求，确保学生能够充分体验到丰富而全面的就业服务内容。因此，该平台的持续优化与创新，无疑将引领高职院校学生就业服务迈向更高质量的发展阶段。具体而言，就业微信服务号平台的搭建，不仅极大地增强了对就业政策与信息的传播力度，还进一步拓宽了宣传渠道。毕业生只需在微信端轻松操作，即可自主搜索心仪岗位，一键投递个人简历，便捷地报名参加校园宣讲会、招聘会等活动，真正实现了指尖上的高效求职，使得求职流程更加人性化、便捷化。依托高职院校经过精心优化流程后的就业服务平台，无论是高职院校学生还是用人单位，均能享受到规范、高效的信息化服务流程，极大地提升求职应聘的便捷性与精准度。

#### 3. 创新就业信息宣传方式

信息传播与宣传是高职院校就业服务管理体系中的关键环节，是构建精确高效的就业服务与管理框架的有效策略。高职院校需高度重视并密切关注少数特定就业群体的独特需求，通过实施精准定位的毕业生就业倾向调研，及时且深入地掌握这部分毕业生的就业现状与心理动态，特别是他们在求职过程中遭遇的困境与挑战，从而提供有针对性的职业指导和岗位推荐。为了更有效地响应这一群体的需求，高职院校可以着手构建针对特殊就业群体的援助机制，携手各二级学院深入排查并了解处于困境中的毕业生的具体情况，全方位协助毕业生克服求职路上的实际障碍，并缓解他们在毕业季所面临的心理压力与困扰。

### （二）更新高职院校学生职业生涯观念

#### 1. 认清自己，自我分析

在规划职业生涯目标之前，首要任务是进行自我认知与深入分析。自从踏入高职院校的门槛，并且伴随着专业的自主选择，个体的未来职业道路大致方向便已确立。但随着知识的不断累积、视野的持续拓展以及个人经历的日益丰富，每个人均处于不断地成长与变化之中，因此，自我分析亦需随之进行适时的更新与深化。只有通过对自身性格特征、兴趣所在、专业技能等方面的优势与不足进行全面剖析，才能够清晰地认识到自己的职业倾向、能力范畴以及准备情况，进而明确哪些职业领域能够扬长避短，既避开了自身短板又充分发挥了个人长处。这一过程为职业生涯目标的合理设定奠定了坚实的基础，确保了目标的确立既具有现实可行性，又能有效激发个人潜能的发挥。

#### 2. 目标设立合情合理，符合实际

确立职业生涯目标绝非一蹴而就之事，它要求个体静下心来，投入长时间的深思熟虑来确定。所设定的目标必须根植于现实基础之上，因为脱离实际、过于宏大的目标往往会使人迷失方向，导致信心受挫，意志消沉。相反，若能根据自身的实际情况量身定制目标，并将长远愿景分解为一系列中期目标，再将中期目标细化为若干短期目标，将这些量化的、具体的短期目标视为人生征途上的一个个重要节点，通过不断地将实际行动与目标进行对比，明确自身与目标之间的差距，便能将目标转化为拼搏的动力，激发出内在的潜能。在这一过程中，个体将在奋斗中展现出更加自信、积极、乐观与从容的姿态，勇于克服一切艰难险阻，最终顺利抵达理想的彼岸。值得注意的是，任何事物的演变与发展均非静止不变的，职业生涯目标的设定亦是如此。职业生涯规划是一个长期且持续的过程，它需要随着外界环境与个体自身的变化而不断地进行评估与调整。这一过程既是对自我持续认知的深化，也是对社会变迁不断理解的加深，是确保职业生涯规划更加科学有效的关键策略。

## 第三节　高等职业教育人才创新创业能力的提升

在强化国家人才竞争力的战略框架下，高职院校学生应当致力于增强自身的创新创业技能，以便未来步入职业生涯时能够明确把握个人的发展方向。本节从国家人才竞争力提升的战略视角，深入剖析高职院校学生创新创业能力提升的策略与途径，涵盖了对高职院校学生创新创业基本概念的理解以及提升其创新创业能力的核心内容与实施路径。实施人才强国战略，其核心在于培养具备创新创业精神的高素质人才。鉴于个体在创新创业思维层面的差异性，这将直接导致工作成效的不同。诚然，勤奋踏实是职场人士的基本素质，

但创新思维能力的有无、应变思维的敏锐程度、超前思维的洞察力以及联想思维的活跃性等因素，对于个人发展的影响更为深远。在国家人才竞争力提升的战略背景下，个体创新能力的强弱，将成为决定其职业发展空间大小的关键因素。

## 一、创新创业

### （一）创新

创新是人类独有的认知与实践潜能，是人类主动探索世界、变革世界的核心动力体现。民族的昌盛、社会的演进以及国家综合实力的跃升，皆与创新息息相关。对于高职院校学生而言，若要成为顺应时代潮流、引领时代潮流的青年才俊，就必须具备创新思维，勇于探索，不懈锤炼创业技能。创新研究通常涵盖技术创新与社会创新两大领域。技术创新往往是经过精心策划与创造发明的产物，其影响力随时间的推移而逐渐累积，最终可能形成不可逆转的趋势。相比之下，社会创新则更多源自成员间的持续互动与交流，它是社会持续进步与不断革新的不竭源泉。

本书观点认为，创新是指创业者或企业将新的生产要素与生产条件，或两者兼而有之，融入至生产系统之中，这一过程可能涵盖新产品的研发设计、生产工艺方法的改良提升、新顾客群体或市场的发掘与开拓、产业链上下游的拓展延伸、组织形式的革新或创立等多个方面。创新既可以表现为组织层面的行动，也能够是个人层面的作为，它囊括了技术性创新与非技术性创新两大类别，并最终通过所生产的产品或提供的服务，实现经济价值的创造或社会价值的彰显。

### （二）创业

#### 1. 创业的含义

创业是一个全面性的过程，它要求创业者对其当前实际掌控的，或经由不懈努力能够获取的各类资源进行高效整合与优化配置，旨在创造出更为显著的经济价值或社会价值。这一过程不仅涵盖了创业者对经营管理的精心组织、对技术物品的巧妙运用，以及对产品服务提供的精准判断、对管理的深思熟虑与切实有效的执行，还体现了人类创造性行为的精髓。创业实质上是从无到有地孕育出具有价值的事物，它是对潜在机会的敏锐捕捉与不懈追求，即便面对资源有限或资源匮乏的挑战，也依然需要怀揣一个清晰的愿景、满怀激情与坚定的承诺，引领并激励他人共同追寻这一宏伟目标。同时，创业者还需展现出勇于承担合理风险的魄力，这是推动创业活动不断前行的重要动力。

创业的本质，乃是在资源有限性的约束条件下，精准捕捉并有效利用需求机遇的动态过程。它聚焦于经济或社会价值的创造与实现，而绝非仅限于新企业的设立这一表象。从精神层面审视，创业体现为以创新为核心的思考模式与行为取向，是创新思维在实践活动中的具体展现；而从实质层面剖析，创业则通常被理解为发掘潜在市场机遇，整合现有资源，进而创立新企业，开发新产品或服务，并通过市场机制的运作实现价值转换的复杂过程。这一过程不仅涵盖了经济价值的追求，也蕴含了对社会贡献的考量。

2. 创业活动的本质

（1）创业活动的核心特质在于其显著的机会导向性，这决定了创业者主要聚焦自身所能开拓的领域。所谓机会，往往指的是那些尚未被明确界定的市场需求，甚至可能是尚未浮出水面的潜在需求，或是那些尚未被充分利用的资源与能力，它们潜藏着生存与发展的无限潜能，预示着潜在的利润回报。

创业者在启动创业活动时，往往难以全面掌握所有必需的资源，初始条件往往不尽如人意，资金短缺、人力资源匮乏等种种限制也接踵而至。在此情境下，创业者需深思熟虑，在资源有限的现状下探索创业活动得以存续与持续壮大的可能性。在市场经济的大潮中，企业的蓬勃发展无不仰赖市场需求的蓬勃态势。因此，创业者必须具备敏锐的市场洞察力，善于发掘潜藏的市场机会，精准捕捉市场需求的微妙变动，从而在这片充满变数的市场中开辟出创业活动得以生存与发展的广阔天地。

在资源条件相对匮乏的背景下，高职院校学生创业者在进行创业活动时，更需展现出对机会的敏锐捕捉与精准把握，坚持将顾客需求作为行动指南，深入探究并细致分析顾客的实际需求。值得注意的是，众多成功的高职院校学生创业项目，其目标服务对象往往聚焦于学生群体，这得益于创业者对这一特定顾客群体有着深刻的洞察与详尽的分析，他们对顾客需求保持着长期的关注与思考，所提供的产品与服务能够直击消费痛点，因此赢得了市场的广泛认可与接纳。然而，反观那些未能成功的高职院校学生创业项目，其失败的主要原因往往在于对市场需求的理解存在偏差，未能准确捕捉到真正的市场机遇，从而导致了创业的挫败。

（2）在当今这个资源流动性显著增强、逐利性特征愈发明显的时代背景下，资源的配置与运用已经超越了国家的界限，不再受限于空间、组织结构和制度框架的拘囿。尽管这一趋势加剧了市场竞争的激烈程度，但同时也为创业者提供了在更为宏大的舞台上实施资源整合的契机。创业者应当秉持创造性的思维来审视资源禀赋，将资源及其所涉及的各利益相关方的利益诉求纳入综合考量，通过富有创新性的策略，有效地引导资源的流向与整合过程。这一过程不仅要求创业者具备敏锐的洞察力，能够识别并捕捉资源的潜在价值，还需要他们拥有高超的协调能力，以确保资源整合能够在兼顾各方利益的基础上顺利进行。

（3）价值实现的核心在于创业活动的机遇把握与顾客需求的精准满足，其本质旨在达成价值的创造与传递。具体而言，创业者需向顾客提供富含价值的产品与服务，并确保这些产品与服务能够实质性解决消费者的实际需求，进而催化价值交换关系的建立。创业活动的价值创造维度，不仅聚焦对社会经济进步的积极贡献，还着重满足民众在物质生活与精神层面的多元化需求。创业者的创新努力，唯有在凸显价值创造的核心价值时，方能彰显其深远意义，也才能为企业的存续与长远发展奠定坚实基础。

（4）预见性行动是创业活动的关键特征，它根植于机会导向的核心逻辑之中，这必然要求创业行动具备高度的时效性。鉴于创业机会往往稍纵即逝，迅速响应与超前布局成为不可或缺的能力。机会的短暂性与难以即时捕捉的特性，促使创业者必须未雨绸缪，提前进行周密的筹备工作。

综上所述，创业的本质在于创造性地发掘并整合各类资源，进而将这些资源持续转化为价值，推动企业的持续发展。因此，创业者需致力于构建并优化资源配置，以确保在激烈的市场竞争中获得显著的竞争优势，并占据一定的市场份额，从而确保企业的稳健前行。

### （三）创新创业

#### 1. 创新创业的含义

创新创业活动涵盖了在技术革新、产品迭代、品牌塑造、服务优化、商业模式重构、管理策略调整、组织架构变革、市场拓展以及渠道创新等多个维度中的一项或多项创新实践。

创新性构成了创新创业活动的核心属性，而创业成功则是其追求的根本目标。创新创业本质上是一种将创新理念融入创业实践的活动形式，其中，创新侧重于展现其开拓性和原创性，旨在突破传统框架；而创业则侧重于通过实际行动来获取经济回报或社会效益，强调实践价值。创新不仅是创业活动的基石与先决条件，还为创业提供方向与动力；创业则是创新成果的具体展现与深化应用，将创新理念转化为实际价值。唯有创新与创业两者紧密结合，方能构成真正意义上的创新创业活动，这不仅要求活动本身具备高度的开创性，还需实现价值的有效体现与利益的合理回报。

#### 2. 影响创新创业活动的因素

（1）确保创业资源的有效供给是抓住创业机遇并迅速推进创业进程的关键所在。为了不失时机地展开创业行动，创业者需审慎评估自身是否掌握了两类核心资源：其一是迈入特定行业所必需的基础性资源，其二则是能够在激烈的市场竞争中脱颖而出所需的差异化资源。这两类资源的齐备与否，将直接关系创业活动的顺利开展与后续竞争的成败。

（2）在着手进行创业活动之前，创业者需对创业之路进行周密而深入的思考，明确创业的宗旨与深远意义，并全面评估创业所需的各种条件。

创业者需明晰自身的创业初衷，即创业的根本目的何在？同时，创业者还需审视自身的创业决心与风险承受力，能否在利益面前作出明智的权衡与取舍。

对创业者自身的能力素质进行全面评价也至关重要。这包括专业技术水平、特殊能力、知识储备量、过往经验的积累、面对压力的抗压性以及良好的身体素质等，这些因素共同决定了创业者能否满足创业活动要求的标准。

创业者需明确自身所掌握的核心资源，并评估这些资源是否具备市场竞争优势及商业化的潜力。具体而言，创业资本是否充足、运营资金是否到位、客户资源是否丰富、商业管理能力是否卓越、行业竞争力是否强劲等，都是决定创业成败的关键因素。

创业者还需对自身可承受的损失有清晰的预估，并做好充分的物质与精神准备，以应对创业初期可能遭遇的种种压力与挑战。

对创业过程中可能面临的最大风险及最坏结果的认知与承受力也是不可或缺的。面对风险，创业者需具备充分的心理准备，以免因信心动摇而导致创业失败。

许多高职院校学生创业者在创业初期因准备不足、分析过于乐观、条件准备不充分而遭遇挫败。他们往往只看到了创业成功的美好愿景，却忽视了潜在的风险与挑战。因此，对于高职院校学生创业者而言，除非市场机会显而易见且资源储备满足基本需求，否则适当等待资源的积累，以更全面地了解创业活动的本质，或许是一个更为明智的选择。

（3）在着手创业之前，先确立业务范畴是至关重要的。创业本质上是一种目标驱动的活动，它与单纯的创新行为存在着本质上的差异。因此，创业者在正式启动创业进程之前，必须首先拥有一个清晰的创业愿景与方向，并据此规划具体的行动步骤。

一旦明确了拟进入的行业领域，创业者便需着手进行信息的收集与经验的积累。对于刚走出校门的毕业生而言，一个可行的路径是先加入该行业的相关企业工作，借此机会深化对行业知识的理解，积累宝贵的实践经验，并逐步构建起个人的资源网络。这一过程不仅有助于毕业生深入了解行业的运作模式，还能让他们在实践中不断试错与调整，从而更加精准地把握客户的需求与市场的发展趋势。

当毕业生在行业知识、实践经验、客户资源以及盈利模式等方面均达到一定的成熟度后，他们再着手创业的成功率将会显著提升。因为在这一过程中，他们已经为创业做好了充分的准备，无论是从知识、经验还是资源积累的角度来看，都更加具备应对创业过程中各种挑战的能力。

（4）在创业活动中，创业者的个人经营能力，尤其是其业务管理技能，占据着举足轻重的地位。对于每一位创业者而言，持续强化自身的经营能力是一项至关重要的任务，它构成了创业成功不可或缺的基石。其中，深入学习和实践业务管理知识，更是提升经营能力的核心所在，也是迈向创业征程的首要步骤。

创业者需深刻认识到，业务管理能力的构建并非一蹴而就，而是一个循序渐进、不断积累的过程。只有通过不断地学习与实践，创业者才可以逐步掌握市场动态，理解客户需求，优化业务流程，进而在激烈的市场竞争中立于不败之地。因此，将业务管理能力的提升置于创业准备工作的首位，对于确保创业活动的顺利开展与最终成功具有至关重要的意义。

（5）在企业持续成长与革新的进程中，新项目的引入与更新扮演着至关重要的角色。鉴于此，企业更倾向于委派忠诚度较高的员工来引领其内部的创新创业项目。创业者在加入企业并历经一定时期的工作磨砺后，往往会累积起深厚的经验，并敏锐地察觉到潜在的创业契机。此时，他们可能会向管理层提议，从公司长远发展的视角出发，投资启动一项新的项目，并争取成为该项目的领航者或合作伙伴，这一模式即被业界称为内部创业。

相较于外部创业，内部创业蕴含着一系列得天独厚的优势。首先，创业者能够获取原单位的资金扶持，这意味着他们在资金层面上拥有更为坚实的后盾；其次，他们还能获得相对完善的管理指导，这有助于他们在创业道路上少走弯路；最后，内部创业者还能享受到公司内优质资源的共享，这为他们项目的顺利推进提供了极大的便利。综上所述，这些有利条件共同构成了内部创业的独特优势，使得创业项目在成功之路上迈出了更为坚实的一步。

## 二、创新创业的意义

### （一）缓解严峻的就业压力

为了有效促进年轻人的职业发展，持续开展创业教育尤为必要。这旨在引导年轻人树立正确的职业愿景与就业观念，帮助他们构建积极的择业态度。通过教育，年轻人将被鼓励运用创造性思维来应对日益激烈的社会竞争，从而积极主动地探索并拓宽自身的就业路径。这样的教育方式不仅能够激发年轻人的创新精神，还促使他们在面对就业挑战时，能够更加灵活多变地寻找解决方案，最终实现个人职业价值的最大化。

### （二）适应市场经济发展

随着社会经济的不断发展，城乡产业结构正经历着深刻的变革与调整，劳动力的流动与职业角色的转换日益频繁。在此背景下，对从业者的能力需求已悄然发生变化，不再仅仅局限于掌握基础的职业技能，而是进一步要求从业者能够熟练掌握并应用新技术、新工艺，同时，还需具备新产品的研发与创新能力。因此，创新创业能力已然成为当今从业者不可或缺的核心素养之一，它对于从业者在快速变化的市场环境中保持竞争力、实现个人职业发展具有举足轻重的作用。

### （三）推动创新型国家建设

在国家致力于构建人才强国的历史进程中，创新被视为推动民族不断跃进的灵魂之火，亦是国家迈向繁荣昌盛的核心驱动力。一个国家在创新创造领域展现的实力，无疑是其综合国力的重要标志之一。这个国家若能会聚起具备创新能力与卓越素质的人才队伍，无疑将为其未来发展铺设下坚实的基石，使其在国际舞台上占据一席之地，成为不可忽视的参与力量。

国际舞台上的种种纷争与较量，无不凸显出创新人才培养与科技创新所承载的重大战略意义。这些国际风云变幻，进一步印证了创新不仅是国力跃升的关键所在，更是推动社会全面进步不可或缺的强大引擎。因此，加大对创新人才的培养力度，促进科技创新的蓬勃发展，已成为各国提升综合国力、促进社会和谐发展的必由之路。

## 三、高职院校学生创业的主要形式

在国家积极推行人才强国战略的大环境下，鉴于当前高职院校学生普遍面临创业资源与经验相对匮乏的现状，他们在进行创业活动时，应遵循“低投入、快速验证”的策略导向。具体而言，高职院校学生可以选择开店、加入连锁加盟体系、涉足高科技领域或提供智力服务作为四大主要的创业路径。这些方式不仅能够在一定程度上减轻因资源有限而带来的创业压力，同时也为高职院校学生提供了宝贵的实践机会，使他们在创业初期能够以较低的成本进行尝试与调整，从而更有效地积累创业经验，为日后的长远发展奠定坚实基础。

### （一）开店

高职院校学生凭借其对学生消费群体行为模式的深刻洞察，以及在校园内建立起的广泛人脉网络，往往选择开店作为踏入创业领域的第一步。这一创业模式巧妙地利用了高职院校学生所处的独特环境——周围庞大的学生顾客基础与丰富的校园社交资源，这些均可视为宝贵的人际关系资本。相较于其他复杂的创业途径，开店以其操作简便、易于上手的特点，成为高职院校学生颇受欢迎的选择。

在营销策略上，高职院校学生开店同样展现出了灵活多变的特点。他们无须依赖高昂的广告投入或复杂的营销手段，而是巧妙地运用校园海报的张贴，或是依托朋友间的口碑传播，便能有效提升店铺的知名度与吸引力。这种基于人际网络的低成本营销策略，不仅降低了创业初期的经济负担，还赋予了创业活动更多的情感色彩与社区归属感，从而实现了营销效果的最大化。

### （二）连锁加盟

对于创业资源相对匮乏、尤其是创业经验不足，且缺乏基础经营管理知识的高职院校学生创业者而言，连锁加盟模式展现出了相对较高的成功率。这一模式的核心优势在于，它能向创业者提供加盟品牌所积累的一系列成熟资源，包括但不限于先进的技术设备支持、成本效益较高的人员培训体系，以及经过市场实践检验的经营管理范式。这些资源的引入，有助于创业者在创业初期规避一系列潜在的问题与挑战，显著降低创业风险，为创业活动的平稳起步提供有力保障。

连锁加盟模式亦非尽善尽美。其固有的局限性在于，该模式往往限制了创业者的后续发展空间与战略灵活性，容易陷入模式僵化、缺乏创新的困境。具体而言，连锁加盟的框架内，创业者难以自主构建并推广自有品牌，同时在产品与服务的持续迭代升级方面也面临重重障碍。这些因素共同制约了连锁加盟模式在促进品牌差异化、增强市场竞争力方面的潜力，从而对创业者的长远发展构成了一定的制约。

### （三）高科技领域

高职院校学生创业者群体，得益于其深厚的教育背景与扎实的专业知识储备，往往能够在专业领域内敏锐地捕捉到潜在的创业机遇。他们作为最新信息与前沿科技的掌握者，在高科技领域的创业活动中展现出了显著的优势。在校期间，通过积极参与诸如高职院校学生创新创业大赛等一系列实践活动，他们不仅积累了丰富的实战经验，在此期间还组建起了志同道合的创业团队。

这些经历与资源的累积，为高职院校学生创业者在创业道路上前行打下了一定的基础。团队间的协作与互补，加之对专业领域深刻的理解与洞察，共同构成了他们创业成功的关键要素。此外，通过参与这些活动，高职院校学生创业者还能够不断磨砺自身的创新思维与解决问题的能力，从而在面对创业挑战时，可以更加从容不迫地寻求到最佳的应对策略，为创业项目的稳健前行提供有力的支撑。

### （四）智力服务领域

高职院校学生创业者能够凭借其个人技能，涉足智力服务领域，开展多样化的创业实践。此类创业模式的独特魅力在于其极低的启动成本，它主要依赖于创业者自身丰富的知识储备与实践经验，而非大量的物质投入。通过这一途径，高职院校学生创业者不仅能够逐步累积宝贵的创业经验，还能在创业初期有效节省成本，为后续更为广泛的创业活动奠定坚实的经济基础。

高职院校学生创业者将个人的专业知识与技能转化为实际的服务产品，从而在满足市场需求的同时，也为自身积累了必要的创业资本。这种以智力为核心竞争力的创业模式，不仅有助于提升创业者的综合素质，更为其未来的职业发展与持续创业奠定了坚实的基础。

## 四、高职院校学生创新创业能力的内容

### （一）创新意识

#### 1. 创新意识的含义

创新，作为一种在特定情境下对既有资源进行改良或全新创造，以期达到积极效果或

产生深远影响的行为，其内涵深远且广泛。从人类行为动机的视角出发，创新可被划分为两大类：一类是基于明确意图与规划的有意识主动创新；另一类则是在无意识状态下，因应对外界变化而触发的被动创新。这两种创新形式贯穿人类社会发展史的始终，成为推动物质文明与精神文明不断前进的重要动力。

在人类社会的发展进程中，创新不仅是一个淘汰陈旧思维、打破既有束缚的过程，更是一个不断追求先进性、创造社会价值与经济价值的积极实践。通过创新，人类得以不断突破自我限制，探索未知领域，进而创造出更加先进、更加符合时代需求的新事物与新观念。这一过程，既是对既有成就的超越，也是对未来可能性的勇敢探索，体现了人类社会持续进步与繁荣的不竭动力。

创新意识作为人类的一种内在自觉，根植于对社会变迁趋势与民众需求动态的深刻洞察之中。它体现为一种驱动个体改造既有事物或开创全新观念与实践的内在动机，贯穿于整个创造性活动的始终，表现为一种坚定的意愿与前瞻性的设想。创新意识不仅是对创造活动本身及其所创造价值、重要性的认知深度与广度的体现，更是一种衡量新事物价值的内在标尺，它引导并调整着个体的行为取向。

创新意识能够激发明确的创新导向，为创造性活动赋予具体的价值指向，并培育出稳定的创新需求。在此基础上，它自发地催生出推动创新的力量，成为激发创造性思维与提升创造能力的先决条件。作为一种积极的、富有价值的意识形态，创新意识不仅是创新创业活动的逻辑起点，更是推动社会持续进步与创新发展的重要源泉。它促使个体不断探索未知领域，勇于挑战既有范式，从而为社会带来源源不断的创新活力与发展动力。

2. 创新意识的影响因素

创新意识的萌生是一个多维度因素交织的结果，涵盖领军人物、团队协作、知识积淀、科研装备、技术实力、制度框架、文化氛围以及人才培育等诸多层面。

（1）领军人物的核心作用。创新的征途上，人才始终是基石，如果缺乏王选这样的领军人物，汉字激光照排系统这等里程碑式的创新成果就难以诞生。因此，人才被视为创新的首要驱动力，其关键作用不言而喻。

（2）团队协作的力量。创新往往需要将多元化的知识体系融合，这离不开一个以领军人物为核心、紧密协作的攻关团队。团队内部需促进知识交流与技能互补，方能共克时艰，抵达创新的彼岸。

（3）知识积淀的重要性。除了领军人物与团队外，深厚的知识储备同样不可或缺。构建全面、系统的知识管理体系，实现知识的收集、整理、提炼与存储，为创新者提供宝贵的智力支持。

（4）科研装备的基础作用。正所谓“工欲善其事，必先利其器”，缺乏先进的科研装备，重大科学发现与创新实践将举步维艰。

（5）技术实力的自主性。科研装备不应单纯依赖引进，其高昂的综合成本不容忽视。自主研发能力的提升，是强化创新实力的根本途径，扎实的科学技术基础是创新的坚实后盾。

（6）制度框架的保障作用。创新需要一个有利的制度环境，它不仅能促进创新的成功，还能激发创新创业活动的持续涌现。因此，对创新体制的价值进行重新审视与优化，显得尤为重要。

（7）文化氛围的塑造。创新呼唤一种崇尚创新的文化氛围，它深刻影响着国家、企业乃至个人的创新实践。创新文化的培育，能在全社会营造一种宽容失败、鼓励探索的环境，吸引更多人才投身于创新创业的浪潮之中，整合更多优质资源，共同推动创新的繁荣。

（8）人才培育的战略地位。人才始终是创新成功的核心要素，政府与企业需将人才培养置于战略高度，积极构建创新创业实践平台，通过实践锻炼发现、选拔与培养人才，让人才在实践中茁壮成长，为创新事业注入不竭动力。

### （二）创业精神

#### 1. 创业精神的作用

拥有创业精神，其最为显著的益处在于，它能够在精神层面上激发创业者不断挑战自我极限，驱动他们在逆境中寻觅并开辟出前行的道路，这一过程无疑是对创业者的极大鼓舞。创业之旅，本质上是一场心智的磨砺，创新精神在此过程中扮演着至关重要的角色，它深植于创业者的主观意志之中，促使他们在遭遇困境时仍能坚持不懈，勇于突破自我限制，探索出更为高效的解决之道，进而将创业梦想照进现实，实现个人价值的最大化。

积极健康的创业心态与创业精神，对于创新创业活动的成功，具有不可估量的价值。作为创业者，首要之务便是培育一种不畏艰难险阻、乐观向上的精神。这要求创业者不仅要具备吃苦耐劳、乐观豁达的品质，更要拥有一颗坚韧不拔的内心，面对挑战时绝不轻言放弃。创业精神与宝贵经验的积累，往往源自那些看似微不足道的初创尝试，它们如同点滴之水，汇聚成海，逐渐塑造出创业者的全面能力。因此，创业者需调整心态，学会从小事做起，珍视每一次实践机会，通过不断地尝试与反思，逐步构建起坚实的创业基础。

#### 2. 创新创业精神培养

（1）塑造创新创业的宏伟蓝图。蓝图，即预示未来的清晰图景，是一种经过深思熟虑且切实可行的构想。擘画蓝图，意味着为创新创业活动设定了明确的目标，它体现了创业者对未来发展的深切期盼，能够激发无限的创意潜能，催生强大的动力源泉，为未来的诸多机遇铺设道路。

（2）确立目标导向的行动框架。在创新创业的征途中，设定清晰的目标至关重要，它不仅是行为的标尺，更是努力的方向。为实现目标，创业者需投入大量的时间、精力乃至资金，甚至不惜调整生活方式，以确保每一步都朝着既定目标迈进。

（3）持之以恒的勤勉奋斗。勤勉不懈的努力，是提升成功概率的关键所在，它不仅是实现创新创业经济价值与社会价值的重要途径，也是创业者个人成长、丰富人生阅历及彰显生命价值的宝贵方式。

（4）树立自信，坚守信念。自信，源于对自我能力的深刻认知与完成任务的确信，它是实现既定目标不可或缺的内在力量。

（5）积极面对挫折与挑战。创业之路布满荆棘，失败在所难免。因此，创业者需具备直面失败的勇气与反思失败的能力，以坚韧不拔的精神迎接每一次挑战。

（6）主动承担后果，勇于担当。创新创业活动中，波折与失败在所难免。创业者应以主动的姿态，无论成败，都勇于承担责任，绝不逃避，展现出高度的责任感与担当精神。

（7）倾听智慧，汲取经验。倾听，不仅是一种简单的听觉行为，更是一种开放心态的体现，它要求创业者放下自我，以客观的态度看待事物。在努力奋斗与承担责任的同时，创业者应积极倾听专家与先行者的宝贵建议与意见，以丰富自己的知识与经验。

（8）言行一致，诚信立基。真诚是人际交往中最重要、最有效的策略。创业者应坚守诚信原则，承诺之事必尽力而为，不轻易许下超出能力范围的承诺，以免失信于人，损害个人信誉。

（9）勇于承担风险，明智决策。创业者面对风险，不仅要勇于承担失败的后果，更要具备先进行风险研究、再做出决策的智慧与勇气。这样，即使面对不利情况，也能从容应对，化危为机。

（10）锤炼决策能力，引领创新。决策能力是创业者不可或缺的核心素质之一。它要求创业者在复杂多变的环境中，能够迅速而准确地作出判断，引领创新创业活动不断向前发展。

### 3. 高职院校学生创业精神

强化高职院校学生创业信念与认知，培育其创业精神，可从多维度入手，具体策略阐述如下。

（1）构建校园创新创业生态，营造积极向上的文化氛围。通过打造独具特色的校园创新创业文化，潜移默化地塑造学生卓越的创新创业品质，点燃学生的创新创业热情，使之在浓厚的文化熏陶中不断成长。

（2）锤炼创新创业人格特质，铸就坚韧不拔的创业精神。着重培育学生谨慎自信、百折不挠、锐意进取、锲而不舍等的人格特征，这些特质将成为学生创业道路上的精神支柱。

（3）强化实验观察与实践探索，激发创新意识。鼓励学生勤于动手，善于观察，从实验中发现兴趣所在，激发强烈的求知欲，进而培养敏锐的创新意识，为创业活动奠定坚实的思维基础。

（4）通过模拟实践与科研项目竞赛，深化创业精神培养。引导学生积极参与各类科研项目和创新创业竞赛，通过实践学习、应用与反思，亲身体验创业过程中的酸甜苦辣，从而强化创业意识，坚定创新创业信念，同时明确创新创业可能面临的风险与挑战。

（5）夯实专业知识基础，掌握创新思维方法。鼓励学生努力学习专业知识，构建系统、完善的知识体系，同时掌握科学的创新思维方法，为创新创业活动提供有力的智力支持和理论支撑，确保学生在创业道路上能够游刃有余，不断突破自我。

### （三）创新思维

#### 1. 敏锐的洞察思维

（1）深度洞察思维。深度洞察是指能够敏锐地捕捉到事物内在的本质规律与深层意义，实现全面而透彻的观察。众多企业创新先锋均为积极的观察者，他们细致地审视现有事物的变迁与异常，不懈探寻可优化的任务及更佳的解决方案。

（2）培育观察思维的核心要素。观察思维的培育旨在塑造学生敏锐的洞察力，进而赋予他们未来发现问题、捕捉机遇、警觉危机及应对挑战的基本能力。这一训练过程着重于提升学生的观察敏锐度，为他们在复杂多变的环境中识别关键信息、把握发展动向奠定坚实基础。

#### 2. 较强的问题思维

（1）探究性思维导向。创新的精髓在于识别并攻克难题，问题犹如点燃创造性思维的导火线，往往，精准定位问题便等同于掌握了开启更优解决方案之门的钥匙。

（2）培育核心。探究与观察思维的协同共进。事实上，探究性思维与观察性思维之间存在着密切的互动关系，它们相辅相成，共同推动着创新进程的深入发展。

#### 3. 紧跟时代的协同思维

（1）协同创新思维导向。企业创新的终极目标是服务于当前及未来社会的发展需求，这要求我们首先要深入理解并把握时代的基本特征，以此作为基石，进一步探索国家、行业、企业及个人如何能够顺应时代变迁，实现创新突破。

企业创新本质上是一种在识别变化中灵活应对的过程，勇于直面问题固然重要，但更需警惕的是，即便找到了解决方案，也可能因问题本身并非真问题或方向偏离而导致努力徒劳。真正的挑战往往隐藏于时代快速变迁的表象之下，趋势的端倪在鲜活的变化中逐渐显现。因此，紧跟时代步伐，保持敏锐的洞察力至关重要。当企业主动求变的积极态度超越了对外界环境变化所带来的压力感受时，基于深入现实分析的谨慎决策与果断行动，方能确保企业与时俱进，不断前行。

紧跟时代，不仅意味着要与时俱进，更要勇于超越传统观念的束缚，实现从“与时”到“俱进”的跨越。这要求创业者需不断采取实际行动，深入实践一线，亲赴创业前沿，以更加开放的姿态面向未来，而非沉溺于过往的辉煌或遗憾之中。通过聚焦未来，企业能够更好地把握创新机遇，引领时代潮流。

（2）训练核心要素解析。该能力所展现的核心特质在于其能够紧随时代步伐，不断进化。而要实现这一点，阅读、社会洞察与联想思维则是不可或缺的基石。阅读，作为信息汲取的主要途径，确保了持续且大量的知识输入，为思维创新提供了丰富的素材；社会洞察，则要求个体密切关注社会发展动态，把握时代脉搏；联想思维，则是连接知识与实际应用场景的桥梁，它促使个体在广泛的知识海洋中灵活穿梭，寻找解决问题的新思路。尤为关键的是，要培养出一种持之以恒的阅读习惯，这是维持知识更新、激发创新灵感的不竭源泉。

4. 迅速而充分的工程思维

（1）工程思维，主要表现在以下几个方面。

①技术导向型思维探析。创新先驱往往能够敏锐地把握技术变革的脉搏，尤其在过去二十年间，新一轮的技术革新与突破已广泛应用于多个领域，成功解决了产业链中产品创新面临的诸多痛点与瓶颈。移动互联网、人工智能、大数据及云计算等技术的融合应用，极大地提高了人们的生活智能化水平，同时也促进了城市的智慧化发展。

对于创新者而言，将大数据技术的应用视为各类创新活动的关键路径，已成为不可回避的战略选择。所有致力于创新的企业均应将数据资源视为核心竞争力的重要组成部分，其重要性不言而喻。数据的潜在价值不容小觑，通过深度挖掘与分析，不仅能够精准识别问题所在，实现问题的量化评估，还能够为未来的发展趋势提供科学预测，并据此制定出切实可行的解决方案。

②探究导向的工科思维模式解析。工科思维常被应用于系统性攻克的复杂难题之中，问题的挑战性越大，往往越能激发参与者的成就感。一般而言，工程思维与创造性活动紧密相连，它促使人们运用所掌握或观察到的事物、技术与方法，去想象并重构人类世界。这一过程更侧重于探索、发掘、改进与完善的环节，而非单纯记忆已知信息。

在工程实验的范畴内，多数研究遵循提出理论假设、开展实验、分析数据、再验证等步骤，这从根本上体现了一个反馈与迭代的处理机制。这一过程不仅要求参与者具备工科背景，还需融入工程设计思维、数据分析思维与系统整合思维等多维度能力。深入观察全球范围内的创新型企业领导者，不难发现，他们中的绝大多数都拥有工科背景，这一共性进一步凸显了工科思维在推动创新与发展中的关键作用。

（2）训练核心要素阐述。在工科思维培育的过程中，核心聚焦于以解决实际问题为导向，教学过程中尤为强调综合性素养的培育、应用能力的锤炼、流程管理的精通以及数字化技能的掌握，这些构成了工科思维培养的关键侧重点。

5. 跨领域的迁移思维

（1）转移性思维探讨。迁移，这一术语本质上蕴含了从一情境至另一情境的转移过程，它不可避免地关联着知识、技术、能力乃至一切可迁移要素在不同时间点、空间范围、国家界限、产业领域乃至个体间的跨界流动与跨领域应用。知识与能力的转移性运用，作为一种至关重要的创新思维策略与能力体现，在富有创新活力的公司及个人群体中尤为显著，是驱动其持续进步与创新的关键要素。

（2）训练核心要素解析。跨领域迁移思维的本质精髓，在于对联想能力的深度依赖，此处的“跨领域”广泛涵盖了时间跨度、空间范围、条件变化、对象转换及学科边界的跨越等多个维度。因此，构建联系的能力无疑是日常训练中不可或缺的核心环节。至于如何有效构建联系，除了强化时间、空间、学科间联系纽带的构建，还可采纳一系列实用的策略与建议，以进一步增进这一能力的培育成效。

6. 底层的用户思维

（1）用户导向性思维探究。用户导向性思维的影响力远远超越了产品设计、研发流程及市场营销等传统商业范畴，它同样深刻地渗透于政府治理、教育体系、社会公益等多元化的生活领域，并且在沟通互动、交流合作、展示表达、调研分析等诸多实际应用场景中发挥着至关重要的作用。

（2）训练核心要素阐析。用户导向思维，这一术语直观地揭示了从用户立场出发审视问题的思考模式，其核心旨归在于最大限度地贴合用户需求并助力用户目标的实现。该思维模式要求从用户的兴趣所在、面临困境及潜在利益点为切入点，深入探索在特定或非特定情境下，针对各异的用户群体的关注焦点，精准地提供定制化解决方案。

### （四）创新精神

创新者所需素养的深度剖析。除了洞察能力、问题识别能力、时代协同智慧、工科逻辑、技术敏锐度、跨领域迁移视野以及用户导向思维等构成创新思维的智力要素，非智力要素，特别是创新精神或企业家精神的具备，往往是决定创新能否萌芽并转化为实践行动的关键因素。创新者的创新精神具体展现为卓越的胆识、勇于冒险的魄力、旺盛的求知欲、超凡的执行力、超群的专注度以及不遗余力的勤勉与奋斗。胆识，即行动上的果敢与面对挑战时的无畏，是创新者迈出创新征程的第一步。创新不仅是对外界的积极探索，也是内心世界的深度挖掘与自我超越。

1. 冒险精神

(1) 冒险特质深度剖析。冒险精神与勇气之间存在着密切的关联，具备冒险精神的人无疑也是勇气的化身。相较于单纯的勇气，冒险精神似乎蕴含了更多的风险考量。如果说勇气主要体现在勇于尝试上，那么冒险则更多地意味着对未知挑战的积极拥抱与机遇的敏锐捕捉。冒险精神促使创新者不断探索自身的多元潜能，这一过程本身就是一种创新实践。既然被冠以“冒险”之名，就意味着这一过程往往缺乏直接的前人经验可供借鉴，“不入虎穴，焉得虎子”是冒险精神的真实写照。

(2) 训练核心要素阐述。创新动力之源，在于冒险精神与游戏心态的交融共生，它们共同为创新突破与持续发展注入不竭动力。挑战未知与试错实践构成了创新活动的基本轨迹，而这一切的归宿，归根结底都聚焦于教学实践之中，尤其是实验课程这一关键环节。实验课程往往承载着探索与体验的双重使命，当学生在实验进程中展现出无畏错误的勇气，勇于采用多样化的方法，甚至是开创性的新思路去达成实验目标时，这一过程实质上就是自我迭代与进步的生动体现，彰显了一种难能可贵的创新勇气与探索精神。

2. 好奇心

(1) 好奇心探究。好奇心与问题敏感性的紧密联系不容忽视。一方面，企业创新者出于自身的好奇驱使，不断探索更为优化的解决方案；另一方面，企业亦需满足用户的好奇心，这一动力源泉是推动创新发展的核心要素。具备好奇心的创新者永不止步，每个人心中都潜藏着或多或少的疑问与好奇，然而，多数人或许只是浅尝辄止，而有创新精神者则会持续追问与深入探究，直至寻得一个阶段性满意的答案。若将这种好奇心延伸至商业领域，那么将好奇转化为实践解决方案的行为，本质上便是一种创业实践的体现。

(2) 训练核心要素探讨。探索未知事物的倾向性，即好奇心，是所有创新活动的萌芽之地。在线教学平台的广泛应用，累积了海量的学生学习行为数据，为教师提供了宝贵的资源，用以归纳与分析每位学生的兴趣焦点与特长所在，进而绘制出详尽的学生画像。画像的构建，旨在助力教师采取更为精准有效的策略，以激发学生的好奇心。此外，探索并实施导师制度是一项至关重要的实践探索，它与大数据技术的运用相辅相成，共同致力于发掘学生的兴趣所在，辅助学生自我认知、自我定位与自我规划，从而促使他们尽早洞察创新的火花，以局部的创新点为突破口，全面激发并培育其创新能力。

3. 执行力

(1) 执行力分析。执行力强调知行合一，这里的执行力强调更多的是制定目标后创新计划、构想或是项目落地的能力，执行力是说到就做，让创新免于空谈，这背后还包括面对阻挠的积极果敢、判断力，敏锐的反应和及时的纠错能力。

(2) 训练核心要素解析。执行力，简言之，是指将战略构想转化为实际行动，并成功实现预设目标的能力。其核心在于目标确立之后，能够精心策划出实现目标的详细方案，并确保这些方案得以不折不扣地执行。缺乏执行力，任何创新都将难以推进并转化为现实成果。高质量人才的培养，其核心要义在于确保目标与实现路径的高度契合与圆满达成，而这一过程的基石，往往是对创新理念的深度崇尚与实践。

4. 专注力

（1）专注力深度剖析。无论是组织层面还是个体层面，均需具备一定的稳定性与专注力。鉴于时间、资金、情感等资源均为有限资源，这意味着必须审慎且合理地分配注意力，以确保在核心竞争力方面实现最大限度的积累与提升。这一决策过程对于创新活动的成功与否及其成效具有深远的影响。

（2）训练核心要素阐述。专注力，这一能力不仅代表着深度思考、高效学习及工作的潜能，对于高职院校学生而言，尽早掌握这一能力将对其未来的职业生涯产生极为深远的积极影响。在当前这个信息碎片化且爆炸式增长的时代，于高阶领域的激烈竞争中，胜负的关键已不再单纯取决于知识的广度或勤奋的程度，更重要的是是否具备深度思考的能力。通过专注力，将深度思考作为链接一切的桥梁，这将是未来最具价值的认知提升与自我优化的模式，也是构筑核心竞争力的关键所在。低效率的任务执行往往会削弱个体的办事效能，而专注力，实质上是一种高效的精力管理策略，应作为职业素养提升的重要课程供学生选修。同时，授课教师及班主任亦应有意识地将专注力训练融入日常课堂教学与学生个人发展的培养体系之中，以此促进学生的全面发展与成长。

**（五）创业特质**

创业活动解析。创业是一个深度挖掘并精准捕捉商机，进而提供创新或优化后的产品或服务，以实现价值增值的综合过程。创业的成功与否，与创业者个人的特质、能力及决策紧密相关。

1. 拥有积极的创业动机

成功的创业领袖需怀揣变革的热忱，怀抱重塑世界的宏愿，并具备明确的未来愿景，能够据此设计出行之有效的行动蓝图。创业的动力不应仅局限于物质财富的累积或对胜利成果的向往，这样的创业初衷易于扭曲创业目标的本质，最终可能导致创业的挫败。在清晰界定了创业动机之后，关键在于组建起一支高效的创业团队，并对其进行妥善管理，以期迅速推动创意向产品化、市场化的转化进程。

2. 提前把握市场机遇

杰出的创业先锋与企业领航者具备在市场雏形显现之前即洞察潜在商机的敏锐洞察力，并能精准地探索出适宜的市场运作模式。这些市场契机需在大众普遍认知之前被精准捕捉，同时，他们需在充满诸多不确定性的环境下，提前布局，着手准备相关的经营活动。

3. 拥有坚定的创业信念

创业者必须对自己的创业构想抱有坚定不移的信念，否则将难以吸引追随者，更无法有效地组建并带领团队共同前行。创业者务必要展现出充分的决心与确信，使他人相信所投身的项目必将取得胜利。创业者还需详尽地阐述自身的行动路径，清晰、有条理地传达个人的见解与规划，从而生动描绘出创业的宏伟蓝图。

4. 提前做好市场分析预判

创业者需将时间、精力及财务资源悉数倾注于创业事业之中，这就要求他们必须深入洞察市场规模、发展潜力、行业竞争态势以及潜在挑战，从而清晰地认知创业的方向与重点。对于如何具体操作项目、如何细致落实计划，创业者需有明确的规划。若无法精准把控创业过程中的细节问题，那么创业活动不仅难以持续推进，更无从谈及取得最终的成功。

5. 创业者要做好表率

优秀的创业者不仅要能够清晰阐述战略构想与目标定位，还需在行动上发挥引领作用，成为团队成员的楷模。倘若创业者未能倾注全身心的投入，在时间、精力及资金等方面的付出显得吝啬，那么他便难以树立起令人信服的创业典范。相反，当创业者将个人利益与创业事业紧密相连，倾尽所能，勤勉不辍，这种全心全意的付出将激励团队成员，促使他们甘愿奉献更多的时间与精力，从而推动各项工作迈向更高的水准。

6. 成就创业团队与成员

创业项目的圆满成功，绝非创业者个人的荣耀，而是整个创业团队以及每位成员不懈努力的共同结晶。创业者需展现出培养人才、信赖人才、勇于任用的广阔胸襟，深刻认同团队的成功，避免与团队成员争抢功劳。唯有会聚众多卓越之士，方能携手共创辉煌。一个出色的项目或公司的崛起，离不开优秀人才的积极参与以及卓越团队的鼎力支持，这两者是不可或缺的基石。

7. 善于听取建议，作出合理决策

创业者需拥有从多元视角吸取意见、收集信息，并据此进行深入分析及制定应对策略的能力。此过程的核心在于确保拥有充分且全面的信息作为科学决策的基础。鉴于创业者无法全面掌握所有决策所需信息，这往往成为决策失误的潜在诱因，因此，创业者必须具备迅速纠正错误、高效整合资源的应变能力。身为创业者，既要广泛倾听各方建议，又要展现出明智的决断力，一味拒绝他人意见或全盘采纳而不加甄别，均非明智之举。

8. 持之以恒，永不放弃

成熟型企业往往拥有较为丰富的人力资源与资金储备，这些资源为企业的稳定发展提供了坚实保障。相比之下，新创企业成功的核心要素在于拥有富有创意的构想、能够将这些构想付诸实践的人才，以及坚定不移地追求创新的精神。创业活动本质上蕴含着高风险与极大的不确定性，这就要求成功的创业者面对挑战时要毫不畏惧，始终保持解决问题的积极态度，不懈地探索攻克难关的路径。创业者之所以非凡，正是因为他们具备了出众的创业精神与坚韧不拔的意志品质。

（六）领导力

创业者的领导力核心展现于其解决复杂问题的能力之上，这一能力不仅涵盖了创业者个人的成长与发展，还涉及了识别并善用人才、激发团队士气以及构建高效团队等多个维度，具体可细化为以下几个关键方面。

1. 顺利传达愿景

外在的激励手段往往能够更为直接且易于控制地产生作用，而内在的激励则能够在更长远的时间跨度上，更为深远地唤起员工的积极性与创新潜能。正因如此，“愿景的传达”显得尤为重要。员工在从事工作时，对于工作的意义有着内在的需求，他们渴望理解自身工作的价值所在。领导者应当着重阐述企业的长远愿景，并向员工清晰阐明每一项任务背后的价值意义，从而确保员工能够精准地感知到这一点。

2. 进行利益捆绑

通过采用合伙制的模式，吸纳具备才能的员工以恰当的股权配置等方式携手共创事业，此举旨在将员工的个人利益与创业者的利益紧密联结，构筑成一个休戚与共的“利益联盟”。

3. 注重效绩

在评估员工能力时，将绩效视为核心指标，直接将劳动成果与个人的奖金、团队的提成等物质激励紧密相连，并将其作为决定晋升等职业发展机会的根本基准。尤为值得关注的是，在绩效考评的流程中，恰当选取评价指标至关重要，这一环节对创业团队的价值导向具有深远的影响。

4. 以身作则

在制度性安排与规定方面，创业者需展现出率先垂范的榜样力量，勇于冲锋陷阵，甘于延后享受，确保言行一致，毫无迟疑。倘若创业者言行不一，口是心非，或未能遵循既定的规章制度行事，那么在员工眼中，创始人的所有承诺都将失去公信力，从而导致团队凝聚力削弱，人心涣散。若创业者无法以身作则，率先垂范，那么他们将难以维系对团队成员的引领与号召力。

5. 充分授权

所谓“疑人不用，用人不疑”，对于那些展现出主动担责意愿及相应能力的员工，应当给予充分的授权，并在这一互动过程中逐步构建起坚实的信任基础。通过实施充分的授权策略，可以更有效地激发被授权者的工作热忱与奉献精神，促使他们在履职过程中收获更为强烈的满足感与成就感。

6. 决策公开

在处理重大事务时，应当秉持公开透明的原则展开讨论，广泛吸纳同事的观点与建议，这既是对团队成员尊重的体现，也是促进团队成长与能力建设的有效途径。面对提出的明确反对意见或不同看法，应当给予充分的讨论空间，避免草率否定，即便最终决定不予采纳，也应通过深入的沟通进行充分的说理解释。致力于构建一个组织氛围开放、倡导人人平等的创业文化环境。

（七）创业者素质与能力

1. 创业者素质

（1）心理素质是创业者不可或缺的关键要素，它涵盖了自我意识、个性特征、气质禀赋以及情感状态等多个维度。一个优秀的创业者应当展现出自信自立、刚毅果敢、坚韧不拔与理性冷静的品质。面对创业路上的挫折与挑战，创业者需具备强大的心理承受能力，能够顶住由此带来的巨大心理压力，并坚定创业的理想与信念，坚信创业终将胜利，眼前的困难与挫折不过是暂时的阻碍。除了能够勇于承受创业过程中的风险与失败所带来的沉重压力，创业者还需在创业成功后，继续保持那份不懈追求、持续奋斗的精神风貌。

（2）身体素质对于创业者而言至关重要。企业的创立与经营管理是一项既艰辛又复杂的任务，它要求创业者必须投身于繁重且持续时间长的工作中，同时面临着巨大的压力和挑战。倘若创业者的身体素质欠佳，那么他们将难以应对创业过程中高强度、高负荷的工作要求以及随之而来的沉重压力，这无疑会对创业的成功造成极大的阻碍。

2. 创业者的能力

创业者需兼具思维与实践的双重能力，既要拥有开拓创新的精神，又需具备扎实的创业技能；既要能胜任生产劳动的实际操作，又要能引领开创性的创业行动。故而，创业者需拥有宏观的视野，能够敏锐地捕捉各类信息；同时，还需具备果敢的决策魄力，敢于设想并付诸实践，勇于创新突破；此外，创业者还需具备敏锐的市场洞察力，注重经济效益的最大化，并讲求高效的工作节奏与效率。

（1）创业者需兼备财务管理知识与管理技能的双重素养。若创业者无法准确解读财务报表，对项目营收状况缺乏清晰认知，则极易导致盲目投资、项目扩张过快等一系列问题，进而可能直接引发新创企业资金链的紧绷乃至断裂。因此，创业者应当深入学习财务管理的基础知识，全面把握项目及企业的营业收入、利润构成以及存货价值等关键财务指标，以此为基础，科学合理地规划企业的经营发展策略。此外，创业者还需树立强烈的价值意识，深刻理解创业活动所能创造的经济效益的规模及其实现路径，毕竟，追求经济效益始终是创业活动的终极目标与归宿。

（2）成功的创业者需具备出色的分析与预判能力，以及规避风险的智慧。应当树立起预防风险的强烈意识，能够积极主动地、全面充分地、迅速及时地搜集市场信息，对市场的潜在发展趋势及可能发生的变动做出精准的预判。在此基础上，还需预先制订详尽的危机应对预案，设计周密的应对策略，以确保能够在风险发生之前便做好充分的防范准备，真正做到未雨绸缪，防患于未然。

（3）创业者需展现出卓越的学习力与战略思维能力。尽管在创业初期，他们可能尚未积累起丰富的知识与经验，但必须具备出色的学习能力，能够在创业实践的进程中迅速汲取新知，不断充实自身的知识体系与实践经验。在创业活动的推进中，创业者应秉持创新思维，以发展的视角审视问题，运用前瞻性的眼光剖析问题，从而作出全面而深远的判断。

### （八）创业准备

为了确保创新创业活动的稳步推进，创业者需在生理及心理层面做好充分的准备，并持续地在行业探索与产品创新等方面付出努力。创业者需具备强健的体魄以应对创业的艰辛，同时保持积极的心态以克服各种挑战；在行业领域，创业者应勇于尝试，不断探索新的发展方向，而在产品开发上，则需不断创新，以满足市场的多样化需求。

#### 1. 生理上准备

创业之路充满艰难险阻，创业者在这一历程中需面对并解决层出不穷的问题，时刻准备迎接突如其来的挑战，同时还要承受更为严峻的风险与压力。面对这些，创业者需怀揣积极向上的心态，投入持久且专注的努力，而一个强健的体魄则是这一切的基础与保障。对于高职院校学生创业者而言，培养良好的学习与生活习惯显得尤为重要，这不仅能够为他们的创业之路积累宝贵的生理资本，更为他们在创业活动中持续奋斗提供了坚实的支撑。

#### 2. 心理上准备

在创业这一充满挑战与不确定性的过程中，确保企业的生存无疑是首要之务。创业活动本质上属于高风险领域，其中充斥着诸多不可预见的变数。因此，创业者需预先在心理上做好面对失败的充分准备，一旦遭遇失败，需具备直面挫折的勇气与从失败中汲取教训、重新站起来的坚韧能力。特别是对于高职院校学生创业者而言，由于他们在应对风险方面的经验与能力相对匮乏，因此更需未雨绸缪，提前做好详尽的准备，以增强自身在创业征途中的抗风险能力。

3. 充分的计划

创业活动涉及资源的整合与众多问题的解决，因此在创业起步阶段，就必须进行周密的规划筹备，否则创业进程将陷入一片混乱。一份出色的创业计划书在此过程中扮演着至关重要的角色。对于高职院校学生创业者而言，他们往往缺乏实际的创业经验，所掌握的创业资源也相对有限，面对风险时的抵御能力较弱。因此，他们需要通过不断学习来提升制订计划的能力，以确保资源的有效利用，并在面对各种挑战时能够游刃有余、从容应对。

4. 选择熟悉了解的行业

创业者所选择的创业行业应倾向于自身较为熟知且理解深入的领域。能否在某一行业内成功开展创新创业活动，不仅需要对行业整体发展趋势进行透彻的分析，更关键的是要深入剖析创业者自身在该行业内所具备的核心竞争力，这涵盖了行业经验、创业所需资源以及核心技术等多个方面。对于高职院校学生创业者而言，他们可以通过系统学习理论知识、积极参与实践积累、接受针对性的短期培训等多种途径，来为自己的专业技能打下坚实的基础。同时，他们还可以通过向行业专家请教或积极寻求志同道合的合作伙伴，来掌握和利用关键性的行业资源，从而为自己的创业之路铺设坚实的基石。

5. 在创业之前累积人脉资源

在创业初期，创业者对于外界的支持与协助有着迫切的需求，因此，构建并拓展一个广泛而有效的人脉网络显得尤为重要，以便在关键时刻能够调动并利用这些人脉资源所带来的优势。创业者可以通过多种途径来积累创业所需的人脉资源，诸如参与岗位实习以增进对行业的了解并结识业内人士，积累实际工作经验以拓展职业网络，以及积极参与各类社交活动，以此来拓宽人际交往的圈子并加深与潜在合作伙伴的联系。

6. 充足的资金

资金无疑是创业者踏上创业征程不可或缺的基石。在创业之初，创业者或是需自备充足的启动资本，或是需积极寻求投资人的青睐以获取资金支持。对于高职院校学生创业者而言，资金问题更是至关重要，“资金匮乏”往往成为阻碍其创业成功的首要风险因素。多数创业者在启动项目及日常运营管理中所需的资金，主要源自父母、亲友的投资、小额信贷或个人储蓄，而能够获得风险投资的机会渺茫且规模有限。这些基于亲情纽带的资金来源，虽在使用成本上相对较低，但其背后的隐性代价却不容小觑。更为关键的是，此类资金来源的规模往往有限，难以满足创业项目长期运营与发展的资金需求。

7. 组建好创业团队

高职院校学生创业之旅中，构建一支高效的创业团队至关重要，关键在于遴选出兼具卓越才能与高尚品行的合伙人与员工。在组建团队的过程中，虽以专业技术能力为考量基准，但个人品德修养实为基石，品德欠佳的成员无疑为企业未来的发展潜藏下了诸多不确定性与潜在风险。高职院校学生创业者往往具备扎实的专业技能，但在创业实践中所必需的管理、财务规划、市场营销等综合素养方面有所欠缺。因此，创业团队中的合伙人需有人能胜任这些关键职位，以有效弥补团队在创业初期的短板。初创企业往往采用较为简单且成本较低的家庭式或亲情化管理模式，这种模式凭借管理流程的简洁高效与成员间的高昂积极性而展现出独特优势。然而，随着企业的逐步成长与壮大，向现代企业管理模式转型，引入科学的管理手段与方法，将成为企业持续健康发展的必然选择。

8. 借助政府或相关部门的支持与帮助

政府机构在促进创业方面扮演着积极角色，致力于增强创业者的创新意识与创业技能，并通过制定和实施一系列政策措施，在项目甄选、咨询服务、品牌宣传等多个维度为创业者提供强有力的扶持。这些政策资源不仅直接且高效，而且成本相对低廉。对于高职院校学生创业者而言，在挑选创新项目的过程中，应积极把握政策导向，紧跟政府步伐，充分利用这些政策资源，这对于提升创业成功率大有裨益。在创业的征途中，能够获得经验丰富的导师的指导与支持，无疑是一件极为幸运且宝贵的事情。

9. 成为一名诚信的创业者

（1）企业的财务信誉状况是其立足市场的重要基石。鉴于新创企业往往缺乏坚实的资金后盾与强有力的信用担保，因此，严格遵守财务信用机制显得尤为重要。在与金融机构、供应商及客户的业务往来中，应秉持诚信原则，严格按照合同条款履行义务，确保应付账款的及时清偿，并以此为基础构建稳固且互信的合作关系。在当前复杂而精细的信用评价体系中，关于企业财务信誉的维护与提升，已有诸多详尽的论述与规范，为新创企业提供了明确的指引与参考。

（2）产品层面的信誉构建，要求企业所供应产品和服务的质量、数量、交货时限等均须严格契合与消费者所达成的协议标准。

（3）营销活动的信誉维护，意味着企业在推广其产品或服务时，所展现的营销行为与所宣扬的产品价值及服务承诺需保持高度的一致性。

（4）服务领域的信誉确立，强调企业所供给的产品及服务质量、规格需与其公开宣传的承诺以及企业文化内涵相吻合。

（5）内部信誉体系的建设，关乎企业为员工及团队成员营造一个与其承诺相符的工作环境、提供合理的薪资报酬及公平的晋升机会。一个健全的内部信誉体系，能够激发员工的工作激情，培育其对企业的忠诚度，进而塑造出积极向上的企业文化氛围。反之，若企业内部存在背信弃义、投机钻营、损害企业利益的行为，将严重阻碍企业对外信誉的建立，导致优秀人才的大量流失，以及创业团队的不稳定状态。

(6) 公众信任度是企业对外行为的重要考量。企业需确保其外部行为与其所肩负的社会责任、所宣告并承诺遵循的标准保持高度的一致。

## 五、高职院校学生创新创业能力提升的路径

我国正迈入高质量发展的全新阶段，社会结构与生产模式正经历着前所未有的深刻转型，这深刻地撼动了既往稳固的教育系统框架，迫使那些已不适应新时代要求的教育内容必须经历根本性的革新。尤其是随着科学技术的迅猛发展与迭代升级，部分传统产业逐渐衰退乃至消亡，而与此同时，一系列新兴产业如雨后春笋般蓬勃涌现。这一趋势不可避免地引发了就业岗位与职业内涵的广泛而深刻的变动。

### （一）激活高职院校学生双创意识

为了全面推动创新创业教育，关键在于营造一种浓厚的双创文化氛围，进而创建多样化的双创社团，并精心策划与组织一系列富有吸引力的双创活动。通过这些举措，旨在有效激发学生的双创热情，唤醒他们的双创潜能，进而引领并激励学生群体积极主动地投身于双创实践之中，确保双创教育理念能够深入渗透并覆盖至每一位学生的心中。

### （二）增强高职院校学生双创能力

为了培育出更多卓越的一流创新创业人才，核心举措在于构建一支兼具高素质与高度专业化的双创教师队伍。在国家人才发展战略的宏观指引下，高职院校学生需积极顺应新时代高职院校创新创业教育发展的新趋势，致力于打造一个凸显双创教育特色的专业课程架构体系。这一体系不仅要精心优化双创课程的设计，实现理论知识传授与实践技能培养的无缝对接，还要深化专业教育与双创教育的融合渗透，从而全方位提升学生的双创综合能力。

# 参考文献


［1］毕倡源．职业教育人才培养质量评价体系研究［J］．职业教育，2023，22（35）：72-76.

［2］陈志平．高等职业教育人才培养目标与课程体系优化对策［J］．黑龙江科学，2022，13（5）：96-97.

［3］段纯，罗资刚，夏李兵．职业教育人才培养质量评价指标体系构建与探索［J］．黑河学院学报，2019，10（3）：98-100.

［4］樊哲，张志新，钟秉林．科技创新背景下高等职业教育供给侧结构性改革的对策研究［J］．中国高等教育，2020（23）：57-59.

［5］范芬雄．高等教育人才培养模式中实践教学的改革分析［J］．当代教育实践与教学研究，2020（13）：177-178.

［6］龚漫漫．高等职业教育产教融合共同体建设研究［D］．哈尔滨：黑龙江大学，2024.

［7］郭伟钰．高等教育人才培养质量评价体系的现状分析与改进策略［J］．人生与伴侣，2024（39）：45-47.

［8］高丽娜，宋慧勇，姚萍．高等教育人才培养质量评价体系优化研究［J］．山东电力高等专科学校学报，2022，25（5）：51-54.

［9］何碧漪，李青海．人工智能时代职业教育人才培养质量评价体系刍议［J］．河北职业教育，2021，5（1）：23-26.

［10］黄南秀．关于提升高等职业教育人才培养质量的思考［J］．山西青年，2019（11）：188.

［11］姜陈波，钱逸，马竹君．高等职业教育人才培养模式下的专业认同现状及对策剖析［J］．产业创新研究，2023（15）：178-180.

［12］贾玉玲，杨艳玲．浅谈高等职业教育人才培养质量评价体系的构建［J］．山东化工，2020，49（2）：174-175.

［13］刘常兴，刘源．高等职业教育产教融合发展及推进策略研究［J］．教育理论与实践，2021，41（21）：20-23.

［14］刘哲明．高等职业教育人才培养考核机制探析［J］．经济师，2022（9）：162-163.

［15］娄丽莎．高等职业教育技能型创新人才培养模式研究［J］．包头职业技术学院学报，2022，23（2）：66-68.

［16］李思阳．浅析高等职业教育的人才培养［J］．现代职业教育，2020（48）：212-213.

［17］曲真．学前教育专业本科层次职业教育人才培养路径研究［J］．文教资料，2022，（11）：117-120.

［18］邱磊，张玉光．高等职业教育人才培养的价值取向研究［J］．中国成人教育，2021（8）：17-20.

［19］任君庆．强化实践教学提升职业教育人才培养的适应性［J］．职教通讯，2021（5）：9-10.

［20］唐诗雨．高校学前教育校企合作人才培养模式探索：评《职业教育校企合作有效性研究》［J］．中国高校科技，2023（7）：103.

［21］席芳．产教融合背景下职业教育创新创业人才培养策略［J］．公关世界，2024（12）：56-58.

［22］叶惠仙，郭秀华．产教融合驱动下职业教育发展创新的探讨［J］．湖北开放职业学院学报，2024，37（16）：6-9.

［23］杨丽琴．高等职业教育人才培养模式分析［J］．江西电力职业技术学院学报，2023，36（11）：67-69.

［24］殷文靖．高等职业院校学前教育专业人才培养的反思与探索［J］．开封文化艺术职业学院学报，2021，41（2）：134-135.

［25］张宇婷．高等职业教育产教融合共同体发展与推进路径［J］．石家庄职业技术学院学报，2024，36（3）：15-19.

［26］周云，溥丹丹，李本春．高等职业教育发展战略研究［J］．现代职业教育，2023（26）：53-56.

［27］庄立勤．高职人才培养质量评价研究综述［J］．现代商贸工业，2022，43（15）：100-101.

［28］张鑫．全面提升高等职业教育人才培养质量的实践研究［J］．南方农机，2019，50（20）：66-67.